青年期女性の内的世界
事例にみる分離と喪失

根本眞弓

岩崎学術出版社

序文──青年期女性とは誰か

松木 邦裕

　本書を手にされている方が臨床家であるなら，御自身の実践現場で青年期女性にかかわったことがないという方は皆無であろう。あるいは，臨床家ではない方が本書を手にしておられるとしても，青年期女性が身の回りに見当たらないという方はまずもっていないのではないかと思える。社会においては，それがドラマや小説のようなストーリー系においても，あるいはファッションや音楽等のビジュアル系においても，青年期女性は新鮮な輝きをもつ存在として受け取られていることが多いだろう。けれども，それがほんの一面にすぎないことは誰もが知っていることである。それでは，青年期女性とは誰なのだろうか。

　この問いの答えはまだ用意されていないのかもしれない。

　著者根本眞弓さんは臨床現場で青年期女性を見つめ続けてきた。根本さんはこころの臨床家であり，精神分析を専門領域にしている。ゆえに，こころの深みに向けた視座を保持し，数回や 20〜30 回の面接ではない，長期にわたる治療関係とそこに生じる相互作用から，こころの事実を浮かび上がらせる丹念かつ微細な作業を積み重ねてきている。そこで必然的に，母子という元素的二者関係が視界に収まり，分離が浮かび上がってきた。すなわち青年期女性における母子分離という体験の中核性であり，それが引き起こす喪失の感覚である。

　ここで私たちが認識していなければならないことは，現実外界での分離体験イコール内的喪失ではないことである。分離が内的な喪失感を引き起こし，喪失の「喪の仕事」を進めることもあるだろう。しかし分離が，その重要な他者から攻撃として迫害的に受け止められることもあれば，遺棄・拒絶として強い絶望を引き起こすことも少なくない。また，分離そのものが否認され

ることもある。その本質にかかわる詳細が，本書から豊かに学べるところである。そして，それは青年期女性のこころという無限な資質に接近するための戸口に読者を導く。

　青年期とは何か。せみなどの昆虫に例をみるように，生きものは卵，幼虫，さなぎ，成虫と形態を変え，成虫になることで生殖能力を獲得し種の保存に務めることになる。それが生物の本態であり，私たち哺乳類においても同様である。

　人においては，その幼虫がさなぎになり，成虫へと形を変えていく，このさなぎになっていく「変態」の時期——一生物として激変の時期——が，青年期にあたるのだろう。せみの事情は私には知りようもないが，人においてはこの時期は，情緒の激しい攪乱，こころの激震を体験するときである。そうした感覚を日常的に経験するときである。差し迫った破局を感知するそれは，かつて「思春期危機」と称された。

　「青年期」は人生において通り過ぎないわけにはいかない。ただし，現代ではこの表現は正確ではない。青年期のままに一生を送っているように見える人たちも少なくないからである。現代は「遷延する青年期」の時代，そして「女性の時代」である。生物学的な成人から社会的成人に至るまでの時差は限りなく伸び続けているし，現代社会における女性の存在と役割は男性を圧倒している。

　著者根本眞弓さんは精神分析の臨床家であり学徒である。この道を一途に歩んで来られている。長いその道程のマイルストーンとして本書を著わされた。本書は著者にはそうした意味を持つだろう。

　根本さんが臨床家であることは述べるまでもないが，その経験を学問的に照合する作業を地道に積み重ねてきた人でもあることは述べておきたい。我流な治療者にとどまることなく知的な観察者にもならない，こころの臨床家として絶妙なバランスを達成してきている。

　彼女は研究会に参加するのみならず，それを組織化する役割も積極的に担ってきた。ともに実践しともに学ぶ同僚や先輩，後輩と，新たな学びを分かち合うことを大きな喜びとするこころの広さを持つ。本書にもそれが現れて

いることを読者は気づかれると思う。

　本書は優れて臨床の書である。しかしながら，こころの臨床に携わる人たちに有用な実践の書であるだけではない。青年期女性のこころを理解したいと日頃思い続けている方たちは，読み進めるなかに刮目する機会をたびたび持つであろう。

　一人の女性が青年期を生きていく，その人には生き抜くことが，いかに困難であり苦悩するものであるか，そうであるがゆえにいかに有意義であるかを確かに知ることができる。本書から，彼女らをどのように理解しどのように支えるかを多く学ぶことができる。

　読者諸氏がこれから本書を読み進められ，読者自身の青年期女性を見出されていくことをこころから願う。

目　次

序文──青年期女性とは誰か　松木邦裕　　*iii*

はじめに　分離体験が青年期女性にもたらすもの　　*1*

第Ⅰ部　青年期女性を理解するために　　*7*

第1章　青年期女性の誕生　*8*

第1節　青年期の概要　*8*

第2節　青年期女性の心理──発達的な側面から　*13*

第3節　身体的変容と内的体験──第二次性徴がもたらすもの　*31*

第2章　分離によって体験されること　*42*

第1節　心的発達と分離体験　*42*

第2節　分離体験と内的喪失　*48*

第Ⅱ部　事例から捉えた青年期女性の分離体験と精神病理　*59*

第3章　分離の痛みを回避するために多用された投影同一化　*64*

第4章　衝動的行為と行動化による心的苦痛の排泄　*75*

第5章　解離・離人化による分離の否認　*89*

第6章　分離不安の打ち消し・置き換えとしての「食」と「性」　*103*

第7章　母親への取り入れ同一化による分離の否認――喪失を味わうこと　*120*

第8章　父親同一化による分離の否認と良い対象の取り入れ同一化――考えられるようになること　*138*

第9章　『西の魔女が死んだ』に見る分離の保留――『ためらいの時』が意味すること　*154*

第Ⅲ部　対象関係論的心理療法から捉えた青年期女性の分離体験　*165*

第10章　青年期女性の内的世界　*167*
　　第1節　「逡巡期」――母親への依存と攻撃，異性愛への逡巡　*168*
　　第2節　青年期女性における母親からの分離の困難さ　*173*
　　第3節　結　語　*194*

第11章　セラピストの機能と技法，そしてそのワークスルー　*196*
　　第1節　「逡巡期」におけるセラピストの機能と技法　*197*
　　第2節　青年期における面接終結のためのクライテリア　*215*
　　第3節　結　語　*226*

おわりに　達成されたものと未達成に置かれたもの　*227*

初出一覧　*231*

文献一覧　*233*

あとがき　*241*

索　引　*244*

はじめに　分離体験が青年期女性にもたらすもの

　人生において私たちは多くの分離を体験する。出産にともなう母親の子宮からの分離に始まり，滋養ある乳房との分離，温かい母親の腕や膝からの分離，弟妹の誕生や幼稚園入園による母親からの分離と，早期乳幼児期から分離体験は繰り返され，それまで体験していた世界や対象を失うのである。

　分離とは，愛情関係にある他者の不在や世界を一時的に失うことを意味しており，対象が戻ってくることが内包されている点において現実の対象喪失とは異なる体験である。健康な人は分離の不安を抱えながらも対象を待つことができるが，心に良い対象を保持できず不安に耐えられない時，すなわち分離が外傷的な体験となった時，内的な対象喪失となる。

　一般的な対象喪失は，愛する対象との死別や離別，失恋，失業など"外的対象"の喪失を指すが，内的対象喪失が生じるのは，対象の中に自分が存在しないと感じた時や，自分の中から対象が失われた時である。たとえばそれは，乳幼児においては授乳されていても母親の心がここになく他のことに囚われている時であり，子どもの耐えられる時間を超えて母親との分離が生じた時である。成人においては婚姻関係は維持されていても夫の心が別の女性にあると気づいた時や，自分の心に夫を見いだせなくなった時，私たちは内的に愛する対象を喪失したと体験する。

　分離によってもたらされる内的対象喪失は我々の心の内側で生じる体験であるが，外的対象喪失と同様に不安や怒り悲しみなどの心的苦痛をもたらし，様々な内的空想を生成させる。

　筆者がこの分離の主題に関心をもつに至った，ある思春期女性との印象深いセッションを提示する。

　クライエントの私への依存欲求が高まり始めた頃，夏休みによる約1カ月の分離が生じた。休み明けに来室した彼女は，「夜も眠れずこのまま闇に葬

られるのかと思った」「自分の感情についていけない感じで自分の感情も怖かった」「自分がおかしくなったのかと思った」と語り，分離によって生じた不安や苦痛な感情を家庭内暴力や自傷によって排泄していた。また次のセッションには「愉快な笑い声や男の人の喋っている声が聞こえ，知らないうちに全身に打ち身や痣ができていたが，昨日からぷっつりなくなった」と不思議そうに話した。

　私は幻聴や解離が生じることになった急激な変化に困惑するとともに，休暇とはいえ彼女を独りぼっちにしてしまったことに罪悪感を持った。その一方で，私は彼女の病態水準を見誤っていたのか，なぜここまでの混乱状態が生じたのか，今彼女の心に何が起きているのかと思案した。これらの症状が私との分離への反応であることに疑いようはないと思われたため，休みの間の孤独と不安，彼女を独りぼっちにした私への怒りについて介入した。すると彼女はほっとした表情で「ここで話すのが一番，他の日は闇，孤独で地獄みたいだった」と語り，その後精神症状が出現することはなかった。私は症状が一過性で治まり安堵したが，しかし私との分離が，どうしてここまでの症状を出現させることになったのだろうかとの問いと，この体験は強く私の心に残った。

　また，境界精神病状態を呈する青年期女性は，私との分離が生じた時，「殺してやりたい！　取り付いてやりたい！　飲み込んでやりたい！」「孤独なのにお母さんになってくれない！　セックスしてくれない！」と訴え激しい怒りと混乱を示した。ここには口唇的貪欲さに加え性器的な衝迫の混乱があり，依存と怒り，攻撃衝動などがごちゃまぜになった非常に原初的な心の世界が現れていると思われた。この反応も私には衝撃的だった。彼女の心の中にどのような思いがあるのか，どのような心の働きがこのような言動をもたらすのかとの問いは，私の内的世界への関心を強めるとともに，"分離"という主題について思索する契機となった。

　この2人の心の世界について考える手がかりをくれたのは，クライエントの内的世界にある主観的な思いや感情に耳を傾け，その未だ意識されていない情動や思考について考え，内的世界で働く無意識の空想を捉えようとする Klein, M.（以下，Klein）の臨床思考であった。Freud, S.（以下，Freud）は我々に成人の内なる子どものことを教え，Klein は子どもの心にある内な

る乳児のことを教えてくれたと Segal, H.（1973）が述べたように，心理療法が展開するにつれクライエントの心が発達早期に遡ると考えるならば，あの混乱は，乳幼児期にクライエントが感じていたが表出できず，自分でも捉えきれずにいたもの，誰からも受け止められることのなかった情動や衝迫の現れだと考えることが合理的であるように思われた。

　私との一時的な分離体験だけで，あれほどの精神症状や混乱が生じるとは考えにくく，上述した観点から事例のコンテクストを見直すことにした。私との分離体験が乳幼児期に母親との間で生じた分離体験を呼び起こし，その意識化できず内的世界にあったクライエントの対象や情動が私に投影されることによって，過去の体験が面接空間に持ちこまれ，私との間に再演されていたのだと考えると，あの混乱が生じた理由が理解できたように感じられ，筆者の心の中にしっくりと収まった。

　分離によって生じた母親転移が2人のクライエントの混乱を招いたことは理解できたが，一方，その質や表現形態が大きく異なっていることが意識に浮上した。この混乱の現れ方の違いはどこから生じるのだろうかとの疑問や，そこに生じる内的空想は何か，また，解離や幻聴などの精神症状と内的空想は，どのような関わりを持ちうるのであろうかとの新たな問いが私の中に現出した。

　発達的に，母親からの分離の課題や生殖機能の成熟の問題に直面する青年期女性にとって，分離体験はどのような意味をもつのだろうか。その体験はどのような内的空想を生むことになるのだろうか。セラピストとしてこの分離体験をどのように捉え，機能することができるのだろうか。また分離の問題と直面する青年期の女性クライエントに対して心理療法はどのように寄与しうるのだろうか。

　本書は，青年期女性との臨床実践を長年継続してきた中で，筆者がずっと抱き続けていたこれらの問いへの解を得るための試みである。子どもから成人への移行が行われるイニシエーションの時期に，身体化，行動化，症状化していった青年期女性との対象関係論的心理療法を通して，彼女たちの心的空間に存在する自己像や対象像，情動をともなう無意識的空想を見出し，その空想空間での体験が彼女たちの心にどのような意味をもつのか，何がその心的変化をもたらしたのかについて，分離と内的喪失の観点から，臨床事例

を基に帰納的に明らかにすることを目的としている。さらに，その臨床的事実を踏まえて，心理療法が青年期女性に寄与するものは何かについて検討し掌握を試みることにある。

　本書で用いる事例研究は，筆者がこれまでさまざまな臨床現場で行った対象関係論的心理療法の実践に基づく。筆者の理論的オリエンテーションは，精神分析・対象関係論の中でも Freud, S. - Klein - Bion, W.（以下，Bion）- Meltzer, D. の流れに基礎をおいている。精神分析的心理療法，対象関係論的心理療法ともに，無意識の探索を目的としている点に関しては同様であるが，精神分析的心理療法とした場合，Freud, S. - Freud, A. - Hartmann, H. の系譜に基づく，構造 - 適応論的自我心理学の概念的枠組みによるクライエント理解であると受け取られることもあるため，その混同を避けるため表記を区別した。それは，本書が生物的生理的欲動を含む欲動，本能，衝動などと連結した，自己と内的対象によって生じる無意識の空想（unconscious phantasy）の概念を重視する，対象関係論的心理療法の理論的枠組みから，クライエントの内的世界を捉えようとしていることを明確にするためでもある。しかし，その基盤が精神分析にあることは言うまでもない。

　対象関係論的心理療法は，心が 3 次元的内的空間で展開するという心的空間論の概念に基づいている。その空間では生理的本能と心理的表象からなる無意識の空想が展開するが，そこでは具体物が実際に飲み込まれたり，苦痛が尿とともに排泄されたりする空想が，観念ではなく身体感覚を伴い，ある種のストーリーをもって体験され，クライエント自身の意識や対象関係に影響を及ぼす。この空想を読み取り，クライエントの内的ストーリーをクライエント - セラピストの 2 人で紡いでいくことが，対象関係論的心理療法で行われる。この無意識の空想は，「本能の精神的な活動の帰結であり，本能の精神表象物である」「衝動や本能衝迫や反応において，無意識的な空想として体験されないものは何一つない」（Isaacs, S., 1948）と定義され，一般的に用いられる空想（fantasy）と区別して，無意識の空想（phantasy）と標記されるものであり，Klein 派理論の土台を形成している。

　対象関係論的心理療法の実践は，クライエントの無意識の空想が，投影同一化という非言語的コミュニケーションによってセラピストに投げ込まれ，転移と逆転移として再演され現実化（実在化）actualization（松木，2016）

する中に展開する。セラピストは自分に投げ込まれた情緒や不安を受け取り，それについて考え，言葉にしてクライエントに伝えることを通して，クライエントの内的世界と交流し，クライエントが自分自身について考え，知ることを援助する臨床実践である。このような非言語的な情動的接触（emotional contact）や分析的交わり（analytic intercourse）によって，クライエントが自身の内的世界にある苦痛な感情や対象について考えることが可能になるという臨床モデルが用いられるが，その方法論はすでに検証されているものである。

　青年期女性クライエントの内的空間に生まれる，身体感覚や本能と結びつき，過去の体験や記憶から派生した無意識的空想と，心的交流を通して触れ合い，症状や病理によって表出するしかない彼らの心の中に何が起きているのか，そこにはどのような不安や葛藤があるのかについて理解する対象関係論的心理療法の手法は，彼女たちの心に接近する一つの方法論として有用である。

　青年期女性について心理療法の枠組みから精神病理像を論考した著作はほとんどなく，内的世界から青年期女性を捉えたものは見当たらない。青年心理や青年期の心理療法は，アイデンティティ論で語られることが多いが，アイデンティティの拡散と病理を外側から捉える従来のパラダイムではなく，分離と喪失体験によって生成される無意識の空想に焦点を当て，その空想と精神病理の繋がりを描き出そうとするものである。この試みが，青年期女性の内的世界への理解と，青年期女性への心理療法の進展に幾ばくかでも寄与することができればと考えている。

本書の概要

　本書では，対象関係論的心理療法の臨床実践から，分離体験によってもたらされる青年期女性の内的空想（無意識の空想）と病理の関わりを探索するとともに，その探索を踏まえて，青年期女性の分離を困難にする要因について解明を試みる。また，分離の主題を抱える青年期女性の視点から，心理療法におけるセラピストの機能と技法について検討を加える。さらに青年期という発達途上にあるクライエントに対して，何をどこまでワークスルーすることが可能なのかといった観点から，面接終結のクライテリアを提言する。

本書は，第Ⅰ部「青年期女性を理解するために」，第Ⅱ部「事例から捉えた青年期女性の分離体験と精神病理」，第Ⅲ部「対象関係論的心理療法から捉えた青年期女性の分離体験」の3部で構成される。第Ⅰ部では主に青年期や青年期女性の発達論的視点や身体の変容と内的体験に関する理論がレビューされ，その理論的論考を踏まえながら第Ⅱ部の事例が探索される。第Ⅱ部では，筆者の行った臨床実践をもとに心的水準の異なる青年期女性の分離体験について探究し，内的対象関係や内的空想，心的機制について理解を深める。分離によってもたらされる情動の質的・量的相違が症状形成や精神病理といかに連接されるかについて詳述する。それによって分離の困難さをもたらす要因が浮き彫りにされることになる。そして第Ⅲ部では，これまでの論考を踏まえて，対象関係論的心理療法から捉えた青年期女性の分離体験の解明を試みる。青年期女性の母親（セラピスト）からの分離を阻害する要因について筆者自身の見解を論述する。本書の主題である「青年期女性の分離体験とは何か」について，その本質が明らかにされることになる。また，青年期女性に対して対象関係論的心理療法を実践する際の，セラピストの機能と技法について筆者の考えを示し，さらに青年期女性における面接の到達点として，終結のクライテリアの定式化を図る。

　なお，本書の事例はいずれも守秘義務に基づいて，具体的事例については本人であるとわかる内容は事例の本質を損なわない程度に改変を加えている。それでも本人を同定させかねないケースについては，本人の承諾を得ている。

第Ⅰ部
青年期女性を理解するために

第1章　青年期女性の誕生

第1節　青年期の概要

1. 青年期の発達・年齢区分

　社会・文化的要因を重視したネオ・フロイディアンの立場にたつ Sullivan, H. S.（1953a）は，青年期の発達段階を身体的成熟過程の変化する段階から人格発達の道程における最終段階までと定義し4つに区分した。また，自我心理学の流れをくむ Blos, P.（1962）は，Mahler, M. S. の分離－個体化理論を手がかりに青年期を第2の分離－個体化期として捉え，両親からの精神的離脱と個の確立の観点から5つの発達段階と課題をあげている。しかし研究者によって発達の捉え方に微妙な差があり定説はない。

　年齢区分についても，わが国においては Sullivan, H. S. の発達概念を取り入れた笠原（1976）や，Blos, P. の発達論に基づいた皆川（1980）の区分が代表的だが，統一はされてはいない。「青年期は時代の産物である」（Musgrove, F., 1964）と言われるように，社会，経済，歴史，文化と切り離して考えられない特徴ゆえか，青年期の発達段階は，定義，呼称，区分，期間についてもさまざまであり，理論的枠組みが共有されているとは言いがたく，研究者の間でも一致をみていないことが指摘されている（西平, 1973, 1990, Steinberg, L. D., 1982）。経済や産業が発展している国において青年期は延長される傾向にあり，我が国でも高度経済成長がピークに達した1970年代頃から青年期の長期化がもたらされている。

　パーソナリティの観点から捉えるならば，Meltzer, D.（1973）が，「青年期も，前進的発達もしくは退行によって放棄されるまでは，年齢に関係なく存続するものなのである」と述べるように，これらの区分を生物学的年齢だけで図るのは難しい。実年齢は60歳であっても，パーソナリティの発達が

成人に到達できない青年や退行して青年に留まる者もいれば，10歳にして青年が達成するであろう人間的な成熟をみせる子どももいる。また生涯を青年の発達段階で終える人がいることも想定され，一様に年齢だけで区切ることはますます困難となる。

　このような現状に鑑み，本書では青年期を，思春期と青年期を含むadolescence の意味で捉えることに加え，発達・年齢区分についても記述的観点から，潜伏期の「安定を失っていく」時期から，配偶者の獲得と子どもの養育が確立し成人としての生活へと「安定していく」時期，すなわち潜伏期と成人期の間に位置する移行期にあると定義し論考する。

2. 青年心理学の視点

　青年心理学研究は，青年期が本能と感情に翻弄される危機的な「疾風怒濤の時代」にあると論じた Hall, G. S.（1904）に始まり，Hollingworth, L. S.（1928）の「心理的離乳」や，Spranger, E.（1924）によるパーソナリティの類型分類などが概念化されてきた。日本の青年心理学は，「青年期の研究」（Hall, G. S., 1904）を始点として，「青年の心理」（Spranger, E., 1924）などドイツの青年心理学概念が導入されたが，第二次大戦後は当時主流であった Erikson, E. H.（以下，Erikson），Blos, P., Bowlby, J. の精神分析理論や Piaget, J. の認知発達理論が取り入れられた。中でも Erikson のアイデンティティ論は，今でも日本の青年心理学研究の分野では中心的概念となっている。

　自我心理‐社会的発達に力点を置いた Erikson（1950）は，ライフサイクル論を展開し，①基本的信頼と基本的不信，②自立性と恥と疑惑，③積極性と罪悪感，④生産性と劣等感，⑤同一性と役割の混乱，⑥親密さと孤独，⑦生殖性と停滞，⑧自我の完全性と絶望で示される8つの発達課題を提示した。この発達課題の達成には養育者や社会からの是認と評価が重要で，それが社会的裏付けをもった自己価値，すなわちアイデンティティの形成と発達を促進すると論じた。Erikson（1959）は，青年期の発達課題をこのアイデンティティの確立に置き，幼児期からの自己と青年期に獲得された新しい自己が，自我の中に統合されることによってもたらされると述べた。さらに新しい段階に移行する時に生じる「根こぎ」感から自我同一性の拡散状態を招き，一

10 第Ⅰ部 青年期女性を理解するために

時的な発達危機状態に陥る一群がいることにも言及した。その発現は,「肉
体的親密さ」「決定的な職業選択」「激しい生存競争」「心理・社会的な自己
決定」に晒される時であり,特徴的な臨床像として,①葛藤的な同一化,②
著しい選択の回避による孤立と内的な空虚感,③対人的距離感の失調により
他者との融合が同一性の喪失となる,④時間的展望の拡散,⑤勤勉の拡散,
⑥否定的な同一性の選択があげられる。

　近年の青年心理学研究を見ると,身体的,性的,認知的,知的発達が変動
する時期に,家族や友人,学校生活がどのように作用し,パーソナリティ形
成に影響を与えるかといった観点から,心理・社会的発達,家族・友人・学
校など環境的要因,健康教育的側面,仕事・家族など役割や社会化などが研
究課題として取りあげられ,数多くの統計的検討や実験統制的な仮説検証を
輩出してきた。しかし実証的研究では質的意味やなぜそうなるのかといった
点についての言及がほとんどされていない。村瀬（1972）も指摘しているよ
うに,個別の事例から精神病理的現象やパーソナリティの変化を縦断的に捉
える点においては十分であったとは言いがたく,臨床心理学の視点がもっと
取り入れられても良いと思われる。

3. 青年期の精神病理の視点

(1) 精神病理と時代的変遷

　青年期を精神病理の側面からみた時,日本においては,1970年代の青年
危機説,1980年代に全盛であった青年期境界例など,1970年〜1980年代に
は青年の精神病理やその治療論が様々に論じられてきた（小此木,1976,清
水,1976,笠原,1976,馬場,1976）。退却神経症（笠原,1984）,思春期内閉
症（山中,1978）,モラトリアム人間（小此木,1979）なども青年の病理像を
示す概念としてよく取りあげられたが,これらの病理はどちらかというと男
性に多い傾向があった。

　近年は,パーソナリティ障害,摂食障害,不安障害,解離性障害など,人
格障害の事例が増えており,男性よりも女性に多く見られる印象がある。女
性を取り巻く環境・社会状況など大きく変化したことが病理像に影響を与え
ていると考えられる。また,学会発表や研究紀要の研究題名を見ると,個別
の精神病理現象として疾病単位で論考される傾向にあり,青年期という枠組

みから病理が語られることが低減している。1960 年〜1980 年代にかけて巷に溢れていた青年・青春といった言葉も，最近ではあまり聞かれなくなった。笠原（2011）は青年時代を学園紛争と結びつけ，三浦（2001）は「時代そのものが青春だった」と高度経済成長期を語ったが，日本社会の成長神話と結びついた青春（青年）期はすでに終焉を迎えたと言えるのかもしれない。

　1970 年から 1980 年頃はオイルショックとバブル経済という両極端な社会状況の中，青年期境界例が全盛期であった。彼らの行動化の激しさや怒りと愛着，表と裏の両極なあり様は時代と相似形を示していたようにも思われる。現在そのような青年期を特徴づける精神病理像はみあたらない。空気が読めず対人関係をうまく構築できない自閉症スペクトラム（ASD）と診断される患者が量産され，現代の病像を示しているが，ASD は子どもから成人まで幅広い年代にみられるため，青年期の精神病理を顕しているとは言えない。患者数ではうつ病患者も多いが，これも年齢幅が拡散している。政府統計から精神科病院の推計患者数をみると，1996 年の 15 歳から 34 歳までの精神科への入院数 21,200 人，外来 9,100 人であるのに対して，2014 年では，入院 9,900 人，外来 8,900 人と大幅に減少している。青年期患者の統計的・数量的減少には少子化の影響もあるとは思うが，一昔前の挫折と傷つきと恥辱の中で苦悩していた青年は何処に行ってしまったのだろうか。

⑵ 現代青年にみられるひきこもりの病理

　内閣府の平成 27 年度版「子供・若者白書」によると，狭義のひきこもりは 23.6 万人にのぼり，広義のひきこもりを加えると 69.6 万人になるという。精神疾患とは区別される社会的ひきこもりは，1990 年代頃から注目されるようになった状態像で，その多くは不登校から始まり，社会的な役割や社会的関係を回避して自室や自宅にひきこもる。この「ひきこもり現象」は，精神科医療から青年期患者が減少した一要因だと筆者は考えている。

　Erikson（前出）は，アイデンティティ確立の過程にいながら定職に就かず，社会的役割実験を繰り返し成人の義務や責任を保留している状態をモラトリアムと名づけた。役割実験を通して社会に自分の適所を見出し，異性愛の能力を獲得し親になるための「心理・社会的猶予期間」と位置づけ，青年が永続的な「内的同一性」を獲得するための一つのプロセスとして提示した。

小此木（1979）はこの概念を発展させ，豊かな経済社会の中で延長された青年期に留まり，自己定義や自我同一性の確立をせずにいつまでもこの猶予期間の中に居続けようとする若者を「モラトリアム人間」とよび，その心性について論じた。このモラトリアム心性は当時の成人たちにも影響を与え，成人の青年化現象を生じさせることとなり，さらに青年期が延引する一因となった。

Erikson 時代の青年たちは，役割実験することによってモラトリアムを必要悪としながらアイデンティティを確立していった。また小此木が描いた青年は，好んでモラトリアム状態に留まりながらも，自己の確立を棚上げしていることは自覚していた。しかし，現代のひきこもり青年たちは，アイデンティティの確立など意識から排除して現実社会と関わることを避け続け，終わりのないモラトリアムを生きているようにみえる。そして親に寄生した日々を送る中，今日では青年期を通り過ぎ中年期に至る者の増加が社会問題化し始めている。

岡本（2005）はひきこもりの前駆現象として，1980 年代のバブル経済による勤労思想の瓦解がフリーターを現出させ職業選択の先延ばしが行われたことや，同時期から増加した不登校やオタク現象を取りあげている。バブル経済がはじけ失業率が5％台まで上昇した 2001 年頃になると，無職のまま親に依存するパラサイトシングルも増加した。さらに 2000 年以降のインターネットの普及は，ひきこもっても不自由のない生活を供給している。福本（2005）はひきこもりの精神病理構造を，自己を外界と関わる部分と内界に留まる部分に分裂させるという意味でのスキゾイド機制や，変化や成長のない病理的均衡状態に留まろうとする心的退避の概念を用いて立言し，さらに，ひきこもりの基底に発達障害が関連しているケースが多いことを説示している。

現代のひきこもり青年は，もはや「モラトリアム」とは言えず，福本が述べるように現実から「退避」をしている状態にある。不安や葛藤を心から排泄し，自分自身や人生について思考することもなく，自己の確立や社会的成人としての義務や責任を負うことなど意識の外に置いたまま，現実と向き合うことを回避して生きているように思われる。ひきこもりの多くが青年期に発生することを鑑みると，変貌の激しい社会から退避し，他者との情緒的交

流から退避し，家族関係という濃密な情動的関係からも退避して，閉所に籠もることでしか自己を保持できない心的世界こそが，現代における青年の精神病理を顕していると言えるのかもしれない。

第2節　青年期女性の心理──発達的な側面から

　Freud は成人の心的世界に幼児を見出し，Klein が子どもの心に乳幼児を見出したとのと同様に，青年の内的世界を知るには，乳幼児期の心的発達の理解が必要条件となるため，以下に代表的な乳幼児期の精神分析的発達論を取りあげる。まず最初に，パーソナリティ理解の基部となる Freud, S. の精神・性的発達論，次に乳幼児の無意識の空想から内的対象関係を理解する Klein, M. の対象関係論的発達論，そして同じ対象関係論でも，外的対象としての母親と乳幼児の関係性により重心がある Winnicott, D. W. の発達理論についてレビューする。

1．Sigmund Freud の発達論的視座から

　精神分析の創始者 Freud, S.（以下 Freud）は，「幼児性欲の現れは，生命を維持する上で重要な身体機能の一つに依托しながら生じる」（1905）と述べ，乳幼児の成長にともなって快の獲得に敏感となる身体部位が口唇から肛門，肛門から男根へと移行するにつれ，その特定の身体器官と結びつく心的機能を「精神・性的発達論」として論述した。この概念は乳幼児期の発達論に留まらず，自己感覚や自己意識，対象関係のあり方の理解へと発展し，青年期以降の心的構造や身体感覚と結びついた内的世界の理解に寄与するものである。また，発達のどの段階にリビドー固着が生じるかによって退行の水準が決定され，精神病理と結びつくとの観点が示される。それぞれの発達段階を以下に記す。

⑴ 口唇期

　赤ん坊が最初に用いる身体部位は，授乳によって養分を取り入れる "口" であるが，それは生命維持のためだけではない。Freud（1905）が「性源域

の満足は，最初はおそらく，食べ物の欲求の満足と一つになっていたのだろう。性的活動はさしあたり，生命維持機能の一つに依托し，のちになってはじめて，その機能から独立する」と述べるように，母親から授乳されて満ち足りた快の体験が性源域として機能し，授乳時の心地よい皮膚感覚や温もり，安心感などが口唇的快感として体験されることになる。そして口を使って回りの世界を探索し，外界と交流することに使用される。その後の発達段階においても，依存や愛情欲求が満たされた時には，この口唇的快感は身体感覚をともなった口唇受容的体験となる。さらに満腹の感覚は口唇的満足をもたらし，安心感や信頼感の形成に結びつく。また栄養物を取り入れ消化吸収して自身の血肉とする側面は，将来，知識などを取り入れて自分自身のものとすることに満足を見いだす行為の原型となる。

　逆に飢えの感覚は口唇的不快感として体験され，成長後においても，満たされない時や不足を感じる時の欲求不満の感覚と結びつく。また口唇後期になって歯が生えてくると，欲求不満を嚙むという攻撃的行為によって表出するようになり，口唇的満足が得られない時には口唇的攻撃性を示すようになる。このような口唇的感覚は青年期以降もわれわれの心的感覚として保持され，「飢えや渇き」として対人関係を体験し，「嚙みつく，食ってかかる，なめてかかる」など，欲求不満から生じた怒りを口唇的攻撃性として表出することにも繋がる。口唇期への固着がもたらす精神病理は，口唇期前半への固着は統合失調症に，後半への固着は躁うつ病の病態水準に連接される。

(2) 肛門期

　肛門括約筋の発達にともない，その身体部位が敏感になる時期を肛門期と呼ぶ。排泄の快感は，発散や解放の感覚と繋がり肛門的快感を得る一方で，この時期に行われるトイレット・トレーニングは，排泄する時や場所を限定される体験となり，心理的には支配・非支配の感覚や，能動性と受動性の対立を生じさせることになる。幼児は排泄したい時に排泄する万能感と，母親の愛情を失わないために母親に従うか否かの選択に迫られるが，母親との愛情・安心関係を信頼できる幼児は，万能感を諦め，自身の一部である大便を母親に贈り物として手渡すことが可能となる。

　この「与えることと受け取ること」「排泄することと溜めること」の両価

性は，幼児の心に葛藤を生じさせ，恥や罪悪感，誇りや自信，反抗などの感情をもたらすが，同時にそれを防衛する心的機能も働くことになる。Freudはこの欲動の対立が両価性の元になり，青年期以降の神経症を誘発する要因となることや，それが生涯を通じて性活動に影響を及ぼすと考えた。このような心的防衛のあり方は，几帳面，けち，義理堅さ，潔癖，強情さなど肛門性格といわれるパーソナリティ傾向や，対象との関わり方に影響を与え，青年期以降も続くことになる。肛門期へのリビドー固着は強迫神経症の精神病理と結びつく。

(3) 男根期（エディプス期）

　男女ともに性器の感覚が発達し，性的なことへの関心や興味が生じて男女の違いや，妊娠出産に関心をもつようになる。また異性の親に対する憧れと愛着，同性の親への競争心や敵対心，同一化と罪悪感の入り交じった感情（エディプス葛藤）が生じることになる。幼児が両親に対して健全な愛情をもち，両親が大人として親密なペアであったならば，幼児は異性の親への願望を諦め，他の異性に関心を向けることでエディプス葛藤は解消されていく。しかし，両親の不仲や，親が異性の子どもを溺愛する関係が持続する場合は，エディプス空想を手放せなくなる。またそのような関係が生じている時に，敵対的な感情を抱いている親が急死したり離婚するなどで別離が生じた場合，過剰な罪悪感によってこの段階に固着し，心的成熟が妨げられることにもなりかねない。

　幼児はエディプス葛藤を体験することで，自分が立ち入れない世界があることを知り，自他の境界を自覚することとなり，三者関係で機能することができるようになる。母子の二者関係から，父親を含めた三者関係の成立によって人は社会的関係に入ることが可能となる。身体的成熟が起こる青年期において，二相説の第二相としてこの男根期の性欲動は再活性化することとなり，青年の心には乳幼児期の欲動や防衛機制などが蘇り，乳幼児期の固着点に退行するなど不適応の要因となる場合もある。男根期（エディプス・コンプレックス）への固着はヒステリーや恐怖症の症状と結びつく。

16　第Ⅰ部　青年期女性を理解するために

⑷ 潜伏期

　エディプス期以降思春期までは，新たに敏感になる身体部位がなく欲動の
高まりも比較的押さえられる。この時期を潜伏期とよび，葛藤も少ないため，
健康な子どもはこの時期に知的能力や芸術，身体能力を高める活動を行うこ
とで，自己統制能力や自己表現力を身につけることになる。しかし，口唇・
肛門・男根というここまでの発達段階において発達が滞り未解決の課題を抱
えている子どもは，新しいことの探索や学習など生産的なことに向けるエネ
ルギーを葛藤や不安の抑制に使用することになり，パーソナリティ形成が阻
害されることになる。

⑸ 性器期

　精神・性的発達論の最終段階となる性器期は，Freud（1905）が「対象選
択の最初の山は，2歳から5歳までのあいだにはじまり潜伏期を迎えること
で停止状態にいたるか，あるいは退縮する」「二番目の山は思春期にはじま
り，性生活の最終形態を規定する」と述べたように，性活動の高まる2つの
相，「二相説」diphasic theory によって特徴づけられる。乳幼児期の性欲動
は口唇・肛門・男根の各段階を通過する中，エディプス・コンプレックスと
去勢不安の体験が潜伏期への移行をもたらし，性的発達は一旦は収まる。し
かし性器性欲が成熟する思春期の到来は幼児性欲を再燃させ，自己愛的・自
体愛的であった各段階における部分性欲動が，異性間の性器結合を目的とし
た性器愛に発達・統合される（性器統裁の達成）ことによって性器的構造化
が確立される。そして性器愛と精神愛の結合による性器期の達成が青年期か
らの離脱と成人への移行をもたらす。

　Freud（前出）は，一旦確立したこの性器的構造化が欲求挫折によって破
綻した時，乳幼児期の精神・性的発達論の各段階の固着点への退行が生じ，
それが思春期以降の精神病理に繋がると論じた。それぞれ口愛期は分裂病，
口愛サディズムはうつ病，男根期はヒステリーや恐怖症，肛門サディズムは
強迫神経症といった病理現象を発生させることになる。精神・性的発達論モ
デルは，各発達段階で蠢いている主たる欲動や内的空想が何かについて考え
る材料を提供してくれるだけでなく，病理と正常について臨床的思考をめぐ
らす上でも重要な概念となっている。この発達論モデルは，青年期の心理療

法を行う際にも，クライエントの心が幼児性欲のどの発達段階に固着してい
るのか，またどの段階まで退行しているのか，その葛藤は何か，何がどのよ
うに防衛されているのかについて考える視点をわれわれに与えてくれる。

⑹ Freud に見る青年期女性の心理

　ここからは Freud が女性の発達について言及した論述を抽出して概説する。
「性理論のための3篇」(1905) において Freud は，思春期は男女の性の
発達が分化する時期でもあり，女性は「性欲の制止の強化（羞恥，嫌悪，同
情など）」「性欲を抑圧する傾向」「性欲への受動性」に特徴があると論じた。
「女性同性愛の一事例の心的成因について」(1920a) では，ドラ以来 15 年ぶ
りに青年期女性の事例を提示し，18 歳の同性愛傾向にある女性の事例から
性の問題を探求している。いずれも年齢的には青年期にある女性を取りあげ
ているが，彼の関心はドラにおいてはヒステリーの心的機制と小児性欲の解
明にあり，本事例においては女児の性的発達にある。青年期女性の心的世界
に焦点化されているわけではない。

　この 18 歳女性（A と呼ぶことにする）の事例から彼の臨床思考を辿る。
A の父親は情愛深いが厳格でもあった。母親は神経症を患っており，3 人の
男兄弟に過剰な愛情を示したが A には冷たかった。A はエディプス・コン
プレックス通過後，父親への愛着を年長の兄に向け変えたが，潜伏期の始め
に兄の性器を見て強い衝撃を受けた。思春期を迎えた A が小さな男児に強
い情愛を示した頃，母親が妊娠し弟を出産。その後 A は兄に似た娼婦的な
女性に情愛を示し父親を憤慨させた。父親の怒りと女性からの拒絶に絶望し
た A は電車の堀に飛び込み自殺企図を起こし Freud の治療を受けることに
なった。

　Freud は A の心的世界を次のように理解した。A は兄の性器を見たこと
からくる「ペニス羨望」と，母親に冷遇されたために強い「男性性コンプレ
ックス」を抱えていた。A が小さい男児に強い愛情を示したのは，幼児期
のエディプス・コンプレックスの再燃による父親の子どもを持ちたい願望の
現れであった。A の無意識においてライバルであり憎悪の対象であった母
親の妊娠は，A に父親や男性全体への幻滅と女性性の拒絶をもたらした。A
は愛の対象を父親から母親に転向させようとしたが，母親の冷淡さゆえに代

理の対象として兄に似た娼婦的な女性（同性愛）を選択したのだった。父親が嫌悪する対象選択は自分の愛を裏切った父親への復讐であり，一方兄に似た対象選択は異性愛リビドーの充足でもあった。Ａの自殺企図は，父親の子どもがほしい願望の成就（堀への落下＝分娩）であり，弟を妊娠した母親の死を望んだことへの自己懲罰であると考えられた。

　Freud は，この青年期女性の事例をもとにペニス羨望を中軸に据えた女性性の発達を「解剖学的な性差の若干の心的帰結」（1925）に発表した。ペニスをもたないことを知った女児がペニス羨望から劣等感や嫉妬を感じ，ペニスのない劣等な自分を生んだ母親への恨みと去勢コンプレックスが，母親からの離反と愛情対象の父親への向け替えを生じさせることとなり，このエディプス・コンプレックスの発現が女性性を発達させるとの概念を要説した。加えて，男児は去勢不安によってエディプス・コンプレックスの消滅と超自我が形成されるが，女児は去勢不安によってエディプス状況がもたらされ，超自我形成が不十分なために感情に流されやすく，道徳観や倫理観が男児よりも弱いと男性優位の女性観を展開した。女性の発達をペニス羨望と去勢から捉える思考は，「女性の性について」（1931），「続・精神分析入門講義」（1933）「女性性」の項においても修正されることはなく，若干補綴されたのは，男性の優位と自身の劣等性を認める一方で，それに抗う心が生じて葛藤する女性が取りあげられた点にある。

　さらに Freud は，去勢の現実に直面した時の心的状況が次のように女性の発達を規定することを示した。①男根的な活動を諦め性全般や男らしさの部分を断念して性的制止・神経症へと至る。②頑なに自己主張を行い男らしさに固執する。男根を手に入れたい願望が人生の目的となり，男性コンプレックスという意味での性格変容をもたらす。③父親を愛情対象として選択し，女性版のエディプス・コンプレックスにより正常な女性性に辿り着く。④ペニス羨望に固着する女性は，男性との競争心や憎しみから男性のペニスを奪い取りたい衝動をもち，それが精神障害の要因にもなる。

　女性の性的発達については，「決定的な転回はすでに思春期以前に始まっている，もしくは完了してしまっている」（Freud，前出）と明言し，思春期において強まる性衝動は，古い衝動が装いを変えて復活するのであり，全く新たな性衝動が強まるのではないとの二相説が基本概念として堅持され

ている。精神分析は思春期を論じないと Freud, A.（1936）が述べたように，青年期女性を診ていても Freud の関心は，大人の心の中に子どもを見出すことにあり，その臨床思考は成人と幼児から成り立っていたと言っても過言ではない。

Freud の発達論は，成人の分析と自己分析から生まれたものであり，基本的に男児の発達を中心として論じられている。女性を論じるにあたっても Freud を理想化した男性コンプレックスをもつ女性（例えば Freud, A.）の分析から得られた理解であり，一般化はしにくいといえよう。Freud も晩年男性に同一化した女性の問題を取りあげてはいるが，女性の発達が去勢不安とペニス羨望からなるとの視点は固辞され改変されることはなかった。この点に関しては，後に Horney, K. や Deutsch, H. など女性分析家からの反論やフェミニストからの反撥を生むことになった。

2. Melanie Klein の発達論的視座から

Klein は，子どもの play analysis を行う中で，子どもの遊びが不安や空想，無意識的葛藤を象徴的に表現していることを観察や転移を通して発見し，子どもの無意識的空想と対象関係の関連について論考し，乳幼児の精神分析に道を開いた。

彼女は，子どもの万能的な空想が現実との相互作用によって，対象関係を発展させていくことや，その際に成人と同様に攻撃性やリビドー葛藤が早期乳幼児期から発生しており，その葛藤は成人よりも強烈であることを理解した。生後間もない乳児のほとんど組織化されていない未熟な自我であっても，否認，分裂，投影，取り入れなどの原初的防衛機制を用いて死の本能を逸らし，対象関係を形成しようとする能力を持つと考えるに至った。また，母親の乳房を攻撃し破壊した乳幼児が，それを自己の内に取り込み悪しき迫害的な乳房（迫害的内的対象）となることが，超自我の迫害的・加虐的側面の源泉であること，また満足を与える乳房（理想的内的対象）の取り入れは，超自我の自我理想的側面の源泉となることを解明した。さらに，子どもの遊びを無意識的な葛藤の象徴表現として取り扱い，成人の分析と同様に転移や不安を取り上げていくことによって，子どもの精神内界の構造への理解を深め，その理解には無意識的空想（unconscious phantasy）がもたらす象徴的な表

現が大きく作用することについて論考した。

　無意識の空想は，赤ん坊が初めて空腹感を体験した時，空腹を満たそうとする本能的な働きから，対象を空想することとして描き出すことができる。飢餓を感じた赤ん坊は，本能的に生じる怒りや不安によって泣き喚くが，対象という概念をもたないため，苦痛をもたらす何かが自分のお腹の中にいて，それが悪意をもって自分を傷つけ破壊しようとしていると体験し空想する。同様に満ち足りた授乳体験は，素晴らしい対象がお腹の中にいるという幸せな空想を生み出していると考えられる。Isaacs, S.（1948）が空想は本能の心的表れであると述べ，Segal, H.（1973）が，空想は常にひとりひとりの中で活発に働いているものであり，無意識の空想と外界の現実の関係のあり様が人の心理特性を左右すると述べたように，身体的な感覚と心的作用から生成された空想は，実際に起きていることとして実感をもって体験される。我々の心は実際の現実よりも心の中に創り出された主観的な思い込み，すなわち無意識の空想がもたらす心的現実に支配されていると考えられる。

　以下に Klein の早期乳幼児発達論の基盤となる理論，（1）妄想‐分裂ポジションと（2）抑うつポジションを概観する。Klein の用いた「ポジション」という概念は，「不安，その不安をあつかう心的メカニズム（防衛メカニズム），対象関係，感情，思考など，そのポジションに特異的なそれらからなるひとまとまりの心のコンステレーション」（松木, 2011）であり，心の機能形態を表す。Freud の精神・性的発達論が段階的に次の発達へと組織化され移行していくのに対して，Klein のポジション理論は 2 つのポジションを行き来することも，同時に 2 つのポジションが働くことも想定されている。この 2 つの発達概念は，早期乳幼児の発達論としての側面と，統合失調症やうつ・躁うつ病など病理を表す側面をもつ。さらにわれわれが分離や喪失を体験する局面での心の構えも表す。

　青年期が，消えゆく世界とまだ到達できていない世界の狭間にあり，乳幼児的依存対象としての母親の喪失，非性的自己の喪失などさまざまな喪失体験に彩られていることはこれまで述べてきた通りである。この喪失によってもたらされる妄想‐分裂ポジション・抑うつポジションという心的形態への理解は，青年期の内的世界を明確に映し出す鏡となり得る。

(1) 妄想 - 分裂ポジション

Klein（1946）は，乳児の「対象関係が生の初めから存在し，その最初の対象が，子どもにとって良い（満足を与える）（good〈gratifying〉）乳房と，悪い（欲求不満を引き起こす）（bad〈frustrating〉）乳房とに分裂（splitting）する母親の乳房である」と述べ，外的・内的状況と外的・内的対象関係の相互作用から愛と憎しみが分裂することを示した。

乳児にとって，外界にある現実の母親からの愛に満ちた授乳体験は，内的には理想的な乳房として体験され，欲求が満たされない苦痛な授乳体験は悪い乳房が自分を攻撃してくる迫害感として体験される。乳児の内界ではこの迫害対象を回避するために，自分に生命を与え守ってくれる理想的な良い乳房を自分のものとして取り入れ，悪い乳房をできるだけ引き離し，分裂させることで心がバラバラになることから守ろうとする。しかしそれは，迫害的な悪い対象が自我の中に入り込み，理想的な対象や自己を破壊し絶滅させてしまうという不安を生じさせる。この不安が妄想的であり，自我と対象の関係を良い悪いに分裂させることから，妄想 - 分裂ポジションと名づけられた。そしてこの悪い迫害対象によって，良い対象も自己も破滅させられると体験される迫害不安が，妄想 - 分裂ポジションにおける主な不安となる。この妄想 - 分裂ポジションは生後 1〜2 週から 3 カ月の間に確立する。

悪い体験よりも良い体験が優勢であれば，良い対象と同一化することによって自我は強化され，投影同一化などの原始的な防衛機制を過剰に使用せずとも，不安に対処できるようになり，迫害対象と理想化対象の分裂が軽減するにつれ，自我の分裂も軽減される。また攻撃性に耐えられるようになり統合が進むと，自己と対象の区別が可能になるとともに対象も自己も良いものとして認識される。加えて認知機能の発達とともに，愛する母親と憎む母親が同じ人物であることを認識し始めると，自身の攻撃的衝動が愛する母親に向かっていることを自覚することになり，その結果母親喪失への恐怖と強い罪悪感が生じ，悲哀にも似た心の状態となる。この罪悪感や悲哀を感じる心のあり様は，次の発達段階である抑うつポジションに移行したことを示す指標となる。

このように妄想 - 分裂ポジションから抑うつポジションへの移行がなされるが，不安と攻撃性に彩られた妄想的・分裂的な内的世界においては，さま

ざまな心的防衛が用いられ，それがパーソナリティ形成や対象関係，精神病理に大きく関わることになる。

⑵ 抑うつポジション

　母親との間の満たされた授乳体験や愛情に充ちた関わりに加え，知覚機能や運動機能，自我機能などが発達するにつれて，乳児の内的世界では満足を与えてくれる乳房と，欲求不満に陥れる乳房が同じものであることに気づくようになる。それは乳児が全体的存在としての対象を認識し，その対象と関わりをもつようになる新しい発達段階，抑うつポジションの始まりを意味する。

　それまでの母親の身体部位をバラバラに知覚した部分対象でも，良い・悪いに分裂した対象でもなく，その源泉は一人の母親だと理解しはじめ，母親を良いと感じたり悪いと感じたり，愛情も感じるが憎しみも感じるように全体的な存在として認識する。この認知の変化は，母親を愛する自分も，憎む自分も一人の自分自身だったとの理解をもたらし，乳児は自分の破壊的攻撃性によって愛する対象を破壊してしまったのではないか，破壊してしまうのではないかと怖れる。一方で愛する対象を自分の中に保持し続け，自分の破壊性から守りたい欲求も増大する。さらに乳児は，自分が母親を破壊してしまったために現実の母親がいなくなってしまったと感じるだけでなく，内的な良い対象としての母親も破壊され，内的世界自体も粉々に砕け散ったように感じて，激しい喪失感や罪悪感，絶望，思い焦がれからなる抑うつ感情を体験する。乳児は自分が破壊した対象を修復し愛情対象を復活させようとして，現実や空想の中で内的・外的対象に償おうとする。その償いによって抑うつ不安は解消され，外的・内的良い対象を再び獲得することになる。同時に自我の統合が進み，乳児は自分の依存性や本能欲求など自分自身の心的現実を理解し始める。また，自身の空想と現実の違いを認識するようになり現実検討能力が確実なものになっていく。

　抑うつポジションを通過することによって，乳児は対象を自分とは異なる個体として認識し，愛する能力を獲得し，自己の衝動にも責任を感じるようになり，罪悪感を心に置けるようになる。対象への思いやりを持つ能力も発達し，これらの能力を使って自己の衝動をコントロールすることを学んでい

くのである。抑うつポジションにおいて体験される喪の苦しみや償いの願望によって，バラバラになった対象を再創造したいとの願いは創造性を生み，また対象を自分の破壊性から守るために破壊衝動を昇華しようとする基礎となる。

　なお，思考のあり方も変化し，妄想 - 分裂ポジション時の支離滅裂で具象的な思考から，観念の連合や抽象的に考える能力が発達し思考の基礎が形成される。

　妄想 - 分裂ポジションでは，迫害対象は自身を処罰する対象となり，理想化対象は自我理想として過酷な要求をする超自我として機能したが，抑うつポジションにおける超自我は内的な全体対象として体験され，破壊衝動から助けてくれるものとしても感じられることにもなる。

　このように抑うつポジションの中で喪と償い，対象喪失とその再建を繰り返し体験する中で，乳児は良い対象を復活させたり保持する能力が自分にあることを自覚し，自身の愛情や能力への自信を高めることができるようになる。

　Klein 派において早期乳幼児期の発達は，妄想 - 分裂ポジションから抑うつポジションへの一連の流れの中で行われる。しかし抑うつポジションが完全に解消されることはない。青年期において体験される自己や対象の喪失は，良い内的対象が失われる不安を生じさせ，乳幼児期に体験した両価性や罪悪感をめぐる不安，抑うつ的な葛藤を蘇らせるかもしれない。乳児が抑うつポジションを十分に体験しそれを通過することができている場合には，良い対象の喪失が直ぐに精神病理と結びつくことはないが，抑うつ不安に耐えられず妄想 - 分裂ポジションに退行し，原始的な防衛機制を用いることで混乱状態になる場合も想定される。

⑶ Klein にみる青年期女性の心理

　青年期女性の誕生を初潮の始まりに置いた Klein（1932a）は，遷延した潜伏期にいる女児の思春期から成人段階への移行は，母親に向けられた攻撃性から引き出された早期の不安と罪悪感を分析することによって可能になると述べた。子宮からの出血は，女性の身体内部にある赤ん坊が破壊されてしまったという強い不安を生じさせるが，それは母親によって自分の身体が破

壊される恐怖として体験される。母親への怖れや罪悪感の背後には，父親の男根や愛情を手に入れたい願望からくる母親への競争，母親への激しい憎しみ，羨望が隠蔽されている。それらの感情への防衛から思春期女性は，女性や母親のポジションを取ることを拒否して男性的な要素を再強化するとともに，母親に固着しながらも母親に対する攻撃感情を有し，迫害不安を防衛しようとする。この防衛のあり様を次のように示した。①父親に同一化することによって，男性への競合的な態度や成人女性への横柄な態度を示し，陰性感情を向ける。②不安や罪悪感を防衛するために潜伏期のように性的生活を極端に制約し，母親に対して過剰に陽性の結びつきを強め成人女性に迎合的に振る舞う。また攻撃感情をカムフラージュするために，見せかけの女性的なポジションを誇張する。

　まとめると，思春期女性が母親との安定した愛情関係を構築し，同時に満足のいく異性愛を達成するには，初潮によって生じた母親への罪悪感や恐怖の背後にある，父親の男根や愛情を得ている母親への憎しみや羨望を自覚することが必要であり，それによって女性としての性生活やパーソナリティの発展を保証することができるのだと言えよう。母親との間に良い関係が築かれていれば，女児は自分の中に子どもが内包されていると感じるとともに，母親のように父親のペニスを受け入れて幸せになりたいと願うことができる。しかし，母親との関係に不安や葛藤が生じている場合には，母親への不満や羨望から母親への攻撃性が増すことになり，その結果，母親からの報復への怖れや罪悪感から父親への同一化が生じ，ペニス羨望や男性との競争が生まれる。ペニス羨望が強すぎる女性は，女性としての価値を見いだすことができず，女性性をめぐる葛藤からその発達が阻害され，男性との敵対状況や性的不全をもたらすことになるのである。

3. Donald Woods Winnicottの発達論的視座から

　Winnicottの発達論は，FreudやKleinの理論を土台にしながらも，母子を1つのユニットとして捉え，「子どもの成長の歴史は，絶対的依存から，依存の程度を減らしつつ着実に進み，手探りで自立に向かう過程と言える」（1970）と，依存（dependence）を発達の中心においた理論を展開した（以下にその依存の発達段階を記す）。

（ⅰ）絶対的依存；この状態での（乳）幼児は，ほとんどが防護の意味をもつ
　　　母親の育児について知る手立てさえもっていない。なされたことの何が
　　　よくて何がわるかったかを検討することはできず，単に利益を得るか障
　　　害を被るかの受身的立場にいるにすぎない。
（ⅱ）相対的依存；ここでは，育児でどんなことをしてもらいたいかを，（乳）
　　　幼児は自分で知るようになる。そして次第に，それを独自の衝動に結び
　　　つけるようになる。これは後年，精神療法を受けるとき，転移のなかに
　　　再現してくる。
（ⅲ）独立への方向；幼児は育児がなくてもやっていけるだけの手立てを発達
　　　させている。これは，育児の記憶や独自の欲求の投影や育児の詳細の取
　　　り入れが積み重ねられてなされるが，それに伴って環境に対する自信も
　　　発達する。ここでつけ加えておかねばならないことは，深い含蓄をもっ
　　　たパーソナリティの知的理解という部分が発達することである。

Winnicott, 1965a，牛島訳, pp.43-44.

　さらに Winnicott は依存の程度を 6 段階に細分し，それぞれの段階におけ
る環境の失敗と精神病理の関係を次のように論じた。①極端な依存段階の失
敗；子どもに good-enough な関わりが与えられないと，非器質的な精神的
欠損，小児分裂病，後年精神病院に入る障害にかかりやすい。②依存段階の
失敗；失敗は外傷的に体験され，躁うつ病，反社会的性向が示されやすい。
③依存‐独立の混合段階の失敗；子どもの独立の実験と依存欲求に環境が失
敗すると，病的な依存をもたらす。④依存‐独立段階の失敗；環境の失敗は，
反抗，暴力の爆発をもたらす。⑤独立段階の失敗；環境は内在化されており，
失敗は必ずしも有害では無い，⑥社会感覚段階の失敗；独自の衝動や独創性
を失うことなく，個人，親，両親像に同一化することへの失敗。
　Winnicott にとって，依存を満たすことは存在を保障することと同義であ
り，乳幼児の情緒発達には欠くべからざるものであるとの考えが示されてい
る。そして，親から分離・独立した自己の確立が意識上にのぼる青年期にお
いて，再びこの依存の問題が浮上し，青年の心的成熟と関わることになる。
　母親の「原初の母性的没頭」によって赤ん坊のニーズは完全に満たされ，
欲すればすぐに得られるといった体験は赤ん坊に万能感を供給し，赤ん坊は

母親と一体であるという"錯覚（illusion）"によって外界から守られる。絶対的依存の段階は生後6週間から3，4カ月まで続き，その時期を過ぎる頃から相対的依存の段階に入る。母親の適応への失敗によって赤ん坊は現実に気づき，自身の欲求を感じ，自分と自分でないもの（母親）を区別し始め"脱錯覚"が始まり，それは18カ月から2歳頃まで続く。脱錯覚の過程で赤ん坊は母親に失望と怒りを向けるが，母親がその怒りに生き残り失敗を修復することができれば，赤ん坊は母親の失敗とその失敗が修正される体験を通して，逆説的に母親への信頼を獲得していく。この過程において乳児の切迫したニードを満足させる部分対象としての「環境としての母親」と，愛情や感覚的な共 - 依存と呼びうるものをすべて受け取る「対象としての母親」が乳児の心の中で統合されることによって，自立性と内的安定が担保されることになる。

　さらに Winnicott は一者関係から二者関係への「移行期」を重視し，母親の乳房からの授乳体験という客観的な知覚と，乳幼児の空想によって生みだされた内的な乳房の両方が関わり合う中間領域を概念化し，そこで展開する「移行現象」や「移行対象」の観点から乳幼児の内的世界を捉えた。

　また，青年期に活性化されるのは Freud が立論した性欲動だけではなく，破壊的攻撃性の高まりを含むイド衝迫であるとして，「この自我機構は如何にして新しいイドの高まりに対応するか。第二次性徴が，問題の若者に特有な性格パターンとどのように和解するのか」（1965b）「早期の成長期の空想に死が含まれているならば，青年期には殺人が含まれている。……成長するということは，親の場を奪い取るということを意味するからである。それは実際に行われるのだ。無意識的空想においては，成長することは本来的に攻撃的行為なのである。そして，その子どもは，もはやお子様サイズではなくなっているのである」（1971a）と論じた。つまりエディプス・コンプレックス段階にある男児が父親の死を望んだとしてもそれを実行する力をもたず，母親の妊娠を妬み自身の赤ん坊を欲した女児には生殖能力がなかったが，青年期においては内的願望を実行に移す力と能力を有することが幼児期との大きな違いであり，それが青年の混乱と苦闘の一因になるのである。

　子どもと成人にしか関心を示さなかった Freud とは異なり，Winnicott は思春期・青年期の心的世界を「幼児期の依存と自立の再燃」「青年期ドルド

ラム」「現実に破壊や殺人ができる力」「孤立した存在としての青年」「反社会的性向」などを鍵概念として論じたが，青年期女性の心的発達については纏まった論考を記していない。そこで彼の青年期女性の事例報告（1964, 1968, 1970）から，青年期女性像を浮かび上がらせることにする（以下，筆者が要約）。

(1) Winnicott にみる青年期女性の心理

　　17 歳のジェーンは母親を愛していたが，その母親と距離を取らざる得ない葛藤を抱えていた。彼女は複数の男性との刹那的な性的関係をもったが，それは母親を傷つけ距離を取るという目的を有していた。一方で母親を傷つけたくはないのに傷つけてばかりなのだと話した。ジェーンが 14 歳の時，母親をめぐって姉と嫉妬し合ったことがあった。姉は彼女に対して愛情と嫉妬と憎しみを向けていたが，彼女にとって姉の存在が救いだったと語った。

Winnicott, 1964

　Winnicott はジェーンの混乱の原因を次のように理解した。①自分の世界に閉じこもる父親と孤独な母親という両親の関係から，母親に同一化すると自分も孤独になると恐れる気持ちがあった。②ジェーンの出生を憎んだ姉に自分の一部が取り込まれ融合状態にあったために，母親に接近したいが接近すると姉と同様に融合状態になることを恐れるジェーンがいた。すなわち分離意識の高まりは青年期女性を母親への依存へと向かわせるが，依存が自己喪失の不安を喚起し，その防衛として異性関係が選択されたことを例示した。

　　11 歳で初潮を迎えた G は，女性役割を拒否する一方で母親への同一化が見られ，12 歳頃からは抑うつ的になったため 14 歳時に受診した。Winnicott は G を性役割への葛藤はあるが健康だと見立てた。18 歳時に再来した G は男性と積極的に関わり，自身の男性的自己を男性に引き渡すことで性役割の葛藤を解消しつつあった。16 年後，G の 8 歳の娘は G 同様性役割の葛藤を抱えて受診した。娘は「豚みたいに見える」毒袋の絵を描いて，「お母さんの怖いおっぱい全然欲しくない」と唾を吐いた。Winnicott はこの表出を，G の中にあって娘を困らせている男性的同一化の部分に反応していると見立てた。それは 14 歳の G が面接中に示した特徴と同質のものであった。　　　Winnicott, 1968

この事例から Winnicott は，母親の中にある男性的要素といったパーソナリティの特徴が子どもの内的世界に取り入れられ，女性的自己の確立を阻害することを示した。母親の偏ったパーソナリティ傾向や病理的な問題が娘に取り入れられ，それが青年期の問題として発生することを示し，女性としてのあり様が母親から娘，そしてその子どもへと世代を超えて伝わる世代間伝達の病理も示唆している。

　　　先天的な障害のある18歳の女性ハンナは，その障害を受け止めきれず母親に愚痴ってばかりいた。彼女は父親を軽蔑し母親とは親密な絆をもち尊敬しているようだったが，それは無意識に置かれていた。彼女が描いた「母親が棺に入っている」スクイグルをきっかけに，自身の中の攻撃的で破壊的なおぞましいものゆえに障害がもたらされたと感じていたことが共有された。そして障害者として生んだ母親の死と復讐といった感情に深く触れるとともに，先天的な障害を持って生まれた不公平さについて神を責め憤ることができた。彼女の破壊的・攻撃的感情の表出は，母親との愛情関係という枠組みの中で生じた。この1回の面接後ハンナは家庭外の活動を始め，同性の友人を得て，自分の意思で学校に行くことを選択した。愚痴は言わなくなり自己主張が増えて快活になった。　　　　　　　　　　　　　　　　　　　　　　　　　　　Winnicott, 1970

　ここでは，ハンナが1人では向き合うことができなかった怒りや破壊的攻撃性が，Winnicott との関係の中で表出され受け止められた体験が，彼女の健康なパーソナリティの発達を促進したことが描かれている。ハンナの憤りや怒りの主たる要因は先天的な障害をもって生まれたことにあるが，青年期の性欲動や攻撃的破壊性の高まりによって強められ，自身の内なる攻撃性への怖れや，罪悪感，自己嫌悪が彼女を無為な状態にしていた。ハンナは内省し考える力を有しており精神医学的援助は必要ないこと，母親がハンナの障害も含めありのままのハンナを愛し受け入れてきたことがこの面接に寄与したと考えられた。

　これらの事例から浮上してきた青年期女性の内的世界には，母親への依存欲求の高まり，依存によって自己を見失うことの恐れがもたらす反抗，さら

に第二次性徴による欲動の高まりや自身の内なる攻撃性へのおののき，母親への愛着関係がもたらす葛藤と不安が生成されていた。さらに母親からの投影に晒されながらいかにして独自の自分を失わずに自己を確立し，同時に愛する母親との関係をどうやって構築するのかといった主題と格闘する姿があった。

　Winnicott の描いた 3 つの事例には，Freud その他の精神分析的治療で取りあげられてきたエディプス・コンプレックスや性欲動の高まり，父親同一化の主題は見られない。青年期女性の「母親への攻撃欲動と依存欲求の高まりと葛藤」という見地から，依存関係がもたらす困難さの質的違いが描出されている。

　ジェーンが母親への依存や母親拘束を示したように，青年期女性が独立を目指し世界との新たな関係を構築しようとする時，この急激な前進は，逆に早期乳幼児期に母親との間で体験した全面的な依存状態への回帰を引き起こす。彼女たちは母親との分離を体験する前に，乳幼児期に体験した依存関係に基づく母親との一体感を体験し直し，母親に抱えられる中で自己の存在を再確認しながら女性としての「私」を確立していく。依存感情を抱えられる体験は，情緒面だけでなく身体的にも抱えられ満たされる体験となり，それは「精神が身体に宿り psycho-soma in-dwelling」「人となる personalization」ことに寄与するのだと言えよう。

　青年期に達した女性は，母親への依存欲求の高まりと同時に母親からの分離意識の高まりにも対処しなければならず，強い葛藤状況に置かれる。大人へと移行していくためには，ハンナが母親を棺に入れる夢を語ったように，内的な母親殺しによって幼児的依存関係から離脱し，自己を確立した新たな主体として母親との関係を再構築する必要がある。ハンナの場合良い母親対象が内在化されていたため，Winnicott の 1 回のサポートだけで母親への憎しみと怒りを自覚し，内的に母親を葬り，分離を達成することができた。しかし乳幼児期から母親との関係が安心できるものでなかった場合，持ちこされた破壊的攻撃性に加えて，青年期において活性化する本能衝動の高まりが，自身の破壊的攻撃性への怖れ，罪悪感，自己嫌悪など青年期女性の不安を高めることとなり，不安の強さゆえに母親拘束に舞い戻り，ジェーンのようにその防衛として不純異性交遊などさまざまな非行や精神病理がもたらされる

ことにもなる。女性性の問題は母性とも深く結びついているため，青年期女性が母親への依存と独立の課題を達成していくことは，男性よりも複雑で困難な仕事となると考えられる。

　Freud は女性の心理を去勢不安とペニス羨望から論じ，ペニスを持てないことが女性のパーソナリティに影響を与え，超自我発達が未完なゆえ，道徳観・倫理感に劣り，劣等感やマゾヒズムを特徴とするという男児の発達を女児の発達に当てはめたペニス優位の論を展開した。Freud は青年女性の心理について概念化していないが，二相説において乳幼児期が思春期に再燃するとの論考が示すように，青年期女性の心理も乳幼児期の女児の発達の再演として捉えることができる。

　Klein は，Freud 同様，「ペニス羨望」「去勢不安」など解剖学的身体発達と性欲動から捉えた論考を展開しながらも，一方で乳房との関係によってもたらされる早期エディプス・コンプレックスの概念を導入した。さらに初潮という新しい観点を持ち込み，女性の身体内部の赤ん坊をめぐる不安や葛藤が青年女性の心的世界に与える影響について論じた。しかし，そこには子どもの養育に中心的役割をはたす現実の母親との関係が，子どもの心的世界にもたらす影響について考慮する観点が欠落していると言えよう。

　Winnicott は，男性優位のペニス思考に縛られない，母親との関係に主軸を置いた理論を構築し，性よりも母親との依存から独立へと至る心的過程を重視した。乳幼児期のこのプロセスは青年が親から独立した自己を確立する際に再燃することを示し，母親の失敗が精神病理に繋がるとの考えを展開した。

　青年期女性が一人の女性として誕生し，異性と繋がり，母親となり，次の世代を育てて行くためには，乳幼児期の母親との関係がもたらす欲求不満と，その時に生じていた愛と憎しみの内的空想の蘇りを精算し，良い対象としての母親を内在化することが必要欠くべからざるものだと考えられる。

第3節　身体的変容と内的体験——第二次性徴がもたらすもの

　第二次性徴による身体の変化と欲動の活性化は，ある日目覚めたら巨大な毒虫になっていた青年グレゴール・ザムザ（カフカ，「変身」）のように，青年の内的世界では，大人への変容が変態として知覚され，その異物感や不気味さは恐怖と内的な死として体験されることにもなる。Munch, E. が描いた「思春期」（オスロ国立美術館）と名付けられた絵にも不安そうな少女が描かれている。外界に晒された身体を固く閉ざし，緊張と張り詰めた表情の少女が目を大きく見開き，その瞳は自身の身体の変化への戸惑いと不安，怯えの中で何かを求めているかのようである。そこには身一つで世界に放り出された少女の寄る辺なさや痛々しさも感じられる。さらに少女から伸びる黒い影は少女の内側から外界に漏れ出ようとしているようにも，外界から少女に侵入しようとしているようにも見える。いずれにせよ少女の世界は不気味なものとともにあるのである。

　女性にとっての第二次性徴は初潮，乳房の膨らみなど自らの身体の変化に直面させられる体験であり，自身の存在や自己意識，性役割を問うことにも繋がり，より内面的・心理的な色合いをもつ。破壊された子宮，自身の内部の赤ん坊，破壊した母親の赤ん坊，弟妹の出産，父親のペニス，性衝動，依存状態への回帰などそこにはさまざまな内的空想が生まれ，それが女性性や母性を自身の内にどう取り入れ収めていくのかといった主題と連接されることになる。

1．乳房との関係

　青年期の第二次性徴にみられる女性の身体的変化の大きな特徴は，初潮と乳房の膨らみであるが，Klein（1932a）は，青年期女性の心に大きなインパクトを与えるのは，初潮の経験であるとして，その身体内部の変化がもたらす不安と葛藤をペニスとの関係を軸に論じている。もちろんこの視点も重要であるが，乳房との関係から乳幼児の心的世界を解明した Klein が，なぜ乳房を取りあげなかったのかは疑問である。ペニス主体の Freud 理論に応答

するため，性理論と結びつく身体器官が重要視されたと推察されるが，女性にとって乳房の膨らみは視覚化される身体変化であり，女児から女性への移行と成熟に直面する重要な意味をもつと考えられる。

　縄文時代の土偶に見られるように，乳房は先史時代より豊穣の女神，母なる女神の偶像として表されてきたが，未熟なままに産まれ，一人では生存することができない根源的依存性を有する人間の赤ん坊にとって，生と死を掌握するものとして存在する。乳房を歴史，社会，文化的側面から論じた Yalom, M.（1997）は，イブによって示された性へと誘惑するエロス的な悪い乳房と，乳児を養う母性と結びついた良い乳房を女性の2面性の表象として取りあげ，神聖性と性的という異なる2つの要素が女性の運命を織り続けてきたという。20世紀以降，乳房が乳幼児の感情生活に重要な位置を占めることが論じられるとともに，成人男性のエロス的欲求の対象でもあることが追認され，商業化とメディア化が進む現代においても多様な意味や価値が付与されている。また進化生物学の観点から Barash, D. P. & Lipton, J. E.（2009）が「乳房はどの部分よりも二重の役目を果たしている。子どもに栄養を与えるという生態上進化した器官としての役目，性交相手を引きつけ引き留めるという性淘汰によって進化した役目」と述べるように，究極のところ乳房の機能的役割は母性と性愛の2つの要素に大別される。無性的存在である女児から性的存在となる青年期の女性において，乳房の膨らみがもたらす内的体験は，かつて授乳された体験の蘇りだけでなく，母性・女性性・性欲動の肯定あるいは否定，もしくは葛藤を導く体験となることが推察される。

　Klein（1952a）は，「最初の食べ物を与えられる経験，愛情対象（良い乳房 good breast）を失ったり，再び手に入れたりする経験は，乳児の感情生活の最も本質的な部分になる」と述べ，繰りかえされる乳房による欲求充足と欲求不満が，リビドー衝動と破壊衝動，愛と憎しみを強化し，欲求を充足する乳房は良い対象の原型となり，欲求不満の源泉である悪い乳房は迫害的対象の原型となることを示した。すでに乳房との関係を基盤とした発達理論を取りあげているので，ここでは乳房との関係によって生じる内的空想に焦点化して概説する。

欲求不満を感じている乳児は空想の中で，乳房をかみ砕き，引き裂き，食い尽くす。そして乳房が同じやり方で自分を攻撃してくると感じる。また有毒な尿と爆破させる大便で乳房を攻撃するが，同時に乳房によって自分が有毒と爆破に晒されると感じる尿道サディズムや肛門サディズム衝動を強める。さらに口唇サディズムの高まりは貪欲さを生み，乳児が乳房を食い尽くし乳房を空にしてしまうのと同様に，乳房によって自分が食い尽くされる不安と恐怖を感じる。乳房＝母親の身体内部を自分の悪い物質や排泄物で満たすだけでなく，母親の体内に入り込み身体を支配することを空想する。自己の悪いものを乳房に投影することによって，乳房から迫害される恐怖が強まり，乳房を取り入れ支配することによって対処しようとするが，結果として内外から迫害されるため，さらに恐怖が強まることになる。このようにして乳児の心的世界には，乳児の衝動の投影によって歪められた空想（phantasies）による対象像が形成される。

　しかし，これら迫害的不安は，満たされる授乳体験によって中和されるだけでなく，授乳時の母親の微笑みや，抱っこ，手の温もりや穏やかな声などによる満足感や安心感，愛情を感じる体験によっても中和され，良い対象への信頼を高めるとともに自我の統合能力を強化する。現実の良い対象を取り入れることが，良い感情を外界に投影することを促進し，投影された良い感情を再取り入れすることによって，良い対象の所有が可能になる。投影された良い対象と良い自己を取り入れることによって愛情と破壊衝動が統合へとむかう。抑うつ不安と罪悪感が生じ，破壊した乳房＝母親を修復しようとする気持ちが湧き起こり，愛する対象への攻撃衝動を抑えようとする心が生まれることになる。

　このように Klein は，具体存在としての母親の乳房との関係を基盤とした中で，乳児と空想乳房（部分対象関係）との主観的・情緒的体験から生まれる無意識的空想を通して，全体対象としての母親や自己を認知していくプロセスを描き出した。そして，この乳房を起点とする早期乳幼児期の心的発達と原始的な対象関係が，年長の子どもに重要な役割を果たし，青年期においても古い不安や葛藤を復活させることを示した。

　乳児と乳房との関係が青年期において再燃するとの考えには筆者も同意す

34 第Ⅰ部 青年期女性を理解するために

るが，果たして青年期女性と小さい女児の体験は全く同じ体験だと言えるの
だろうか。筆者は受動性 - 能動性という面で両者には決定的な違いがあると
考える。

　早期乳幼児期の乳房との関係は，受身的に体験される授乳乳房との関係だ
が，青年期女性に生じる乳房の膨らみは，自分自身が授乳できる乳房を所有
するという能動性を含む体験である。Winnicott が，乳幼児の内的破壊空想
が，青年においては現実になる力を有すると述べたことと同様に，青年期女
性は空想するだけでなく，目に見える形で自ら授乳できる乳房を現実のもの
として実感する。青年期女性の心的世界には，母親から「与えられた乳房」
と自ら「与える乳房」が存在することになり，その体験様式や意味すること，
心的空想は大きく異なると考えられる。赤ん坊を出産した母親の内的体験に
ついて Raphael-Leff, J.（2003）が，「言葉のない赤ん坊との親密な出会いは
前象徴的経験を生き返らせるだけでなく，養育によって太古的養育者を含ん
だ自分自身の赤ん坊の自己が内在化された表象が再び活性化される。……養
育者はまた自分自身の中の未解決な乳幼児的情動を解放することによって，
最も危険に晒される」と語るように，青年期女性の乳房の膨らみも過去の授
乳体験を含む母親との太古の関係を再燃させ，未解決な乳幼児期の情動を蘇
らせると考えられる。すなわち，乳房の膨らみが心地よい温もりと満ち足り
た感覚を生起させ，与える側になることを好ましいこととして受け入れる青
年女性がいる一方で，自分の乳房が貧弱で十分な栄養を与えられないと惨め
になることもあるだろうし，かつて母親の乳房を食い尽くした自分が想起さ
れ貪り食われる不安や毒が入っていることを恐れ，自分自身の乳房を受け入
れられない青年女性がいるかもしれない。あるいは自分が母親の乳房に羨望
を抱いたように，他者からの羨望によって乳房が破壊されることを恐れて胸
の膨らみを隠そうとするかもしれない。

　第二次性徴を迎えた青年女性の心に蘇る乳幼児期の乳房との経験は，与え
られる側と与える側両方の情緒的体験となり，青年期の発達課題である依存
と独立，分離と個体化の主題とも連結し，またそれは愛されることを希求す
る存在から愛する存在への移行を伴うより複雑な体験となることが予測され
る。

ここまでは主に部分対象としての乳房について論じてきたが，Klein は，全体対象としての乳房，すなわち乳房＝母親との関係が女性性や母性との関係に寄与することについて言及している。幼い女児にとって，乳房は滋養と愛情の源泉であるが，口唇的欲求不満と，女児が憧憬する乳房と父親のペニス，赤ん坊を所有する母親への羨望が生じ，母親の内部を攻撃して赤ん坊やペニスを奪いたいと願望する。しかし母親から報復される恐怖と罪悪感が高まるため，それを回避するために女児は母親から撤退し父親に向かうことになる。この時女児の原初的な乳房との関係が良いものであれば，母親の赤ん坊を創造する能力への理想化と同一化が生じ，女性的態度で父親に接する「女性性段階 femininity phase」に移行する。母親の身体は女児が望むすべてを備えるだけでなく，女児の恐怖を和らげる手段も備えているとの空想をもつため，母親への強力な愛着が高まる。加えて羨望から母親内部の赤ん坊を破壊した空想は，激しい罪悪感と不安を生じさせ，母親から奪ったペニスや子どもを母親に返し修復しようと願望する。女児は早期に母親によって与えられた滋養ある良い乳房を想起し，この母親と同一化することで母親のように父親から愛されたいと願う「女性性段階」を維持し，癒やし，与えることのできる人として自分自身を考えることができるようになる。そして赤ん坊を得ることや，癒やす力をもつ良いペニスとの性行為によって自身の身体も修復され不安が克服されていくことが空想され，愛情と性の結びつきによる異性愛ポジションへと移行する。しかし女児と母親の乳房との関係が強い欲求不満に晒されていたならば，母親への羨望や憎しみがサディスティックな空想をもたらすため，乳房よりもペニスの所有を選択し父親に同一化する男性的ポジションをとる。あるいは，万能感を高め母親の乳房を破壊し父親に敵対するか，同一化した父親のペニスへの恐怖を感じて男性を恐れ母親に固着し，女性性は未達成となり未熟なままに置かれることになる。

　青年期女性をペニスとの関係だけで捉えようとすると，性愛や性的問題に囚われ，その背後に隠蔽された乳房との関係を見紛うことにもなりかねない。「与えられる乳房」と「与える乳房」がもたらす内的空想と，「乳房からペニス」へと至る発達的視点が，青年期女性のパーソナリティの本質を捉える上で重要な構成要素となると筆者は考える。

　女児が初潮の出血と乳房の膨らみによって大人の女性への道を歩み始めよ

うとする時，身体的変化への不安や母親との分離意識が，乳幼児期の母親に抱えられ授乳による滋養を与えられた依存の時期を蘇らせるのかもしれない。あるいは十分な乳房との関係が得られず母親との関係が怒りと憎しみに彩られている女性は，滋養ある乳房との同一化を求めて退行し，精神病理を発症するのかもしれない。あるいは自分の貪欲な乳房への羨望を恐れるがゆえに，母親から距離を取り女性性を否認して生きることになるのかもしれない。いずれにせよ青年期女性は，性器的結合を伴う異性愛の対象を見いだし自身の中に新しい命を宿す前に，乳房との間で持ちこされ和解できないまま置かれている愛と憎しみの関係を再検討し，古い内的対象である母親との関係を紡ぎ直し，母親のように愛する夫と赤ん坊を手に入れたいという，女性性の段階を確立する必要があると言えよう。

2. 女性のイニシエーション

　古来，子どもが大人の世界に参入する時には，象徴的な死と再生の通過儀礼としての成年式があった（石川ら，1994）。子どもから大人への移行をもたらす儀式（イニシエーション）は，Eliade, M.（1958）（以下，Eliade）が1つの破綻，決裂をもって始まると述べたように，男女ともに母親との分離によって子どもの世界（母・女性の世界，無責任と幸福，無知と無性的な子どもの状態）から絶縁する。そこでは「試練と困難」が課され，子どもとしての自己が死に，試練の克服によって社会的に認められる大人としての自己への再生が行われる。

　男児の成人式は思春期前後に集団で実施されるが，女児の成女式は初潮に始まるため個別に行われる。女児は初潮が訪れると直ちに慣れ親しんだ世界（母親や家族）から引き離されるとともに家の暗い隅に隔離され，多くの部族では太陽を見ることを禁じられる。その期間は3カ月から数年に及び，成女式は年を取った親戚の女か村の老女の指揮の下執り行われ，性と豊穣の秘儀を教えられるのである。暗闇のシンボリズムはあの世，死を意味するとともに，母親の胎内での妊娠期間の暗闇の象徴でもある。Eliade（前出）が，ある部族の成女式について「イニシエーションは初潮に始まり，最初の妊娠の間もくり返され，さらに念入りにされる。そして初生児の誕生をもって終結する。この血の儀式は出産で完了する」と記したように，初潮，妊娠，出

産という女性に与えられた秘儀はそれ自体が宗教的体験であると考えられている。妊娠と出産は太陽神の体内へ復帰すること——胎内復帰のイニシエーションとなり，女児は胎内復帰をした後に，女児とは異なる個別の存在様式に到達し，性を有する女性として再度生まれることになるのである。

　現代社会において，このようなイニシエーションの儀式は失われてしまったが，古代より世代を超えて継承されてきたこの儀式が意味することは，女性の内なる世界を理解する上で示唆されることも多い。

　その1つに分離のテーマがある。大人への移行の儀式の始まりが，母親からの分離と隔離にあったという事実は，古来より母親と子どもの関係が，特別な力によって母子分離を図らねばならないほどの，根源的なつながりと吸引力に支配されていることが了知されていたことを示しており，それは現代においても，青年女性が母親から分離し個体化を達成することの困難さと同義である。

　2つ目は，女児に課される不安と恐怖，孤独のテーマである。男児の成人式は，集団で行われ試練を克服するという文化的・社会的儀式であるのに対して，成女式は初潮という身体的・性的成熟によってもたらされる個別的体験である。

　ユング派の女性分析家 Harding, M. E.（1971）（以下，Harding）は，古代や未開の部族において生理中の女性が不浄あるいは聖なるものとして隔離され，月経宿で断食し一人で過ごさねばならなかったことの心理学的意味について言及している。孤独な隠遁生活によって，女性は真の内向へと導かれ内面と向き合う時間を付与される。それは女性の内にある本能的な力，女性的本性のより深い源泉との接触を確立し直すことを可能にする。自らの心の闇の暗い側面に触れ心乱れる体験は，自身の内にある葛藤や不安に直面し意識化することへと導く。また，女性的本能の大部分が無意識であり本能衝動に支配されている段階においては，非人間的で悪魔的側面による性的無節操や冷酷によって，男性の本能を捉え彼を蝕み去勢する力を有するがゆえにそれを防ぐための隔離でもある。成熟した女性は，男女の愛と心理的関係を守るためには欲望の鍛錬が必要であることを知っており，知的な認識と意識的な意思によってこの危険から自らを守ることができるのだという。

　母親と引き離された暗闇に孤独に置かれるイニシエーションは，自分自身と

向き合い不安や葛藤を意識化することや，女性的本能の衝動的欲動に打ち勝ち自らを守る力を付与する。さらに女児に変化と孤独に耐える力を涵養し，女児から女性に，女性から母親へと変転する中，初潮，妊娠，出産という女性に与えられた役割と機能を遂行するための心的変容を促す内面的儀式となる。

　３つ目は守りのテーマである。Harding（1970）が，出産は「一つの生物学的な作業なのであり，母性的本能のルーツは女性的な性質の最深部にまで達し到り，その力の存在について女性たちは深い無意識の中にある。一人の女性が妊娠すると，この古代からの力が彼女の中で動き始めるのであり……彼女がこうした心の深い動きを無視しようとすれば，あとは，何らかの災いが彼女を待つのみである」と述べるように，生物的・本能的なものと結びついた女性の特質である。初潮も出産も自身でコントロールできるものでは無く，内なる変容をただ受け入れるしかない受動的体験であり，女性のこの受動性が自身の身体を器として用い，その内部に新しい生命を住まわせることに連結する。初潮に始まるイニシエーションの儀式とプロセスが，年を取った親戚の女性や長老の女性たちの集団の守りの中で執り行われるということは，女性たちの「古代からの力」によって，女性性の最深部にある母性的本能を呼び覚ますことを目的としているのだと言えよう。現実の母親との分離によって依存を断ち切り幼児的な内的母親対象を喪失しても，太古から受け継がれた母性的な結びつきが女性の守りとなることを意味しているのではないだろうか。女性は良い意味でも悪い意味でも母親との母性的繋がりを断ち切ることはできないことがここに示されている。すなわち，女性のイニシエーションプロセスは，幼児的な母親への依存を断ち切り，女性性と母性を鍛え，次の世代を産み育てる心的成熟をもたらすための体験様式と心的機能を有するものなのだと考えられる。

　現代においても，女児が女性へと変容する青年期には，成女式で行われてきたようなプロセスを内的に体験することが求められる。すなわち，母性的守りの中で現実の母親との分離が体験され，そこから生じる不安と恐怖，孤独を実存的に体験し，その体験を心に置ける心的状態を獲得する必要性である。それによって女児は依存を断ち，自身の身体を受け入れ精神的成熟を獲得した女性へと変容を遂げることが可能となる。このイニシエーションプロ

セスを通過し，セクシュアリティを内在化した成熟した女性としての自己を確立するまでは，本能的な性衝動から隔離され守られる必要があるのではないだろうか。

　核家族が進み世代を超えた母性的繋がりや守りも失われた中，乳幼児期から母親との間にも良い関係を得られないまま青年になった現代女性の多くが，生物学的には女性となり母親になる準備が整ったとしても，内的にはそれを受け入れられないがゆえに，結婚や子どもを産むことへの躊躇いが生じ，子育ての不安や孤独から子どもへの虐待などが派生することにもなっている。また母親への依存を否認して，あるいは母親の置き換えとして男性との無節操な性体験を繰り返す女性もいる。さらに摂食障害やパーソナリティ障害などさまざまな病理像の発現をもたらすことにもなる。これらは女性の内的なイニシエーションプロセスの未完がもたらす病理だとの理解が成立する。

　このような子どもから大人への移行に躓いた青年期の女性クライエントは，面接空間という外的現実から隔離された場所でセラピストに抱えられ，セラピストとの関わりを通して成熟へのプロセスを歩んでいく。すなわち心理療法過程において，乳幼児的依存関係にある母親との分離や，固着と退行によって彩られた母親拘束からの脱出が試みられ，不安と孤独，恐怖を味わいながらも，セラピストの母性的守りに抱えられる体験を通して変容を遂げていくのである。その時，内的には古代から伝えられる母性的繋がりの中で行われるイニシエーションプロセスが進展していると言えよう。このプロセスによって女児は女性的本能が有する性役割を身につけた女性へと生まれ変わり，生殖機能と結びつく異性獲得が準備され，子どもを体内に宿すことに耐えられる母性を有した女性（母親）へと成長して行くことが可能になるのだと筆者は考える。

3. 初潮が意味すること

　Deutsch, H.（1954）は，女児にとって血液の最初の流出は，無意識においては現実に去勢されたことや，子どもをもつ可能性を失ったことと等価であり，そのための二重の落胆であるだけでなく，幼児期に感じた残酷さと流血をともなうサディスティックな行為としての性交空想を呼び戻すことを示した。またこの時期の女児は性器を「大変貴重なもの」「不潔で恥ずべき汚

腔」という2様の態度を取るが，男性と違って内性器であるために自分の性
器が愛と性を繋ぐものだと実感しにくく，性的エネルギーを異性愛対象にむ
けることへの不安や葛藤をもたらす。そしてそれは古い愛情関係をそのまま
性的なものに転化したがる退行的な傾向や，同性の女児への同性愛的結びつ
き，異性愛に見せかけた母親への依存欲求や，母親への愛情を父親に向け変
えて乳幼児期の愛情関係を欲することにもなる。しかしこれらの病理は，す
べて母親への古い愛着を解消しきれなかったことに由来すると論じ，母親と
の古くかつ根深い，原始的な絆を大人にふさわしいものに編み直して，異性
愛に向かう必要があると述べている。

　Klein（1932b）は，初潮が女児の中に古い不安と葛藤を活性化させ，神経
症的障害に影響を与えると述べるとともに，初潮が女児にもたらす内的空想
やその意味することについて以下のように示した。

(1) 無意識は，すべての身体的な内容物を，空想の中でおたがいに等価物にす
るために，彼女は生理の出血を危険な排泄物と同一なものとみなす。それ
らの危険な排泄物が彼女の身体を損傷してしまったという恐怖が，彼女に
は現実によって実証されたと思う。

(2) 生理の出血は，彼女の身体が攻撃されているという恐怖を増大させる。

　a) 女児が母親から盗み取った父親の男根と子どもを取り戻すために，母親
によって攻撃され破壊されるという恐怖。

　b) 父親がサディスティックなやり方で彼女と性交することを通して，父親
によって攻撃され損傷されたという恐怖。

　c) 彼女の身体内部が，取り入れられた対象によって直接的にあるいは間接
的に攻撃されるという恐怖。

(3) 身体内部からの出血は，彼女の内部の子どもが傷つけられ破壊されたと彼
女に確信させる。

(4) 生理は，自分が男根をもっていないことやクリトリスが去勢された男根の
傷であることを確証させ，彼女が男性的ポジションを維持することを困難
にする。

(5) 性的な成熟のサインであることが，生理は不安のあらゆる源泉を活性化さ
せる。そして，生理によって活性化された不安と葛藤は性的な抑制をもた
らし，また古い不安状況を復活させることになる。

Klein, 1932b, 小此木・岩崎訳, pp.268–270.

Deutsch も Klein も初潮によってもたらされる不安や葛藤が，古い対象・古い不安状況を蘇らせることに言及し，口唇期的な母親との関係がこの時期の課題となることを論じている。初潮を迎えた女性の内的世界は，母親への強く激しい愛着と同時に，羨望，憎しみ，怒り，罪悪感などの情動がないまぜになった混乱と不安状態にあるが，イニシエーションの儀式によって守られない現代女性の幾人かは，乳幼児期から持ちこされた母親との不安や葛藤の蘇りに，為すすべもなく立ち竦み，身体化，症状化，行動化を呈するのかもしれない。あるいは，母親との未解決な問題を抱えたまま異性と出会い結婚に至るが，成熟した異性愛段階に達していないためその継続が困難であり，それが昨今の離婚の増加や家庭崩壊をもたらしているのかもしれない。また，母親世代が持ちこした母親との不安や葛藤は，世代を超えて娘世代に受け継がれ，この連鎖が青年期女性（青年期的心性を持つ女性も含む）の病理や不適応に接続されていることも考えられる。これらの推論は，第3章以降の事例によって検討される。

42　第Ⅰ部　青年期女性を理解するために

第2章　分離によって体験されること

　本章では，乳幼児期の不安と葛藤が青年期に蘇るとする精神分析的仮説に
基づき，乳幼児期の心的発達を「分離と喪失」の観点から捉えた臨床思考に
ついて，「現実の対象」を重視した視点（Mahler, M. S.,　Bowlby, J.）と「内
的対象」から論じた視点（Klein, Bion, W.）とに分けて概説する。

第1節　心的発達と分離体験

1．Mahler, M. S. の分離 - 個体化理論

⑴ 融合的母子関係からの離脱

　Mahler, M. S.（1963, 1975）（以下 Mahler）は，「人間の乳児の生物学的誕
生と個人としての心理学的誕生とは時間的に一致していない。前者は劇的で
可視的であり，十分に定義できる出来事であるが，後者はゆっくりと展開
する精神内的過程である」と述べ，生後4～5カ月から約3年の間に生じる
「分離 - 個体化過程 separation-individuation process」を母子関係の観点か
ら観察と研究を行った。また「子どもはたえず対象喪失という最小限の脅威
と直面している」と述べ，成熟過程のすべての段階が対象喪失を伴っている
ことを示した。

　赤ん坊は母子一体の融合状態空想の中で生物学的に誕生し，最初は内界と
外界の区別がない正常自閉期を経て，漠然と区別が可能となる共生期を迎え
る。飢えなどの欲求不満は内界に不快な感覚を認識させ，授乳による外界の
働きが不満と緊張を解消させることに気づくようになる。そして満足な授乳
体験は二人で一人といった共生関係をもたらし，この関係はその後の分離 -
個体化を組織化することになる。

分離とは，子どもが母親との共生的融合状態から離脱し，母親から分離しているという感覚を精神内界で達成することであり，自己表象と対象表象の境界の確立を意味する。また自我自律性，知覚，現実検討を通して発達する自立的な能力を個体化と呼ぶ。以下に Mahler が区分した分離‐個体化過程の４つの段階について概説し，健康発達とそれが達成されなかった時に生じる病理について言及する。

⑵ 母親からの分離と個体化の達成

①共生期（symbiotic period）

生まれたばかりの乳児は，母親と自分の区別がつかない自他未分化な状態にあり，母親との一体感を体験している。この段階で満たされた授乳体験を通して母親と一体感を持てた乳児は，基本的信頼感を得ることができるが，それに失敗すると，世の中や他者に対して不信と不安を感じやすくなる。

この共生関係の失敗によって生じる共生精神病を，①自閉的症状をもつ精神病，②共生的なしがみつきを主症状とした精神病，③母親の精神病のためにまとまりのない奇妙な症状を示す精神病として取りあげ，健康な共生期の経験によって分離‐個体化の過程を通過することが，治療的に有効であると述べた。

②分化期（differentiation period）

生後５カ月〜９カ月頃から，母親との身体的密着状態からの離脱がおこり，母親と子どもという２つの個体が分化しはじめる。二人で一人という共生段階から個体が孵化して行く時，母親に属するものと属さないもの，親しいものと親しくないものを識別するようになり人見知り反応が生じる。基本的信頼を達成している子どもは，母親以外の世界を探索しようとする好奇心が育成されるが，共生期段階において基本的信頼感が十分に獲得されなかった子どもの人見知り反応はパニック様の激しいものになり，新しい世界，新しい人間関係の形成への不安が強まる。

③練習期（practicing period）

生後９カ月から 14 カ月になると自由歩行が可能となり，移動能力を練習して習熟する時期であることから練習期と名付けられた。練習期は歩行を達成する以前と以後で区別される。前半は母親からの身体的分離，母親との特異

的結合の形成，母親と密接に結びつきながら自律的自我装置が成熟し機能することが分離に向かう基盤となる。母親の膝から離れた乳幼児は，探索活動に没頭し母親の存在を忘れるほどに熱中するが，しばらくすると母親の元に舞い戻ってスキンシップを求め，母親からの情緒的エネルギー補給を受けると元気を回復してさらに探索に乗り出していく。この子どもの往復運動にうまく応じてくれる母親の存在が分離‐個体化を支えることになる。しかし，この情緒的エネルギー補給に応じられない母親との関係は，乳幼児の心に見捨てられ不安や過度の依存をもたらし，子どもは自律的能力を発揮できなくなる。

　1歳を過ぎる頃になると本格的な練習期となり，乳幼児は自分が手に入れた歩行能力と外界のすばらしさから躁的な高揚感の中におり自己愛は頂点に達する。躁的な高揚感は母親との空想的一体感によって維持されるが，この時の母親の不在は内的な母親対象の喪失となり，母親の不在は乳幼児の気分の低下と活動性を減少させ，外界への関心も失わせる。

　④再接近期（rapprochement period）

　生後14カ月から24カ月の時期で，母子共生関係からの分離が進み，自律的機能や独立意識が高まる。乳幼児は，母子一体感から生まれる魔術的な万能感を体験しているが，この時期に自分とは分離した存在としての母親を意識し始めるようになる。親からの分離意識の芽生えは身体的支配を達成した喜びをもたらすが，同時に分離不安も引き起こす。この母親からの物理的分離の達成と心理的分離の間のズレが生じる時期を再接近期と呼ぶ。この時期の子どもは常に母親が自分に関心をもつよう求める一方で，自信満々で母親など必要ないかのように振る舞う。そうかと思うとメソメソしたり，駄々っ子のような言動を繰り返す。母親との距離を能動的に縮めたり拡大したりする中で分離意識に対処しようとするが，20カ月を過ぎる頃には，再接近期危機といわれるほどに激しいアンビバレント状態となる。人見知りが再燃し，肛門期的な強情，欲張り，頑固などの行動様式が顕著になる。この再接近期危機の解決を通して，子どもはその子なりの心的距離を見いだし個性が芽生える。また精神内界において自己表象と対象表象の分離が確立し始める。しかし，この段階での母親からの供給がうまくいかないと，乳幼児は依存と独立の狭間に固着し，心的成熟は失われ，第2の分離‐個体化の時期であると言われる思春期以降の愛着をめぐる病理と結びつきやすくなる。

⑤個体化の確立と情緒的対象恒常性（consolidation of individuality and emotional object constancy）

生後3年目に入ると現実検討，時間概念，空想，言語的交流など自我機能の発達が進み，自己表象と対象表象が確固として区別されて存在し，母親の不在や欲求不満状況にあってもその境界を維持できるし，良い内的対象イメージが破壊されることもなくなり，対象恒常性が獲得される。対象表象，自己表象ともに良い部分と悪い部分が統合され，攻撃欲動とリビドー欲動の融合により対象への怒りを緩和することが可能となることによって個体化も達成される。しかしこの個体化の確立と情緒的対象恒常性の獲得は生涯続くプロセスであるといわれている。ライフサイクルの中で反復する，失われた母親対象との共生的融合に回帰しようとする運動とそこからの離脱を目指す運動，この2つを統合することが人生の課題となる。

分離 - 個体化の達成を Klein の理論から捉え直すと，部分対象関係にあった乳幼児が母親対象を認知的，情動的，時間的に統合し，良い母親対象を精神内界に保持することで全体対象としての母親と良い自己を体験できるようになることを示している。分離 - 個体化の未達成は，Blos, P.（1962, 1967）の青年期発達論や，Masterson, J. F.（1980）の境界例論が示すように青年期の病理に接続される。

2. Bowlby, J.の愛着理論
(1) 乳幼児観察に基づく愛着対象の喪失反応

Bowlby, J.（1980）（以下 Bowlby）は，「愛する人を失うことは人間に襲いかかるもっとも悲惨な経験の1つである」と述べ，乳幼児の母親への愛着は本能的なものであり，分離体験が心的外傷として経験されることを示した。この心的外傷につながる母親との分離体験とは，母親との死別だけでなく，長期間母性的人物から引き離される時，母性的人物との離別を予期する時，母性的人物を完全に喪失する時を指す。また，乳幼児の母親の喪失体験と，死別を体験した成人の反応には著しい類似性があることを強調するとともに，乳幼児の喪失に伴う悲哀反応と成人における病的な喪の悲哀反応の本質的な共通点について，①喪失人物に対する無意識的憧憬，②意識的で持続的な自己叱責と結びついた喪失人物に対する無意識的責苦（unconscious reproach）、③他の人物に対する強迫的な配慮（compulsive caring）、④喪失が永遠であるということに対する固執的な不信（しばしば否定という形であらわれる）（Bowlby, 1973）と論じた。さらに Bowlby（1969）は、生後2年から3年目に乳児院などで一定期間保護され、母親から引き離された幼児の行動観察と両親の報告から、分離がもたらす愛着対象への喪失反応を、抗議（protest）、絶望（despair）、離脱（detachment）という3つの段階に区分し、次のように示した。

①抗議（protest）

乳幼児は母親を失ったことに激しい悲しみを示し、泣き喚き、転がり回り、母親がいなくなった場所や物音がする方向を凝視し、持てるかぎりの能力を発揮して母親を取り戻そうとする。乳幼児の行動には、母親が戻ってくる期待が強くみられる。そのため自分のために関わろうとしてくれる他の養育者を受け付けず拒絶する。

②絶望（despair）

絶望の段階が抵抗に続いて起こる。乳幼児はいなくなった母親に心を奪われているが、徐々に身体運動は減少し、泣くことも単調になり断続的になり、絶望の状態が色濃く示される。非活動的になり、周りの人に何の要求も示さなくなり、深い悲哀の状態に陥る静寂段階（a quiet stage）を示す。

③離脱（detachment）

離脱段階が抵抗、絶望の後に続く。乳幼児は他の養育者を受け入れ、微笑み、食べ物や玩具も受け入れ、社交的な様子を示す。一見回復の兆しだと間違って受け止められることもある。しかし、母親が戻って来た時、母親を知らない人のように振る舞い、母親への関心を失ったような態度をとり、愛着行動の欠落が見られる。

離脱の一形態として次の例を示した。長期間の入院で母親との関わりが断たれ喪失感を経験した乳幼児が、複数の看護師などからの愛撫や接触を得たとしても、信頼と愛着関係が断片的であり愛と喪失を繰りかえし体験するため、惨めさからしだいに他者への興味を失い誰に対しても愛着を示さなくなる。自己中心的になり、願望や感情を他者に向ける代わりに、菓子、玩具、食べ物など物質的なものに心を奪われる。一方人見知りもなく社交的な様子を示すが、これは他者への関心を失った状態を表している。

第2章　分離によって体験されること　*47*

　Bowlby（1980）は，乳児の母親からの分離と喪失の経験は，身体病理学
における炎症が体組織に傷を残すのと同様，傷ついた組織が心に形成され後
年激しい機能障害が生じやすいと述べ，後年の精神医学的問題が乳幼児期の
分離と喪失体験に起因することをデータと観察，臨床例を関連づけることに
よって論証した。加えて，後年における新たな喪失体験の質は，乳幼児期の
喪失体験によってもたらされた情緒的反応様式や防衛機制によって決定され
ることも示した。

(2) 喪失反応と精神病理
　Bowlby（前出）は，分離と喪失に対して病的な悲哀反応を起こしやすい
人の子ども時代の経験は，以下に述べる「偏向」の結果であると指摘した。

> ①偏向は，その子どもが生まれた家庭内における（あるいは代理的養育を受け
> 　た時の）不幸な経験，特に人間関係の非連続性，および愛情や養育に関する
> 　子どもの願望に対する親にあたる人物の応答の仕方，あるいは無応答の結果
> 　である。
> ②偏向は，当人の愛着行動が組織化される過程における障害，通常は不安性お
> 　よび不安定性愛着，そうでなければ自己充足を強烈に主張するような障害を
> 　含んでいる。
> ③偏向がいったん確立されると，それは永続する傾向があるが，後の経験に対
> 　してある程度敏感になり，その結果，より好ましい方向に，あるいはさらに
> 　好ましくない方向のどちらかに変化する。
> ④発達に好ましい影響を与えるのちの経験には，個人——子ども，青年あるい
> 　は成人——にとって比較的安定性のある愛着を形成する好機となる何らかの
> 　機会が含まれる。もっとも，その人がそのような機会をうまく利用するか否
> 　かは，すでに組織化されている愛着行動の型や現時点でおこってくる人間関
> 　係の性質の両者によって決定される。
> Bowlby, 1980, 黒田・吉田・横浜訳, pp.235–236.

　母親との愛着関係が乳幼児の心を育み，その後の対象関係の基礎を築くこ
とに寄与するが，その愛着対象からの分離と喪失体験は激しい苦悩と情緒的
障害を乳幼児の精神内界にもたらす。分離と喪失がもたらす失望と幻滅，悲

哀への防衛のあり方がパーソナリティ形成や精神病理に多大な影響を与えることが論述された。Bowlby は，重要な対象喪失は現実の母親との間に生じること，喪失への過敏な反応が生じる期間は幼児期から青年期に到ること，さらに分離によって生じる攻撃性は，分離不安と悲嘆を表すだけでなく再会を目指す意味も有することを示唆した。

第2節　分離体験と内的喪失

1．Klein, M.の乳房との分離体験

⑴ 乳房との分離がもたらす感情体験

　Klein（1952a）は，子どもが外的世界から得る最初の歓びは哺乳されている時に体験する満足であり，愛情対象（良い乳房）を失ったり再び手に入れたりする経験は，乳児の感情生活のもっとも本質的な部分になると述べ，精神が健全に発達するにはこの慈愛に満ちた乳房との関係が重要であるとの考えを示した。滋養ある乳房に満たされる満足と，願望しても姿を現さない乳房の不在がもたらす欲求不満の体験は，愛と憎しみといった基本的な情緒体験の元となる。また現実の乳房との関係は，乳児の心に満足を与える良い乳房と，欲求不満をもたらす敵意に満ちた悪い乳房の空想を生起させることとなり，外界の体験を取り入れた内的世界の構築に寄与する。そして良い悪いに分裂した乳房や愛と憎しみに分裂した乳児の内的対象が統合に向かい，母親を1つの全体的対象として認知し始める頃，すなわち抑うつポジションの時期に，内的・外的対象としての乳房を永遠に失う離乳体験が乳児にもたらされる。この離乳体験について Klein は次のように論じている。

　　……愛情対象の喪失は，自我が対象の部分的体内化から全体的体内化へと移行する発達の時期に起こる……。「愛情対象の喪失」として後に明らかとなる諸過程は，（離乳の間とその前後の時期に）主体が自分の「良い，内在化された」対象を守ることに失敗したという感覚によって，決定されている……。彼が失敗した理由の一つは，内在化された迫害者への被害的妄想的恐怖を克服できないでいることにある。
　　　　　　　　　　　　　　　　　　　Klein, 1935, 安岡訳, p.27.

乳房の概念が母親の概念に変わるにつれて，乳房を失ったという感覚は愛す
　　る母親を失ったという恐怖と結びついていくのである。この場合の母親とは，
　　現実の母親ばかりではなく内にある良い母親をも意味する。私の経験では，(内
　　的にも外的にも) 良い対象の全体的喪失というこの恐怖は母親を破壊した (食
　　べ尽くした) という罪悪感と織り混ざっている。さらにその時子どもには，母
　　親喪失が自分の恐るべき行為に対する懲罰である，と感じられているのである。
　　　　　　　　　　　　　　　　　　　Klein, 1936，三月田訳, p.62.

　このように，乳房が姿を消す時，乳児は自分が母親を食い尽くし破壊した
と信じ，死につつある，あるいは死んでしまった母親を体験し，迫害不安と
罪悪感に苛まれることになる。さらに自分自身に取り入れた良い母親をも喪
失するため，自分自身の良い部分も失われたように体験され，自己の破壊的
攻撃性を恐れるとともに，自身を悪い存在だと感じ，内的にも外的にも脅か
されることになる。

(2) 離乳によって生成される内的空想
　Klein は，離乳体験によって生じる内的空想を乳幼児の事例や観察から次
のように論じている。
　離乳に困難を示した2歳9カ月の女児リタ (1936) は，哺乳瓶から離乳さ
せると絶望状態に陥り，食べ物を拒み，母親にしがみつき，母親が自分を愛
しているか，自分は悪戯ではなかったかとひっきりなしに母親に尋ねた。分
析の中で，リタの絶望は母親が死ぬことへの不安と，自分の悪さを母親が厳
しく罰するのではないかとの怖れであると理解された。リタの悪さとは，母
親の死への無意識的願望であった。リタは母親を食べ尽くして破壊してしま
ったという不安に圧倒されており，哺乳瓶の喪失は，自分が犯した罪の証と
感じられていたのである。
　また，生後9カ月の乳児E (1952) は，離乳を受け入れ離乳食を食べるよ
うになったが，次第に母親の注目や関心を求め，常に母親が側にいることを
要求するようになった。離乳後1週間目，E は睡眠時に不安そうにすすり泣
き不幸そうであったため，母親が慰めるために再び乳房を与えると，E は十
分にミルクの出ない乳房に吸い付いて満足した様子で安らかに眠り，症状は

消失した。Eの症状は，自分の攻撃的な衝動によって乳房（母親）が失われたのではないかという抑うつ的な不安と罪悪感，母親と和解したい願望，母親が破壊的な悪い母親に変身したのではないかとの迫害不安から派生していたが，再び乳房（良い対象）が現れたことによって，乳房が破壊されていない事実を確認することとなり症状の消失がもたらされた。

生後5カ月の乳児F（1952）は，母親から初めて離乳食を与えられた時，激しい怒りを示してこれを拒絶したが，父親が同じものを与えたところ穏やかに受け入れた。翌日になると，Fは母親からも離乳食を受け入れることができた。Fは乳房を与えられない欲求不満から怒りと憎しみをもって離乳食を拒否したが，自分が乳房を空っぽにして母親を傷つけたという罪悪感がもたらす抑うつ的不安も生じ，その葛藤を処理するのに一晩かかった。そしてFは母親（良い乳房）を傷つけずに良い関係をもつ方法として，代理対象である離乳食を受け入れたのである。

このように離乳の経験は，最早期の部分対象としての乳房との関係を乳児の心に蘇らせ，さまざまな情緒的反応を引き起こさせる。すなわち乳房との分離によって生じる欲求不満は，乳房を吸い尽くし排泄物によって母親の乳房を攻撃する空想を惹起し，母親の悪い乳房によって自分が食い尽くされ，毒を入れられるという迫害不安となる。そして全体対象としての母親を感じられる頃には，貪欲で攻撃的な衝動が良い対象を破壊し，失ってしまうのではないかとの抑うつ不安と罪悪感に加え，自身の攻撃ゆえに母親が破壊的な悪い対象に変貌したという迫害不安が生じる。離乳はこの抑うつポジションの時期にもたらされ，抑うつ感情は離乳によって強化される。乳房（母親）との分離による愛情欲求の高まりは，乳幼児の心に罪悪感と母親から許され和解したい願望を生じさせる。

Klein（1952）が「母親との良い関係は，さまざまな手段によって最初の愛情対象としての乳房の喪失に対抗する力を発揮する」と述べるように，この離乳という危機的時期に，乳児はもっとも愛する良い対象を失うことになるため，外界の良い対象（乳房や哺乳瓶）の喪失がもたらす苦痛を軽減し，罰せられる恐怖を和らげるものは何であっても，乳児が心の中に良い対象への信頼を保持する助けになる。またそれは欲求不満状態にあっても，現実の母親との幸せな関係を維持し，両親以外の人たちとの好ましい関係を築くこ

とに導く。乳児はそれらによって，今まさに喪おうとしているあらゆる重要なものに代わる満足を得ることができるようになるのである。発達早期段階にいる乳幼児が，母親を全体対象として認知できないまでも，母親の世話や忍耐によって心地良い感情や信頼を体験することが極めて重要であり，良い乳房は，母親や回りの人との間に幸せな関係を作る素地となる。本当に成功を収めた離乳とは，内的葛藤や恐怖に対する対処法を見出す最初の段階であるだけでなく，その後の人生において欲求不満に対する適応方法を見出すことに通じる体験となる。Klein は，離乳とは「〜への離乳」の意味を有し，母親の乳房からの離乳は，満足で幸せな人生を作るのに必要な代理物への離乳であると述べている。

(3) 乳房の喪失と抑うつ感情

　さらに Klein（1940）は，離乳は赤ん坊にとって母親の乳房だけでなく愛情，善良さ，安全感などすべてが失われたと感じる体験となり，抑うつ感情をもたらし，しかもその喪失は，赤ん坊自身の貪欲で破壊的な空想と衝動のせいであると感じられるため，大人のメランコリー患者と同様の苦悩と感情を体験すると論じた。「内在化された‘よい’対象の喪失への怖れが現実の母親が死ぬのではないかという不安の耐えざる源泉となる……一方，現実の愛する対象の喪失を示唆する体験もまた，内在化された対象を失うのではないかという怖れを引き起こす」（1935）と述べたように，まだ内的母親対象を十分に確立していない乳児にとって，「良い対象」である乳房や哺乳瓶の喪失は，内的にも外的にも母親を喪失することを意味する。この時力になり保護してくれる現実の母親が存在し，乳児の悲嘆や哀悼を共にして受け入れてくれたなら，恐怖と心的苦痛は緩和されるとともに，内的な良い対象を心に保持することが可能となり精神内界の調和は回復する。

　抑うつ状態からの離脱は，愛と統制不能な憎しみやサディズムとの間の葛藤を解決する道をどのように見出していくかにかかっている。その時，現実の母親が破壊されることなく存在し，悪い母親に変貌していないという事実は，乳児の破壊的攻撃性が破滅的なものではないとの証明となり，乳児の心の安定につながる。

52　第Ⅰ部　青年期女性を理解するために

⑷ 喪の仕事

　さらに離乳による乳房の喪失を克服する経験は，乳幼児の自我を強化するとともに抑うつに対する喪の仕事の一部となる。乳幼児が体験する喪失は，離乳体験だけでなく，弟妹の出産に伴う母親との分離も，愛情対象の喪失といった外傷体験となりうる。

　そしてこれらの喪失体験を受け止め悲哀の悲しみを哀しむことに失敗した時，乳幼児は感情を麻痺させ，無感動になり，心が死んでいるように体験されるかもしれない。分離を対象からの拒絶と感じて怒りや憎しみ，見捨てられ不安が生じ，苦痛な感情は投影同一化によって排泄され，迫害不安によって愛の感情も分裂排除されるかもしれない。あるいは躁的な防衛によって不安や破壊的攻撃性は否認され，現実を覆い隠す過度に理想化された母親対象を内的に創り出すことによって，苦痛な情動は回避されるかもしれない。さらに現実に適応するために偽りの自己が形成され，表層的な適応はなされるが，生き生きとした現実を感じる本当の自己を失い，情緒は全体的に抑制を被ることになるかもしれない。悪い自己によって喪失がもたらされたとの罪悪感に苦しむかもしれないし，失った対象への思慕の情や思い焦がれの高まりに胸を掻きむしられる苦痛を味わうかもしれない。仮に対象喪失を現実的に受け入れることができたとしても，喪失感と絶望，無力感や孤独に苦しむことになる。喪失がもたらす心の痛みや哀しみをこころに置きながら，喪失を受け入れその体験を味わい続けるという喪の仕事をワークスルーすることは容易ではない。

　われわれは生きている限り喪失とは無縁ではありえない。死別，別離，失恋，虐待，無視，絶縁などの心的拒絶，健康や身体機能の喪失，受験の失敗，リストラなど，それまで自分とともにあり，また手に入ると思っていた，人，物，地位といった自分にとって大切なものの喪失に直面しながら，喪失の悲しみを哀しみ，悼みながらその体験を心に収めていくことになる。そして喪失を体験する時には，Klein（1940）が「子どもは成人の喪に匹敵する心の状態を体験するというよりは，むしろ後の人生で悲嘆の体験をする時には，乳幼児期早期の喪の体験がいつも蘇る」と述べたように，乳幼児期に乳房を喪失した体験をどのように乗り越えてきたかが，その後の人生で生じる喪の仕事と取り組む際の基盤となる。ライフサイクル上，親からの分離が発

達課題となる青年期においても，無意識に置かれていたこの乳幼児期の乳房喪失体験とそれに付随する情緒，心的防衛の蘇りが，母親からの分離をめぐる様々な葛藤や不安，病理現象として浮上してくることは容易に想像される。

2. Bion, W. の乳房との分離体験

　Bion（1967）は，Klein が描写した乳房と乳児の関係，すなわち欲求不満がもたらす乳児のサディスティックな空想や，良い悪いに分裂させる乳房との関係，乳児と乳房の間で生じる投影同一化の概念など，早期乳幼児期の万能的空想に関する見解を土台として理論を発展させたが，妄想 - 分裂ポジションにおける乳房と乳児の交流，母親の機能，投影同一化によって展開する内的世界をより精密に描き出した。彼の臨床思考では，乳房が目の前に無いことと乳房との分離体験は等価，かつ自明のこととして捉えられており，その無い乳房（分離体験）がもたらす欲求不満への乳児の対処のあり様が，様々な心的機能や機制と結びつくことを細やかに論考し，最終的にそれが対象の喪失であると認識できるようになる過程を明らかにした。

　また彼は Klein が重視した内的対象としての母親だけでなく，Winnicott の環境としての母親の両方を内包する母子の交流モデルとして，包むものコンテイナー（♀）・包み込まれるものコンテインド（♂）の概念を打ち立てるとともに，パーソナリティの機能や因子について考究し，情動的経験を可能にする基盤や関係の質，経験に意味を付与する思考の起源と性質について詳述した。

　思考の発達は，乳児が主観的世界において体験した欲求不満をもたらす悪い乳房の出現を，現実には乳房が無かった（乳房の不在）との気づきへと導き，さらに乳房の喪失を心に置けるようになる心的発達に到ることを示唆した。この乳児が体験する悪い乳房→不在の乳房→乳房の喪失へと到るプロセスについて，Bion の理論を以下に簡潔にレビューし，この乳房との分離と内的喪失体験が乳幼児の精神内界や対象関係にどのように関わるのかを見てゆく。そしてこの臨床思考は，第 II 部に取りあげる筆者の事例，青年期女性の分離体験と精神病理に接続されることになる。

(1) 乳房の「在」「不在」と内的世界

　乳児にとっておっぱいが与えられることは，暖かさや愛情といった良い乳房を取り入れることであり，満足させられない体験は苦痛を与える悪い乳房の出現であるが，この授乳体験に基づいた乳児の内的世界での展開をBionは次のように表現した。

　　　乳児の感情を表現するためにモデルを作り直すと，以下の版ができる——乳児は苦痛に満ちた糞塊・罪悪感・死の迫る恐怖・夥しい貪欲さ・尿を詰め込まれており，それらの悪い対象をそこにない乳房の中に排泄する。乳児がそうすると，良い対象は「ない乳房」（口）を乳房へと，糞便と尿を母乳へと，死の迫った恐怖と不安を生命力と自信へと，貪欲さと卑しさを愛と寛大さの感情へと変える。そして乳児は今や良いものへと変形されたその悪い特性を吸い，再び取り入れる。このモデルに合致する抽象化として私は，……コンテイナー♀とコンテインド♂からなる装置を提唱する。

　　　　　　　　　　　　　　　　　　　　Bion, 1963, 福本訳, pp.146-147.

　これらBionの記述した乳児の主観的体験をより具体的に表現すると，授乳による満足は快の体験であり愛情と安心をもたらす良い乳房がいると体験される。また乳房との分離（乳房の不在）がもたらす飢えによる不快は，地獄の責め苦にあっているように体験され，乳児の世界は反転する。乳児は自分に苦痛を与える悪い乳房を攻撃し破壊するとともに，この耐えられない苦痛と恐怖を自分の中から外に排泄しようとするが，苦痛をまるで尿や便と同様の具体物のように体験しており，哺乳中に排便すると悪い乳房が排泄されたと感じることになりうる。この時乳児は泣き喚き手足をばたつかせながら空想の乳房の中に排泄し続ける。しかしそれでも乳房が現れず，さらに飢餓感が高まると，乳児の主観的世界では自分を苦痛と恐怖に陥れる悪い乳房によって激しく攻撃されているように体験される。乳児は自分がバラバラになって壊れてしまう，奈落の底に落ちてしまうような強烈な苦痛と恐怖を体験することになり，乳児の泣き声はか弱くなりぐったりしてしまい，死につつあると感じているような状態となる。この乳児が体験している状態は破滅－解体の恐怖と呼べるものであり，Bionはこれを「言いようのない恐怖nameless dread」と名づけた。

この乳児の切迫した状況を感知した母親の側から現実的授乳状況を捉えると，母親は手足をばたつかせて泣き叫ぶ乳児の苦痛が何なのか，何を欲求しているのかについて，例えばおっぱいなのか，おむつなのかと心の中で‘もの思い reverie’ しながら，この泣き声はおっぱいかもしれないと思ったならば，「おっぱいが欲しいの？」等と優しく声をかけながら乳児を抱き上げ，あやしながら乳房を含ませる関係である。授乳によって乳児の苦痛は和らぎ心地よさと満足を体験する。乳児の主観的体験としては，無い乳房が現れ，ある乳房になっただけでなく，自分を満たす良い乳房の出現として感じられるのである。

⑵ コンテイナー／コンテインドによる母子の交流

　この母子交流を Bion（1959）はコンテイナー／コンテインドの概念を用いて次のように説明している。「子どもが包含［コンテイン］できなかったのが，この恐怖［コンテインド］だった。彼はその恐怖が置かれているパーソナリティ部分と一緒にそれを分裂排除し，母親［コンテイナー］の中へ投影しようと懸命だった。理解ある母親は，おぞましい感情——赤ん坊が投影同一化によって処理しようと懸命になっているもの［コンテインド］——を体験できるし，そうしながら均衡の取れた姿勢を保持できる。」（［　］は筆者が加筆）

　授乳状況における母子交流をこのコンテイナー／コンテインドモデルによって概説すると，乳房との分離がもたらす乳児の‘言いようのない恐怖’というコンテインドが母親にコンテインされ，授乳されることによって乳児が空想の乳房に排泄した悪い対象は破壊され消滅する。母親の乳房は良いものへと変形され，乳児は良いおっぱいを再び取り入れることが可能となる。ここでは母子の感情的交流も行われている。乳児が死につつあるという感情を乳房の中に投影すると，母親の中に乳児が死にかかっているとの怖れが湧き起こり，健全な母親は乳児の恐怖に怯えた感情を受け止め，‘もの思い reverie’ によって自身の中に憩わせ，乳児のパーソナリティに取り扱い可能な耐えられるもの，安心と温もりに満たされた感情に変容させた後に乳児に戻す。乳児がそれを再取り入れすることによって正常な発達がもたらされるのである。

56 第Ⅰ部 青年期女性を理解するために

　彼はこの母親の‘もの思い’というコンテイナーがもたらす心的機能について さらに臨床思考を行った。Bion が命名した，考えられない考えが考えられるものになる時用いられる因子と機能に関する用語について以下に記す。[註]

　Bion（1962a）は，「アルファ機能が感覚データをアルファ要素へと変換して，精神に夢思考のための素材を供給したり，それによって覚醒したり，眠りに入ったり，意識的になったり，無意識的になったりする能力を提供する」と仮定した。乳児と乳房の関係を例にあげると，現実には乳房との分離（乳房の不在）を主観的には悪い乳房の出現であると体験し，その苦痛を具体物として排泄する乳児の生の感覚であるベータ要素は，それを受け止めアルファ要素に変容してくれる‘もの思い’というアルファ機能をもつ対象として母親を必要とする。つまり乳児の排泄する苦痛な感覚という意味をもたない生の感覚であるベータ要素を，母親は意味あるものに変形するアルファ機能‘もの思い’を働かせて「おっぱいが欲しい」という意味を見出すことに成功するのである。母親は，正常な投影同一化が作動する‘もの思い’（アルファ機能）によって乳児の自己感覚の受容器官として機能したと言い換えることができる。

　この乳児の死の恐怖という感情の排泄を自身の内側に取り入れ，それを乳児に受け取れる形に変形させて乳児に戻し，乳児が再取り入れを行うことを可能にする母親の機能は，乳児自身が生得的に有している乳房への期待や乳房への予測をもたらす前概念としてのアルファ要素（アルファ要素の原型）と連接し，自己の感情を認識したり識別することを可能にするのである。母親の‘もの思い’というアルファ機能の使用は，クライエントの生の感覚であるベータ要素を，‘もの思い’しながらコンテインするセラピストの機能に接続される。

⑶ 思考の発達がもたらす対象喪失と苦悩

　加えて Bion は，乳房との分離がもたらす苦痛（コンテインド）をコンテ

（註）Bion（1962b）は視覚，聴覚，触覚などからなる言葉にならない感覚データを基に生成された原始的思考をアルファ要素 α elements と呼び，感覚データをアルファ要素に変容させる機能をアルファ機能と名づけた。また考えられず具体物として操作されるしかない生の感覚データ（例えば欲求不満に泣き喚き身体運動によって排泄するしかない）をベータ要素 β elements と名づけ，思考の生成について探求した。

インする母親のコンテイナー機能は，乳児の‘考えること thinking’を促すとの仮説を提示した。思考は，前概念（preconceptions）-概念（conceptions）-思考（thoughts）-コンセプト（concepts）へと発達していく。健康な乳児が生得的に有するコンテイナーに対する前概念が，現実の乳房と接触し満足という感情体験（実感）と番った時に思考の一つの形態として「概念」が生みだされ，前概念が欲求不満と番った時に「思考 thoughts」が発達するとの理論モデルである。（ちなみに自閉症児にはこの前概念が無いため他者との交流が生じないことになる。）

　飢餓感に苛まれることなく欲求不満もない授乳は，乳児に快の体験と良い対象（乳房・母親）の取り入れによる満足感をもたらすが，欲求不満の不快に対処するための心的機能である考える装置は作動しないことになる。つまり，乳児が快をもたらす乳房との関係だけしか持たなかったとしたら，概念は生まれるが現実から考えたり経験から学ぶことのできる‘考えること’は生みだされない。

　Bion（1962a）は，「欲求不満に耐える能力が十分ならば，内部にある「悪い乳房」は考えとなり，それを「考える」ための装置が発達する」。また，「欲求不満に耐える能力が適切でないと，……欲求不満を回避するか，それともそれを修正するかの決断をする必要に直面させる」と述べる。

　乳房との分離による欲求不満への不耐性によって回避が選択されると，現実には乳房が現れない＝乳房の不在であるが，乳児にとって乳房は飢餓による苦痛と恐怖をもたらす悪い乳房の出現として体験され，糞尿と同様の具体物として排泄される。考えるための装置の発達が障害され投影同一化が肥大的に発達し，考える内的空間が失われ自他の識別が困難になる。つまり思考をもたらすアルファ要素は内的な悪い対象として排除され，こころの成熟は失われるのである。

　あるいは，欲求不満への耐えられなさが回避するほどでもないが，現実を受け止めきれないとき，乳児は苦痛から逃れるために万能感を発達させる。乳児は万能空想によって満足を与える理想的乳房を幻想し錯覚の世界に耽溺する。それは実際に乳房から満足を得ているかのように，口をもぐもぐさせたり指を吸ったりする行動に表れる。このようにして現実を理想化された乳房という万能空想に置き換えるため，内界と外界の区別が失われることになる。

欲求不満への不耐性によって欲求不満が回避される時，現実には乳房との分離が未思考に置かれることとなり，内的には「悪い対象の出現」や「理想化された幻想の乳房」として体験され，現実は否認されるのである。

Bion（1962a）は，「欲求不満に耐える能力が十分ならば，内側にある「無い乳房」は考えとなり，それを「考える」ための装置が発達する」と述べたが，それは Freud（1911）が「現実原則の支配と同時に考えるための能力が発達して，不足が感じられた時点からその不足を充足させるに相応しい行為がその充足に遂に到った時点までの欲求不満という間隙を架橋する」と描写した状態が始動することであると論じた。すなわち乳児の欲求不満に耐える能力が十分であったなら，また乳房との関係が良好であったなら，心の二次過程を機能させることが可能となり，欲求不満は修正され乳児に持ちこたえられるものなる。欲求不満の回避に使用された「悪い乳房」や「理想的幻想の乳房」といった内的空想は消失し，そこにあった満足を与える現実の授乳乳房が「ない」ということが実感される。同時にそれは満足を与える乳房が「ある」ことの実感ともなる。こうして実在の乳房との分離がもたらす内的苦痛を現実のものとして体験し，内界に‘無い乳房’を考えることを通して，外的世界に発見されることになる。すなわち思考が欲求不満に耐えることを助け，無い乳房という知覚体験は思考へと変形されるのである。

松木（2011）は，欲求不満に耐えられる乳児の内的世界に関する Bion の臨床思考を発展させて，「“無い乳房”という思考と苦痛という現実感覚が，外的世界にその対象がないという現実を見出させるのである。それは，内的に——さらに母親からの［a 機能］の活動によって——思考が連接されることで初めて認知される」と述べ，この認知によって喪失の苦悩が始まることを明らかにした。つまり現実には乳房との分離である‘対象の不在’は，愛する対象の喪失として捉えられ，愛情が得られないことを知る内なる苦悩として体験されることとなり，それが喪の哀悼のプロセスへと繋がっていくことを詳述した。

乳児の乳房との体験においてもたらされる‘考えること’は，悪い乳房を無い乳房へと変容させ，無い乳房が対象の不在であったことを認知させ，対象の不在が愛する対象の喪失であるとの心の痛みに直面させる体験へと連接されるのである。

第 II 部
事例から捉えた青年期女性の分離体験と精神病理

ここからは，第Ⅰ部において概観してきた青年期女性の身体と心理，分離体験と内的喪失に関する先行研究を臨床思考の基盤としながら，子どもとしての自己を喪失し，大人としての自己を確立していくただ中にある青年期女性の内的世界について筆者の臨床実践に基づいて探求していく。

　青年期に到達した女性達が出会うべくして出会い，直面することになる主題は，依存対象（母親）からの外的・内的な分離であると筆者は考える。なぜなら，我々人類はこの世に誕生しても，自力で哺乳することも立ち上がることもできず，世話をしてくれる母親（あるいは母親に代わる対象）がいなければ生存できない根源的な依存性を有する存在である。この根源的依存が我々の無意識に深く刻み込まれていることは，古来よりまた民族の別を問わず母親からの隔離によって成人になるためのイニシエーションの儀式が始動したことに顕現している。滋養ある乳房と愛情を与えられ，身体的にも精神的にも依存し全てを委ねていた愛着対象である母親からの分離が，身を引き裂かれるような痛みとインパクトをもつ体験となることは逃れようのない現実である。

　青年期を迎えた女性に母親からの分離が意識に立ち上ってきた時，必然的に依存の主題が頭をもたげてくる。ここに乳幼児期から母親との間に生じていたが無意識に置かれていた依存や分離を巡る不満や不安，葛藤が蘇り，心的不穏状態や混乱が生じてくる淵源がある。依存対象である母親からきっぱり決別して分離に向かうことを選択する方法もあると思われるが，彼女達の多くはそれを実行することができない。それには第1章第3節で述べた次のことが大きく影響していると考えられる。青年期女性のイニシエーションは初潮によってもたらされるが，それは将来妊娠，出産を内包する身体への変容であり，自分自身が内側から変態する体験となる。この感覚体験は彼女達の心に不安や恐怖をもたらす。この体験が母性的な守りの中でなされるか否かは，女性としての自己同一性の主題とも関わり，さらに乳幼児期以降の母親との関係の如何を顕在化することにもなる。そのため，無意識の下にある乳幼児期の不満や不安はより生々しい内的空想や情動として心に生起するこ

とになる。例えばそれは，母親との融合的一体化空想や，母親から侵入され自身が破壊される空想，あるいは生まれてくる弟妹への嫉妬と怒りから殺人空想として体験されるかもしれない。乳幼児的な原初的空想や情動は，さらに彼女達の心を酷く不安にさせる。その不安を防衛するために多様な心的機制が発動し組織化され，激しい不安や過剰な防衛が精神的混乱を招き精神病理と結びつくことにもなるのである。

　加えて青年期女性の母親からの分離を困難にするのは，思春期から成人期においても同性である母親からの意識的・無意識的取り入れが続いていることにもある。その背景には，①身体を基盤とした祖母から母親，そして自分へと繋がる母性や女性性の意識的・無意識的取り入れの連続性の問題，②女から女へと世代を超えて伝えられる家族が有する無意識的空想の投影への同一化が色濃く影響している。

　このような身体的・無意識的紐帯の中で，肯定的あるいは否定的な形での母性や女性性の取り入れが行われることに加え，現実の母親からの取り入れも続いている。その一方で依存対象である母親からの分離を果たすという，二重拘束の中での自己の確立が求められることに，青年期女性の母親との分離の難しさがある。

　青年期女性に対する対象関係論的心理療法を実践する中で，分離の痛みがもたらす不安や心的機制を包含する内的空想の顕れが，彼女達の心的世界を特徴づけるものであると筆者は考えるに至った。ゆえにそれを実証するために，青年期女性の意識的無意識的空想の中に生まれる自己像や対象像への理解を深め，その対象との間に生じる情動体験と思考の関係を明らかにする。さらに精神病理との関係を理解するために内的空想をより詳細に探索し，不安の性質やそれが生起している心的水準，すなわち妄想‐分裂ポジションにおける破滅解体不安か迫害不安か，それとも抑うつポジションにおける抑うつ不安に基づく反応なのかといった観点からも検討を加える。また，それらの不安を防衛するために用いられる心的機制や思考の機能水準についてもその質が問われることになる。つまり防衛機制の質が原始的か否か，思考が抽象水準にあるのか具体水準にあるのかとの視点も病理の軽重を測る重要な指標となる。

62　第Ⅱ部　事例から捉えた青年期女性の分離体験と精神病理

　分離体験による心の痛みはどの事例にも生じているが，とりわけ分離の痛みに耐えられず，原始的な防衛機制としての投影同一化を多用した境界精神病（重度の人格障害）の事例を第3章に，行動化による心的苦痛の排泄が過剰に行われた病理性の重い事例を第4章に提示し，分離の痛みによってもたらされる不安や，それによって生じる心的機制，その質や水準，量的相違がどのような内的空想を生成し，症状や精神病理と結びつくかについて精密に描き出す。この2つの章で論じた分離の痛みがもたらす内的空想のあり方を土台として，第5章以下クライエントの内的世界に展開する様々な空想や特異な心的機制について論じる。後の章に行くほど不安や心的機制の質も量も比較的穏やかで，パーソナリティの健康度の高いものが配置されている。

　第5章は分離を否認し，分離によって生じる心の痛みを離人化することで心から切り離し内的対象（母親）にしがみついていた事例である。ここでは感情を心から排除する離人化という心的機制と内的空想について取りあげる。第6章は第5章とは対照的に，依存を満たさない母親への攻撃欲動から距離を取ろうとする一方で，母親への依存と分離不安から防衛（補償）としての異性関係や過食と下剤の使用という症状形成に到った事例を提示し，依存と分離の狭間に生じる内的空想と症状形成について明らかにする。第7章と第8章では，同一化という同じ心的機制が使用されたほぼ同年代の不登校事例2例を示す。1つめは母親との分離によって生じた不安から，母親を取り入れ同一化することによって防衛し，偽りの自己を形成していた事例であり，2つめは母親との間で生じた分離不安と心の痛みから母親と距離を取り，代理対象である父親に同一化することによって不安を防衛していた事例である。それぞれの対象関係と内的空想の違いを明らかにするとともに，セラピストとの間で生じた分離体験が治療的展開にどのように関わるのかについて例証する。第9章においては，健康な青年女性が分離への保留，すなわち成人への準備期間という意味での母親からの分離体験をもち，その体験を通してイニシエートされていくプロセスを「西の魔女が死んだ」という児童文学作品を用いて描写する。

　以上の事例から，分離体験がどのような不安をもたらし，不安に耐える能力や不安を抱える外的・内的機能不全がいかなる内的空想や心的機制を生成するかについて探求し，その質的・量的違いが症状形成や精神病理といかに

連接されるかについて詳述する。

　なお，ここでは分離体験がもたらす内的空想と心的機制に焦点を当てて論じており，事例研究そのものを行うことを目的とはしていない。分離が主題となったセッションを中心に取りあげ，プライバシー保護の観点から，検討の上で支障のないことは可能な限り記載を控え，本筋に影響が無い程度に一部修正したものを臨床素材とした。

　また，事例に表記される「セラピスト」は，本論文の筆者を示す。

　（以下「　」はＡの言葉，〈　〉はセラピスト（筆者）の言葉として記載する）

第3章 分離の痛みを回避するために多用された投影同一化

　離乳，弟妹の誕生，入園，入学，母親の就業にともなう分離，親友との離別，失恋，転居，卒業など，人生において遭遇する，愛する対象や愛着対象との分離体験がもたらす心の痛みは万人に共有の心的現象であるが，個人によって感じる痛みの程度は異なっており，その痛みの質や量，心的防衛のあり様はさまざまである。心的苦痛の程度は，対象関係や愛着の度合い，個人に由来する攻撃欲動や愛情欲動の強さに規定されるだけでなく，分離がもたらす不安の性質やその量的多寡によっても影響を受け，苦痛から自我を守るために使用される心的機制の水準にも違いが生じることが予想される。

　本章では，セラピスト（筆者）との分離によって生じた孤独という心的苦痛を心から排泄するために，投影同一化が過剰に使用され，それによって自他の混乱を招いた青年期女性の事例を提示し詳細に検討する。

1. 臨床素材

　20代の女性クライエント A の治療3年目から5年目の事例を提示し，分離への反応の変遷に加え，分離がもたらす混乱や孤独とその心的防衛として使用された投影同一化について論じる。なお，臨床素材はその時期の特徴を表す2〜3セッションを抽出して記載している。

［事例の概要］

　A は幼児期から弟の持ち物に触れると手を洗う洗浄強迫があり，中学からは父親を対象とした強迫症状も生じたが，未治療に置かれていた。学校での虐めが父親の介入で解消した後，父親にレイプされる夢を見るようになったと語った。「暗闇から人が出てきて殺されるのではないか」との恐怖から

高校に登校できなくなり，セラピストとの面接が始まった。面接開始後，家では強迫症状の悪化と家庭内暴力が始まり両親や家屋に攻撃的破壊欲動を発散する一方で，面接空間では従順な良い子のＡがおり，Ａの内的世界は「良い」「悪い」に分裂した状態にあった。治療開始３年目頃には家庭内暴力は消失したが，母親を巻き込む強迫行為は続いていた。

[セッション１]

　夏休み明けにやってきたＡは，言いにくそうに口ごもりながら，セラピストが自分の楽しみのために面接を休んだのではないかと腹を立てていたと，初めてセラピストへの不満を口にした。〈休みが長くてしんどかったね〉と伝えると，「そう言うと先生に執着していたことになる。それは気持ち悪い。先生も気持ち悪いと思うでしょう」と言うので，〈依存したい気持ちになるけど，自分でもそれを受け入れられないし，私にも受け入れられないと思うのね〉と伝えると，「え！」と驚き笑い顔になり，「まだ言われたくなかった。先生に刀で刺された感じ。早すぎる。苦しい」と答えた。しかし，その次のセッションでは，「依存の話は恥ずかしかった。腹が立つ」と笑顔で言いながら，急に「笑いごとじゃないやろ！」とセラピストに向かって怒鳴った。Ａの感情がセラピストの感情と混同され，セラピストが笑ったことになってしまったのだった。

《面接経過》

　この後，分離によって自覚することになったセラピストへの依存感情と，Ａを欲求不満に陥れ苦痛を与えるセラピストへの攻撃欲動が高まり，「カウンセリングを休んでも大事に思っていますか？」「側にいてよしよしと頭を撫でて抱いて欲しい。ストーカーみたいでしょう」と依存を表現するセッションと，「私は根本（セラピストの名）を恐れてる！　本音をいうと逃げ出す！」「怒ってる！　何もかも滅茶苦茶にしたい！」と激しい怒りをセラピストに向けるセッションが交互に展開した。依存と怒りは分裂したままセラピストに投げ込まれ，さらに「先生の子どもを刺したりしませんから」と，良いものを与えられている対象への妬みや羨望も強まり面接場面は緊迫した。セラピストはＡの甘えたい気持ちと怒りの感情の両方に触れていく介入を繰り返し行った。

治療 4 年目になり，「先生はムカつくし厳しいところもあるけど，安心感もあるし複雑」と両価的な感情を語るようになった頃，冬休みによるセラピストとの分離が生じている間に，古いストーブによる一酸化炭素中毒で倒れるという出来事が起きた。

［セッション 2］

面接にやって来た A は倒れたまま起き上がれず，意識が朦朧として死ぬかと思ったと不安な思いを語り，セラピストが新しいストーブを買わないから中毒になったと言い，「どうして私はこんなに孤独なん！　先生の時間を奪いたい！　甘えたい！」「殺してやりたい！　取り付きたい！　飲み殺したい！　犯し殺したい！」とセラピストを責め立てた。「不安で怖かったと言ったら自分が弱くて惨めになる。でも週に 1 回しか会ってくれないしすごく孤独」と泣きながら繰り返し孤独を訴え，「夜中に電話して自殺すると言ったら来てくれる？」と迫った。一方で，「自分が自殺したら先生に葬式をして欲しい」とも語り，「先生が死ぬと独りぼっちになる。死なないでね」と告げた。セラピストがストーブは自分で買うしかないが，A が寒くないか心配していることを伝えると，「自分は侵すか侵されるかのどちらかだった。先生との関係はその中間。馴染みが無いからよくわからない」と語ったが，直ぐその後に，男性芸能人 Z に恋愛感情を持ったことを打ち明け，「自分の中に入って欲しい」「しがみつきたい」と語り，セラピストとの関係は Z に置き換えられた。そして，「床に落ちた鼻血が綺麗だったので瞼や口に塗ると未開人の儀式みたいだった。尿や下痢便を舐めた」と妙に生き生きと語るのだった。

セラピストが面接の休みを予告した次のセッションでは，「ストーブを買ってくれない！　孤独だったのにお母さんにもなってくれない！　セックスしてくれない！」と泣きわめいた。そして次のセッションまでの間に，皮膚感覚の喪失という転換ヒステリー症状が発現した。その症状から回復した後に A は，自分でストーブを買わなかったのはセラピストを心配させたかったからで，前回セラピストを責めたのは「すごい甘えと切断，先生を刺してその血を飲んで飛び退いたイメージだった」と語った。

《面接経過》

一酸化炭素中毒で倒れ，セラピストとの分離・喪失が意識され孤独を強く訴え始めた頃から，Ａの内的対象は男性芸能人Ｚに投影され，Ｚと交流している妄想を発展させた。「Ｚは自分の優しさと思いやりを受け取り，しんどさを受け取らなかった」「Ｚから現実感を受け取り，自分の一体感と交換している」「Ｚに馬鹿にされる気持ちがあったから，呪術で支配した」等と語り，愛着を向けたかと思えば馬鹿にされると怒り出すなど，Ｚとの間で自他未分化な，現実と空想が混同された世界が展開した。そしてセラピストとの間で生じた感情体験は，Ｚに投影され両者は繋がらないままであった。

治療5年目，「人に好かれたいと思うのは悪じゃない」「性的な関心をもつのは悪じゃない」と，今まで外在化していた内なる悪を再評価して自分のものとする心の動きが見られるようになった。［セッション3］は，その頃セラピストが面接の休みを伝えた次のセッションである。

［セッション3］

Ａが入室を拒んだので，入りたくなったら呼ぶように伝えてスタッフルームで待機していると，「ここに入ると子宮に入る感じで甘えてしまう。先生がスタッフルームに入ったとき臍帯を切られた感じで傷ついた。やっぱり甘えようと思った」と入室し，「さっき先生を刺し殺したい，犯し殺したい，飲み殺したいと思った。いやしがみつきたい，取り付きたいかな。良いものを奪いたいというか，自分の中に取り入れたい」と語った。その後「休みがあるから甘えを貯めていこう」と床に寝っ転がり，「しがみつきたい。先生を持って帰りたい。家に置いておきたい」と甘えを率直に語った。休み明けのセッションでは「何で面接してくれなかったの！」と怒ってテーブルを軽く叩いたが，甘えと怒りを幾分和らいだ形で表現するようになった。

そして面接室での飲食を注意したことをきっかけに，泣き喚いてセラピストに怒りを向け価値引き下げをした後で，セラピストとの5年間の面接を振り返り，温もりや暖かさを感じるような良い体験を思い出して泣いた。そして連想はＺに移行し，「現実にＺと自分に交流はない。イメージでつながりがあると思っていることが問題」「Ｚから切り捨てられると思うとセックスしていることを想像してしまう」と話すＡに，相手と繋がりたいＡがいる

ことを伝えると「捨てられるのを補償してくっつこうとするのかも」と語っ
た。そして「イメージの先生はいつも側にいてくれる。イメージが遠のくと
先生が知らない人になった気がする。独りぼっちで寄る辺がない」とさめ
ざめと泣いた。〈イメージの私やZを持つことで孤独を感じずにすんだのね。
イメージを切り離すと独りぼっちになる気がして不安になるのね〉とAの
不安な気持ちをコンテインすると、「Zへの執着心は異常。現実を取り戻し
たら一人でも大丈夫なのかな」と語った。しかしそのセラピストとのやりと
りはZや父親に投影され、彼らが「受け入れる素振りをしながら、内心自
分を馬鹿にしている気がする」との話に接続された。

　面接の休みによってセラピストとの分離が意識された時の、Aの内的世
界が露わになった３つのセッションから、Aの言動や症状をもとに、「分離
を否認するための融合的な依存欲求と投影同一化」「分離がもたらす排泄と
しての投影同一化と具象的な空想」「孤独を回避するために多用された投影
同一化」の３つの観点を抽出した。これらの観点から、分離をもたらす内的
空想や対象関係についてより詳細に検討を加える。

2. 考　察

⑴ 分離を否認するための融合的な依存欲求と投影同一化

　セッション１で、Aは初めて分離への不満を語り、依存欲求を口にした。
しかしAにとっての依存は「執着」と体験され、「気持ち悪い」ものと受け
とめられていた。依存したいが自分にも他人にも受け入れられないと感じる
Aがいるとのセラピストの介入は、Aにとって、セラピストから「刺され
た」と感じるほど、受け容れがたい依存に直面させられる体験となった。依
存することは恥ずかしく馬鹿にされることだと感じていたAは、その感情
をセラピストに投影し、セラピストから馬鹿にされていると腹を立てた。ま
た、依存する人を馬鹿にして笑うAがセラピストに投影同一化され、セラ
ピストが笑ったと怒鳴るなど自他の混乱が生じた。

　「お母さんになってくれない、セックスしてくれない」「しがみつきたい、
取り付きたい、良いものを奪いたい、自分の中に取り入れたい」との語りは、
対象を自身の中に呑み込み体内化するか、対象に呑み込まれて対象と一体化

するか，あるいは寄生的に貼り付くかといった融合的な依存欲求の表出であり，投影同一化が具象的水準で機能する内的空想の現れと考えられる。

また，Ａの内的世界には依存対象と性的対象の混同が見られる。父親の介入で虐めがなくなった後にレイプされる夢を見るようになった体験は，良いものが与えられると与えた対象から犯されるというＡの内的空想や，虐めを止めることのできる強い父親と虐められるしかない弱い自分という構図から，弱い自分はレイプされるという内的空想が生じていたものと考えられる。またセラピストに「孤独だったのにお母さんになってくれない！　セックスしてくれない！」と喚いたように，Ａにとって依存と性は分かちがたく連動しており，女になることや依存欲求をもつことは，迫害対象の餌食になることを意味していた。

さらに，不安な気持ちを話すと父やＺが「受け入れる素振りをしながら，内心馬鹿にしてる気がする」と述べたように，不安な気持ちや依存欲動，弱い自分は，見下されて馬鹿にされる体験となるため，依存したい気持ちや良いものを素直に受けとめることが難しく，取り入れの困難さを示していた。別の言い方をすれば，不安や弱さを馬鹿にするＡが父親・Ｚ・セラピストに投影同一化され，Ａの内界にある不安や弱さといった心的苦痛の排泄が行われていたのである。

治療５年目を迎えた頃になって，ようやくＡは「休みがあるから甘えを貯めていこう」「しがみつきたい，先生を持って帰りたい，家に置いておきたい」と率直に甘えを表現するようになった。それは退行的ではあるが，いくらか取り入れが可能になったことを表しており，投影同一化が幾ばくか緩和されたことを示している。さらにそこからは，セラピストとの関係が，排泄優位のトイレ機能から，哺乳によって取り入れる乳房機能の関係に移行したこと，そして依存欲動が融合的なものから取り入れ可能なものに変化したことが窺えた。

⑵ 分離がもたらす排泄としての投影同一化と具象的空想

［セッション１］以前にも面接の休みは何度かあったが，３年の間Ａが休みへの不満や依存を口にすることは無かった。それまではセラピストを「良い対象」，両親を「悪い対象」に分裂させ，セラピストは過度に理想化され

た対象（原始的理想化対象）としてＡの内界に保持されたままであり，セラピストとの分離は否認され共生的に一体化した空想の中にＡは退避していたと考えられる。治療３年目にしてようやく，セラピストとの分離体験がＡの意識に浮上することとなり，一体化空想からの脱錯覚を生ぜしめ，転移状況が面接空間に持ちこまれることとなった。

　Ａは分離によって苦痛を与える悪い対象であるセラピストに破壊的攻撃欲動を投影し，その一方で甘えと安心を与える対象であるセラピストには依存欲動を投影した。Ａの融合的な依存欲求が満たされない時，その並外れた膨大な一体化希求ゆえにＡの心的苦痛はより増大し，烈しい破壊的攻撃欲動がもたらされ，Ａの内的対象としてのセラピストは，愛情と安心を与える依存対象部分と，苦痛に陥れる悪い攻撃対象部分の２つに分裂し，Ａの欲動も同様に分裂していたのだった。そしてその２つは全く混じること無くＡの内的世界を形成していた。

　それはまるでKlein, M.（以下，Klein）が描いた，部分対象としての乳房と乳児の関係を示しているようだった。哺乳による快と飢餓による不快がその時々で反転し，快の具象的取り入れと，怒りと憎しみで苦痛を尿や便のように排泄する，妄想‐分裂ポジションにある乳児の内的世界そのままであった。乳児自身の破壊的攻撃欲動の投影によって，悪い対象群からの攻撃がさらに激烈となり迫害不安が生じるように，Ａは面接の休みによってもたらされた分離による心的苦痛をセラピスト（悪い対象）からの攻撃と体験し，迫害不安（妄想性の不安）を出現させたのだった。

　Ａからセラピストに排泄されたそれらの欲動は，投影同一化によってセラピストが所有する欲動であるとＡには体験されていた。例えば，「怒ってる！　何もかも滅茶苦茶にしたい！」は，Ａ自身の破壊的攻撃欲動の顕れであるが，そのＡの獰猛な攻撃性がセラピストに投影同一化され，セラピストからの獰猛な攻撃がＡに向けられると体験するために，「根本（セラピストの名）を恐れてる！」との発言となった。ここには，セラピストから烈しく報復攻撃されるという被害的・妄想的な不安が顕われている。依存と怒りが連結しないだけでなく自己も対象も分裂し断片化した体験様式は，Ａの心的状態が妄想‐分裂ポジションにあることを示していた。

　「セラピストの楽しみのためにＡの面接を休んだ」との発言は，良いもの

を有しているのにAに与えず，セラピストだけが楽しみ，Aを不安と孤独に陥れる悪いセラピストへの怒りの表出であり，「セラピストの子どもを刺したりしませんから」との発言は，良いものがA以外の対象に与えられることへの妬み，良いものを保有しているセラピストへの羨望を表していた。

　冬休み中に起きた一酸化炭素中毒は，依存欲動と破壊欲動だけでなく，さらに孤独の苦しみをAに実感させることとなった。セラピストに破壊的攻撃欲動を向けてセラピストを破壊すると，自分自身が孤独になることに気づいたAは，「先生の時間を奪いたい！　甘えたい！」「殺してやりたい！　取り付きたい！　飲み殺したい！　犯し殺したい！」と，セラピストを貪欲に呑み込み，セラピストを取り入れ同一化によって体内化することを内的に空想していた。

　Aが「ストーブを買ってくれないから中毒になった」と責めたのは，Aの破壊的攻撃に対して，セラピストがAに温もりを与えず孤独にすることで報復したのだと迫害的に体験していたことの表れであった。「自殺する」との発言は，セラピストを攻撃して傷つけ，壊してしまうと孤独になるので，攻撃を自分に向け変えたことを意味しており，そこには自殺すると脅すことでセラピストを支配し，孤独を回避しようとするAの心の動きも見てとれる。一方，「死なないでね」との言葉からは，Aの内的世界にAの攻撃で傷つき死にかかっているセラピストが実感され，抑うつ不安にシフトしたことが窺えた。しかし抑うつ的な心の痛みに留まることができず，直ぐにそこから目を逸らす心が働いたため，男性芸能人Zの話が持ちこまれたのだった。

　セラピストを攻撃して破壊すると孤独になることを実感したAは，Zをセラピストに代わる依存対象として，また性愛感情をむける対象として，彼女の愛・憎しみ・敵意など断片化した内的対象を投げ入れ，セラピストへの投影同一化によってもたらされた内的空想は，Zへの投影同一化に置き換えられた。ここにはセラピストをA自身の破壊的攻撃欲動から切り離し遠ざけることによって，幾ばかりか安心を与える良い対象としてのセラピストという部分対象と，わずかに残るAの中の良い自己部分を守ることが無意識的に意図されていたと考えられる。

　迫害不安と孤独，獰猛な破壊的攻撃欲動と依存欲求は，「鼻血を顔に塗り，尿や下痢便を舐める」といった混乱した行為を生じさせた。Bion, W.（1962b）

（以下，Bion）は，乳児が苦痛を与える悪い乳房に「苦痛に満ちた糞塊・罪悪感・死の迫る恐怖・夥しい貪欲さ・尿を詰め込む」内的空想をもって苦痛を排泄することを示した。Aのこの行為は苦痛の排泄としての内的空想に加え，自分自身がバラバラの断片へと破壊され崩壊する不安と恐怖を体験する中，鼻血や下痢便，尿という具象的かつ身体感覚的な水準ではあるけれども，バラバラになる自分自身を皮膚の表面に貼り付け，包み込む空想をもったのかもしれない。このような具象思考の中でAが一時的に体験していた不安は，自分がバラバラになる破滅 - 解体の恐怖（言いようのない恐怖 nameless dread）であったと考えられる。

　セッション2で展開している心的世界は，Meltzer, D. (1967)（以下，Meltzer）が描き出した「地理上の混乱（混同）」と「領域の混乱（混同）」が混ざった状態にあると考えられる。セラピストとの分離によってもたらされた心的苦痛に耐えられないAが，乳幼児的転移を始動させ，苦痛な情動や迫害不安を投影同一化によってセラピストに排泄することで，内的安定を得ようとしたが，それは自他の境界を不鮮明にするだけでなく，さらなる混同をもたらすことになった。Aはこの混同を自分の力で処理できないため，外界に排泄するしかなく，その排泄を処理するトイレとしてセラピストは使用された。Aはこの自他の混同状態にある「地理上の混乱」に加え，トイレへの攻撃的排泄に対して仕返しをされる迫害不安と同時に，セラピストを失うことから生じた抑うつ的な感情が入り交じる心的苦痛や，性欲動と愛情欲動の混同状態を表す「領域の混乱」が生じていたと考えられる。Meltzerは，この心的苦痛の防衛として「興奮・所有・相互理想化」が働き，乳幼児的自己愛や傲慢さによって自分が素晴らしい乳房を所有しており，他者から嫉妬を向けられる空想をもたらすことや，官能性と対象の混同によって，自身の身体産出物への理想化が生じると述べたが，Aが「鼻血を顔に塗り下痢便，尿を舐めた」行為は，この自身の身体産出物への理想化という混同状態の現れとみることもできる。

　Aの内的世界は，分離によってもたらされた心的苦痛を，原始的防衛機制である投影同一化を用いて過剰に排泄することによって，現実と空想が混在した自他未分化な状態にあり，抽象的思考機能が失われる中，身体感覚を基盤とした具象的水準の空想に彩られているところが特徴的であった。

(3) 孤独を回避するために多用された投影同一化

　男性芸能人Ｚは，Ａとは面識も無くテレビやインターネット上の画面を見るだけの関係であるが，ＡはＺと実際に会話をしたり，メールでやりとりしているといった意識的・無意識的空想を有していた。一酸化炭素中毒を契機に出現したＺは，頼る相手もなくひとり中毒に倒れた時，Ａが感じた死の恐怖や孤独，セラピストへの恋い焦がれや強烈な怒りと憎しみを防衛するために生みだされた対象であった。

　「Ｚが自分を馬鹿にするので呪術で支配した」「Ｚから現実を受け取り，自分の一体感と交換している」との投影同一化を用いた交流は，現実と空想の区別のつかない妄想的な世界を展開させた。Ａの無意識から生成されたＺは，Ａが愛着や怒りなどを投げ込んでも破壊されず，Ａが激しい情動を安心して表現できる対象であり，Ａを慰めもしたし，Ａの性愛的興奮の対象でもあった。また何時でもＡが保持できるだけでなく，生み出すも捨て去るもＡの思うままの自己愛的で万能的な対象であった。そしてＡ自身の内界から生み出され，文字通り体内化した何時でも繋がれるＺの存在によって，Ａの孤独感は随分和らげられたとセラピストは考えている。

　最初のうちセラピストはＡがこの妄想的な空想の世界にどっぷり浸かり，過剰な排泄とコントロールによって現実との接点を失うことに不安を感じていた。しかし，何時かはこの妄想 - 分裂態勢下での投影同一化に基づく空想の世界を卒業し，客観的現実の世界に戻る必要はあるにしても，しばらくはＺという空想の対象によってＡの自己が支えられ，そこで体験されることもＡの心の成長に寄与する面があるのではないかと考えるようになった。換言するなら，それはＡとセラピストの２者関係にどっぷりつかって身動きのとれなくなった世界から，Ｚを交えた３者関係の世界の中で展開する投影同一化を，コミュニケーションの１つとして受けとめ，Ａの内的世界に顕れる感情や感覚，思考に‘もの思い’しながらコンテインすることに意味を見出そうとしたのである。

　実際，セッション３で語られたようにＡは少しずつ依存を受け入れ，「現実にＺとの交流はない。イメージで繋がりがあると思っていることが問題」「Ｚへの執着は異常。現実を取り戻したら一人でも大丈夫なのかな」と語る

までに変化した。

3. 結　語

　セラピストとの間で生じた分離体験は，Aを激しい孤独に陥れ，その苦痛を回避するために，身体的かつ具象的に一体化・体内化することを希求する融合的な依存状況が切望されたが，それが満たされない時，獰猛な破壊的攻撃欲動をもたらし，自身の心的苦痛と恐怖に圧倒され，その不安の防衛として原始的防衛機制である投影同一化が多用された。セッション2で示されたような「血と尿と便」を顔に塗り舐めるといった混乱状態となり，Aの内的世界には原初的な不安である破滅-解体不安や迫害不安（妄想性の不安）がもちこまれた。同時に象徴機能は喪失し，乳幼児と同様に身体感覚からなる具体思考が用いられることになった。

　A自身の攻撃によってセラピストを破壊すると孤独になることを恐れたAは，愛と憎しみ，敵意等が断片化した部分対象や自己対象をZに排泄し，Zとの間に投影同一化による繋がりをもつことで孤独を回避した。それは現実と空想の境界を曖昧にするだけでなく自他の混乱や愛着と性愛の混乱を招き，幼児的自己愛的万能感を高め，妄想的な世界をもたらしたが，一方でセラピストとの関係を破壊的攻撃から守り，投影同一化を通じたコミュニケーションを模索することを可能にする側面も有していることが明らかとなった。

　分離によって生じる孤独を否認，回避するために，大規模な投影同一化によって心的内容物の排泄と，具象的な対象との一体化希求が生じたが，この対象希求が欲求不満に置かれた時，羨望や憎しみによって激しい破壊的攻撃衝動を派生させる。さらに破滅-解体不安や妄想的・迫害不安がもたらす内的空想は，感覚データからなる具体思考として対象の中に排泄され，現実と空想の混乱や自他未分化な世界が展開することを，融合的依存欲求，具象的空想，孤独の観点から論考した。

第4章　衝動的行為と行動化による心的苦痛の排泄

　本章では，対象関係の中で生じる喪失や分離，拒絶といった受け入れがたい情動を行動化によって分裂排除し，断片化した空虚な内的世界を生きていた青年期女性の事例を提示する。

1. 臨床素材

　自殺企図・自傷・多量服薬などの自己破壊的行為や過食を繰り返していた20代女性Bの事例を提示し，分離や拒絶によって生じる心的苦痛を，衝動的行為を通して唯々排除し続け，無思考に置くことで体験自体を無いものにする心的状況や空想，心的機制について詳述する。そこには苦痛の排除としての衝動的破壊的行為が，治療関係に基づくコミュニケーションとしての行動化へと質的に変転するに至ったプロセスが描かれることになる。

［事例の概要］
　Bが3歳の時，妹が未熟児で生まれたため，Bの世話は同居する叔母Yに委ねられ，BはYに貰われると思っていた。妹ばかり可愛がられ誰からも可愛いと言われないので，存在意義を示すため誉められるよう勉強したが，頭が良いのは損だと語った。一方でBは母親が抱っこしようとしても逃げるので，Bは一人が好きなのだと母親は理解していたのだった。Bは絵を描く時，失敗するとリセットして一から描き直さずにいられないため，何枚もの紙を必要とした。
　高校の友人から「嫌いだから一緒に居たくない」と言われ一時期不登校になった。その後は大学，専門学校，習い事，仕事も，少しでも嫌なことがあると絵をリセットするように辞めてしまうためどこも続かなかった。やり直

そうと大学に再入学しクラブにも入ったが「かき回される」と言われ退部になり，大学もリセットされた。衝動的な自己破壊的行為が頻発し普通に生活できなくなったことを理由に十数カ所の医療機関に行き，それぞれ「鬱」「不安神経症」「ボーダーライン」と診断されたが，どこも継続に到らず1〜2回で辞めている。Bが新たに受診した神経科の医師の紹介でセラピスト（筆者）との面接が設定された。

　面接が始まると，Bを嫌った友人がインターネットにBを非難する書き込みや盗聴をして，暴力団関係者から殺されそうになったとの迫害妄想や，きつい女医に泣かされたこと，学校のカウンセラーと大喧嘩して辞めたことが語られ，そこにはセラピストへの不信や迫害不安が読み取れた。セラピストがそのことを解釈として伝えると，「今日は泣かないようアイメークをしてきた」と不安は外的な話に置き換えられ，その意味を失った。

　これまでの自分について，過食，多量服薬，リストカットをして死ぬことばかり考えてきたこと，怒って物を投げ，頭を壁にぶつけ，車道に座り込むなど何が起こるかわからない毎日だったと人ごとのように面白そうに話した。良いものを奪う妹への羨望や怒りが表出された夢を語った後で，祖母は他の孫，親は妹が一番で，Bは誰からも1番に愛されたことがないと話した。そして面接を2回キャンセルした。その後もBはごく稀に自ら内面を語った時や，セラピストが行動化の背後にある感情に触れた次のセッションをキャンセルした。そこには情緒的な交流を回避し，キャンセルによって排泄するBがいるようだった。

　Bの語りの多くは2語文からなり，無表情に平板な語調で語った。その語りを理解するには，語りの断片を繋いでストーリーにするセラピストの機能を必要とした。またセラピストは，行動化が生じるに到ったBの感情や考えを‘もの思い’によって感知し，Bの情緒に共感的に関わることを心がけた。

[行動化1]
　ここではBの衝動的行為／行動化が語られたセッションを中心に取りあげる。なお，Bの衝動的行為と行動化を併記しているのは，病理に基づく衝動的行為と，セラピストとの関係から生じた行動化との区別が難しかったこ

とを示している。この点については考察で取りあげる。

　4回目の面接でBは，父親の使った言葉の意味が間違っていたので聞き返すと，『通じれば良い。俺は社会で通用してる』と言われてパニックになり4階から飛び降りようとしたが，ゴミ箱に当たり「ゴミ箱が私より落ちたいんか」と4階から投げ落としたことを淡々と話した。Bがパニックになった心的苦痛について，父親が間違いを認めないだけでなく，働いてないBを社会で通用しないと責めたように感じて辛くなったのだろうと，セラピストが言葉にすると小さく頷いた。しかしすぐに話を続けて，「私でなく皆が死ね」と思って食器を割ったら父親に暴力を振るわれたと，辛い気持ちはBの心に留まらず破壊的連想によって排泄された。そして次のセッションには，父親の会社でアルバイトをすることにしたと何事も無かったように話し，父親との関係を問うセラピストの介入も排泄された。さらに次のセッションまでの間に，父親に『俺が全て悪いのか』と言われ，腕にフォークを刺して大量服薬をしていた。この頃Bは，面白い夢を見たと笑いながら次の夢を語った。

> {夢①}『大阪ドームの中に部屋があるのはあまり知られていない』と，Bの前を歩く女の人の心の声が聞こえて夢が始まる。見ると翌日死ぬビデオを見てしまうが，何でもよく知っている女の人に訊いて大丈夫だった。4人のうち1人のお腹が大きくなって赤ん坊が生まれるが死産。ミイラみたい。赤ん坊の頭を切ったら卵の黄身みたいなのが出てきて，皆で卵焼きにして食べた。

　Bに連想を聞くと，赤ん坊は大事だから残したくて食べたと話した。Bの前を歩く女性はセラピストであり，無意識にはBがセラピストを信頼し始めているように思われたが，面接場面からは全くそれは窺い知れなかった。

[行動化2]

　面接開始から半年を経過した頃，「自分は生まれた時から変わっているので話したことが通じないし，相手が受け取らないと腹が立つ」と言うBに，セラピストにも同様に感じているのだろうと伝えると，「違う！　母は聞きもしないで頭が良いからわからないと拒絶する」とやや感情的になった。

その次のセッション，面接が始まるとすぐにBは，インターネットで知り合った女性Xと恋人になる約束をしたのに，連絡が取れず不安で死にたくなり，昨日リストカットと多量服薬したことを話したが，「しんどい，忘れた，もう喋りたくない」と30分で面接を切り上げ，その後2回面接をキャンセルした。

来室したBは，Xに『好きになろうとしたけど無理』と言われて腹が立ち，リストカット，ネックカットをして救急車で病院に搬送されたことを無表情に日常を語るように話した。前は自分の心の中に辛いことを抱えるのがしんどくて切っていたが，今は心に抱える前に切っていると言うBに，心の中に抱えるのは辛いから，手や首を切るように心から切り捨てたいのだろうと伝えると頷いた。しかしすぐに「何で自分がこんな思いをしなきゃいけないの。今は頭が真っ白。自分のことを話すのがしんどい。自分の中に侵入される気がする」と，セラピストへの否定的感情を口にした。Bの行為と感情に橋を架けようとするセラピストの介入は，排泄した感情をBに差し戻すことになり，Bはそれを「侵入」と感じているのだと理解した。

その後3回のキャンセルと夏休みで1カ月以上面接が空いた後のセッションでBは，しんどくて暴れて救急車を呼んだことから話を始めた。頭を壁にぶつけ皿を投げると「うるさい！」と言われたので，うるさくない方法としてリストカットをしたと，いつものように淡々と話した。セラピストが，物を投げるのは切らない工夫でもあるのだろうと伝えると小さく頷いた。

ワイヤー入りの窓ガラスを叩いて割ったので手が痛いと笑顔で話すBに，心の痛みを消すにはそれくらいしないと収まらなかったのだろうと，心の痛みに寄り沿った後にBのしんどさについて尋ねると，仲良くなった子に無視されお茶会に呼んでもらえず寂しくなったと，初めて寂しさを口にした。また嫌なことがあると日記を全部消して新しく始めたくなると，苦痛を排泄によって処理していることが語られた。この後3カ月間にわたって面接のキャンセルが続いた。しかし主治医の診察には休まず受診しており，セラピストは「医者がいればあなたはいらない」と言われているような気持ちになっていた。

［行動化3］

　治療開始約9カ月が経っていた。Bは予約時間より20分早く来室して，他のクライエントとのやりとりをするセラピストの様子を窺っているようだった。

　面接が始まると，2人で長い間話をするのがしんどいと言って沈黙した。セラピストはBに「あなたはいらない」と言われているように感じた逆転移の理解を基に，Bが面接を休むのは，友人から無視されたように，セラピストを無視することでBの寂しさや辛さをセラピストに伝えようとしていたのだろうとの理解を伝えた。Bはコクリと頷いた後で，「人に傷つけられたりいらないと言われる」「沢山の人と接する方が勉強になる」「1対1で先生にはすべて話して説明できるので生活の役に立たない」「もうやめたい」と抑揚のない声で無表情に語った。Bと同様にセラピストも傷ついていると思ったが，セラピストが平気そうに見えたので話しても役に立たないと思ったのかもしれないというセラピストの介入にも頷いた。さらにBからの投影に同一化したセラピストの心の動きについて，主治医の診察には行き続けながらセラピストとの面接はキャンセルされたことを，セラピストもBから「いらない」と外されたように感じていたと伝えると，Bは顔を上げてじっとセラピストの顔を見つめた。セラピストの言葉がBの心に触れた感触を感じながら，やめたい気持を確認したが変わらなかった。セラピストはこの面接も絵や日記と同様にリセットされてしまうのかと虚しさを感じながら，出会えなかった3カ月の間に死のうとしたことはなかったかと尋ねると「ある」と答えたので，死にたい気持になるBと会えなくなるのは心配だと伝えると，Bは即座に「じゃあ来る」とあっけらかんと答え，面接は継続されることになった。

［行動化4］

　［行動化3］の後，Bには笑顔が見られるようになり，自分自身について語ることが増えたが，語った後でしんどいと面接時間を切り上げ，キャンセルを繰り返した。面接開始から約10カ月が過ぎた頃のある日，「自分で自分を許せない事を人に言いたくないし，失敗や弱みを知られたくないので面接にも来たくなかったのかと思った」と面接を休む理由を語った後，4回キャ

ンセルをした。

　Ｂはその間にリストカットと多量服薬をしていた。人の命を助ける勉強を
している人と一緒にコンサートに行く約束をしたが，「死にたい」と言うと
断られ，助けたいのは身体だけかと思ったと淡々と話した。セラピストが，
どうしたら助けられたと感じるか問うと，「話を聞いてくれたら」と言って
沈黙した後で，「話すのしんどい」と黙った。セラピストが，話を聞いて欲
しいＢと，話すと弱みを見せるようでしんどくなるＢがいると介入すると
頷いた。さらにセラピストは，Ｂはしんどい時はここに来られなくなること，
しんどい時こそ一人で抱えないでここで話せると良いのだがと伝えると，Ｂ
は，しんどいと言うと父親は『思考の問題』と言い，母親は『歯磨きして規
則正しくしたら良くなる』と言って，怒るか機嫌が悪くなると話した。セラ
ピストも怒り出すと感じているのだろうと介入すると同意したので，今まで
のセラピストはＢにそのような対応だったのだろうかと問うと，「ない」と
言ってしばらく沈黙した。そして「気分悪い，吐きそう，目が回る」とふら
つくＢを，面接終了後別室に座らせセラピストは横に付き添った。体調不
良は５分程度で収まった。次のセッションにやってきたＢは，この人は何
者？というように不思議そうに何度もセラピストをじっと見つめた。この後
面接のキャンセルは無くなった。以下はこの頃Ｂが見た夢である。

　　　{夢②} 学校を見回ったら風呂場に足が沈んでいた。片足を無くした男の子が
　　　自分に合う足が欲しくて，人を殺して合わない足を捨てたらしい。

[行動化５]

　面接開始１年半が経過した頃，セラピストの都合で面接が１回休みになっ
た後のセッションで，Ｂはネットに嫌なことを書かれてリストカットをした
ことを話した。セラピストが面接の休みとＢの自傷行為を関係づけると同
意した。肘まで１センチ間隔にある切り傷は浅く，これまでの烈しい破壊
衝動は緩和されてきているようだった。さらに「食べて吐いた」と言うの
で，心的苦痛を具体物として吐き出したのだろうとの理解を伝えると，「吐
くのは初めてだからわからない。いつもは食べるか切るか」と答えた。苦痛
を感じる前に排泄するＢのあり様が，取り入れた後で排泄するよう変化し

たことを伝え，面接空間に言葉で吐き出せるともっと良いのだがとのセラピストの介入に小さく頷いた。そして父親が子どもの頃，誕生日のケーキを独り占めしていた話を楽しそうにするので，セラピストが父親とBの関係について取りあげると，「気分屋！」と急につっけんどんな言い方になり表情も固くなった。しばらく沈黙した後，腹痛を訴えトイレに行きたいとの理由で20分早く終了した。Bの楽しい内的空想とセラピストとBの和やかな面接空間は，不用意に父親との関係に焦点づけたセラピストの介入で一瞬に崩れ去り，さらにBの心的苦痛は身体化された。

2. 考　察

(1) 依存・愛着対象の喪失と心的防衛

　妹の誕生によって生じた母親との分離と叔母Yに預けられたことは，Bにとって内的には母親喪失の体験となった。勉強のできる子になって自身の存在意義を示し，母親の愛を再獲得しようとしたが，愛を得るのは妹であり，自分が一番に愛されることがないと知ったBは母親の抱っこを拒んだ。なぜBは母親への依存・愛着を拒否したのだろうか。母親の愛が得られないという受け入れがたい感情を抑圧し，反動形成によって「欲しい」が「いらない」へと置き換わったのだろうか。あるいは自分にはYがいるから母親は必要ないと合理化したのだろうか。それともBを欲求不満に陥れる母親への怒りと憎しみによって，すでに内的母親対象が破壊されていたことの表れだったのだろうか。

　この時，Bの主観的世界に生じていた心的状況の理解は，Bの言動や振る舞い，感情や空想，セラピストとの関係に持ちこまれる転移関係の解明からもたらされた。「頭が良くないと存在意義がない」という発言や，上手く描けないとすぐにリセットする行為は，Bが自己愛的万能感によって愛されない自分や有能でない自分を否認していたことを示している。また，［行動化3］で生じた「面接の拒否」は，幼児期の「抱っこの拒否」の再演であると考えられる。Bは親密さを求めた友人から無視された寂しさを語った後，セラピストとの面接をキャンセルする一方で主治医の治療にのみ通い続けた。そこには「主治医という理想的対象を保持しているから，セラピストは必要ない」と面接を拒否するBがいる。母親の抱っこの拒否にも同じ心性が働

いており，ここに幼児期のＢと母親との交流が浮かび上がってくる。Ｂの内的世界にはＢだけを一番に愛する万能な理想化された母親対象が空想され，その万能空想に満たされる中，愛情がもらえない寂しさや悲しさはＢの心から排泄されたため，現実の母親の抱っこは必要とされなかったのである。

　Ｂは万能空想によって母親の喪失を否認し，心的苦痛を衝動的・暴力的に排泄していた。すなわち喪失した母親の代わりに，自己愛的万能な自己と理想化された万能の母親対象を所有し，愛されないひもじさや惨めさ，心的苦痛をもたらす失敗や欲求不満，拒絶や喪失がもたらす悲哀感情，内省し考える機能などあらゆるものを衝動的破壊的行為や行動化によって排泄したのである。それによってＢの心的苦痛は緩和されたが，考える機能も現実との接点も失い，対象と繋がり継続的な関わりを持つことも，社会に居場所を見つけることも不可能となっていた。

⑵ 分離体験がもたらす心的苦痛の排泄──衝動的行為 - 行動化 - 身体化

　妹の誕生にともなう依存・愛着対象である母親からの分離・内的喪失体験は，「嫌いだから一緒にいたくない」との高校の友人の発言によって蘇り，Ｂの内的世界に否認されていた「愛されない惨めで価値のない自分」が再認識されることとなった。その心的苦痛に耐えられないＢは，瞬時に内界から苦痛を排泄することを，自殺企図，自傷，多量服薬など衝動的破壊的行為によって繰り返し達成していた。おそらく高校までは，理想化された対象と自己イメージによって「愛されない惨めで価値のない自分」は意識外に置かれ，心的苦痛から守られていたため，衝動的破壊的な行為や不適応症状も発現しなかったのだろう。しかし，友人の言葉がＢの中核的不安を喚起し，さらに思春期という時代が衝動性や母親との分離意識を強め，理想化された対象や自己イメージを維持するには，「自分を愛さない母親」も「愛されない惨めで価値のない自分」も排泄される必要があったのだと考えられる。

　Ｂの衝動的破壊的行為による苦痛の排泄は，苦痛を感じるや否や瞬発的に放散してしまうため，そこに痛みの意味や象徴性を見出すことを難しくさせていた。セラピストはＢの断片化した語りと行動を繋ぎ，Ｂに生じているであろう感情を言葉にして介入したが，面接のキャンセルによってそれらの

情動は排泄された。面接のキャンセルは治療関係の中で生じており，行動化と呼べるものであるが，［行動化1］や［行動化2］での破壊的衝動的行為は，あまりに唐突な行為で，セラピストとの関係を見出し，その意味を汲み取ることが困難であった。今から思えば，「俺は社会で通用してる」との父親の発言は，社会で通用しているセラピスト，良いものをもっているセラピストへの羨望の現れ（そこには妹への怒りと羨望が転移されている）であったと読めなくもない。また女性Xとの関係も，セラピストと親密になりたいBと拒否される不安を感じるBがいたが，夏休みでセラピストとの分離が生じたため衝動的行為が生じたとの転移の文脈から考えると行動化になる。しかし，面接空間では「忘れた，喋りたくない」と現実状況の把握も困難で，Bの心にも触れることができない状況にあり，何が起こっているのかよく理解できなかった。さらにセラピストも面接自体も何時排泄されるかわからない状況の中，‘今ここで’のセラピスト - クライエント関係として取りあげることもできなかった。仮にこの時それを取りあげてもBには伝わらないだけでなく，排泄した感情を無理矢理押し込まれたと感じて，面接は排泄されたかもしれない。

　しかしながら，今再考する中で見えてきたことがある。［行動化1・2］の衝動的破壊的行為を病理的行為と受け取り，そこに含まれるコミュニケーションを理解できなかったこと自体，すでにBと母親の「抱っこ」の関係が転移として再演されていたと言えよう。抱っこを欲するBと拒否されることを恐れるBがおり，感情を分節化したり言葉で表現できないため，「抱っこから逃げる」すなわち「面接のキャンセル」という行動でしか内的状況を顕すことしかできないBがいた。しかし，セラピストも母親同様，Bの内的世界にそのような情動があることに気づくことができなかったのである。そこにはFreud, S.（1914）が「被分析者は，そもそも，忘却され抑圧されたものを想起するのではなく，これを身をもって演じるのである。被分析者はそれを，想起としてではなくて，行為として再現する。つまり，自分がそれを反復しているとはもちろん知らないままに，それを反復するということである」と述べた無意識的交流が行動化として生じていたと考えられる。

　［行動化3・4・5］は，［行動化1・2］とは質的違いがある。［行動化3・4・5］は，明らかに面接空間の中でセラピストとの関係の中に展開した行動

84　第Ⅱ部　事例から捉えた青年期女性の分離体験と精神病理

化であり，それもアクティング・イン（再演）と呼ばれるものである。

　［行動化3］では面接のキャンセルという，アクティング・インがセラピ
ストとの関係に持ちこまれた。ここでは，Ｂの投影した排除される寂しさに
セラピストが同一化することでコンテインし，コンテインした内容をＢに
伝わるよう咀嚼して伝え，Ｂがそれを取り入れるというコミュニケーション
が成立した。この交流の後Ｂは自分自身について語ることが増え，「自分で
自分を許せないことを人に言いたくないし，失敗や弱みを知られたくないか
ら来たくなかったのかと思った」と内省的な面を示すようになった。けれど，
それを心に保持することはできず，それらの情緒や思考は面接のキャンセル
によって排泄されたのだった。［行動化4］では，両親との関係がアクティ
ング・インされ，Ｂのしんどさは象徴レベルではなく身体化によって面接空
間に持ちこまれた。別室に付き添ったことは，身体水準の投影に同じ水準で
反応したセラピストの行動化でもあるが，セラピストがＢの両親のように
排除せず，Ｂの身体化をそのまま受けとめたことによって，両親とは異なる
対象としてＢに取り入れられた。しかし身体感覚という具象的な水準での
取り入れであるため，「この人は何者？」といった異物感になったのだった。
［行動化5］では，「食べるか切るか」であったＢの行動化が「食べて吐く」
に変化したことが語られた。「食べる」ことによる取り入れと「切る」とい
う衝動的破壊的排泄がスプリットされ，脈絡がない状況での外界への排泄で
あったものが，具象水準ではあるが身体という器の中での取り入れと排泄が
行われるようになったことは，Ｂの心に自己と他者を分ける身体的輪郭がわ
ずかばかりでも感じられるようになったことを示している。この身体感覚は
Ｂの内的空想ではセラピストに抱っこされている感覚によってもたらされた
のかもしれない。「ケーキの独占」の話は，セラピストの膝を独占して楽し
い気分に浸っていたのに，セラピストが唐突に現実の父親の話を持ちこんだ
ために急激な脱錯覚が生じ，Ｂはセラピストの膝から放り出されたこととし
て体験したのかもしれない。その内的体験を言葉で分節化できないＢは心
的苦痛を身体化によって排泄したのだろう。ここには，妹が誕生するまでの
Ｂと母親の抱っこの関係と，妹の誕生によって突然母親の膝と腕を失ったＢ
の混乱が顕されていたと考えられる。

　Freud, S.（前出）は，転移が「患者の通常の神経症を，治療作業を通して

治癒の可能性のある転移神経症に置き換えるのに成功する」と論じた。これを行動化の理解に換言すれば，転移によって「病理的な行動化による排泄を，治療作業を通して治癒の可能性のある行動化に置き換えるのに成功する」と言えるのではないだろうか。

　病理的な衝動的破壊的行為が，治療関係を通して内的体験をコミュニケートする行動化に移行すること，そして外的に排泄されていた投影のベクトルが，内的な方向に向きを変え，面接空間に持ちこまれ，クライエントの身体内部に持ちこまれる展開を提示した。さらに行動化の機能水準の変化は，クライエントの心的排泄物をコンテインし，その意味を理解するセラピストの機能によってもたらされることを例証した。

(3) 行動化による思考の排泄

　Bion（1962a）は，欲求不満耐性の違いが思考の発達に影響を与えるとして，次のように論じた。欲求不満に「圧倒」されると，悪い乳房の攻撃によって破壊され破滅解体に陥る。欲求不満に耐えられず「回避」が選択されると，快・不快の一次過程に支配され，思考は悪い内的対象と区別ができなくなり精神から排泄される。良い乳房からの取り入れと同様に悪い対象の排泄が行われることとなり，思考は考える装置ではなく，心から悪い内的対象群を取り除く装置であると感じられる。また現実化（実在化）の知覚を回避するために破壊的攻撃が持ちこまれ，考える代わりに万能空想である投影同一化が多用され，それに支配され，自己と外的対象の区別が混乱する。欲求不満に耐えられると不満の「修正」が行われ，欲求を満たさない乳房があるという実感（realization）が，「今は乳房がない（no-breast）」や「乳房の不在（absent-breast）」について考えることを可能にし，考える内的空間と時間の概念が生成され，現実原則にともなう二次過程が機能するようになる。

　Bはセラピストとの面接が始まる前から，分離や拒絶によって生じる心的苦痛を自殺企図・自傷・多量服薬といった病的な衝動的破壊的行為によって排泄し続けており，欲求不満にもちこたえる能力の無さは顕著であった。Bionの論じた欲求不満の回避が選択されていたのだった。願望とその満足を得るために思索することはなく，願望の即時的満足が得られず欲求不満を感じると，その心的苦痛は考えるまもなく排泄され，さらに考えること自体

が心的苦痛を与える悪い対象になっていた。Bにおいては,「一番」か「排除」か,「失敗」か「完璧」かといった快・不快しかない一次過程の原始的な心的過程に支配され,快の即座の取り入れと不快なものの即座の排泄が具象的水準で行われていた。夢①「ドームの中に部屋があることは知られていない」は,Bの内側に時間と空間を有する内的世界が機能していないことを顕している。「死産で生まれたミイラみたいな赤ん坊」は,Bの内的世界には感じ考える自己も対象も死んでいることを語っている。「赤ん坊の頭を切って黄身を卵焼きにして食べる」は,思考の排泄が躁的に行われていることが表現されると同時に,抽象思考がなされず,具象的な世界にBが住んでいることを顕している。

　Bの語りや連想も断片的で,単語のみ発せられるか短いセンテンスで断ち切れるもので,まるで感覚データだけが投げ込まれるようにセラピストには体験されていた。そこでは考える素材をバラバラにして,語りから意味を放散し,考えるための装置を破壊することで不満や苦痛の排泄によるはぐらかしが行われていたのだった。セラピストは,この断片化した語りを繋ぎ合わせ,短いストーリーにしてBにかえしていくことを心がけた。この介入はBの情動や考えを少しでもBの心的世界に留め,欲求不満に持ちこたえるための考える装置の発達に寄与することを意図していたが,面接開始当初,Bにとってその介入は,行動化によって排泄した苦痛を再度心に押し戻される体験となり,キャンセルが続いた。しかし,[行動化3・4]で示したように,セラピストとの間で生じた行動化(アクティング・イン)として,その介入は1つの結実をみた。

　すなわち,[行動化3]においてBは友人との間で味わった排除される苦痛を,初めて寂しさとして表現した。それはセラピストの面接の休みや,セラピストと他のクライエントとの関係からの疎外感でもあったと思われるが,その体験が面接空間に再演されることになったのである。セラピストの面接は拒否して主治医の診察にのみ行く行動は,明らかにセラピストに向けられた無意識的メッセージであり,そこには疎外感を味わわせたセラピストへの報復に加え,何かを伝えようとする側面が含まれていた。セラピストが感じた「あなたはいらない」との感情は,Bが母親にも,友人にも,セラピストにも感じていたであろう寂しく惨めな心的苦痛であったが,セラピスト

は言葉を通してでなく実体験として味わうことになった。言葉化されないＢの未分化で苦痛な情動は，具体物のようにセラピストに投げ込まれた。セラピストはその感情に同一化することによってＢの悲しみや惨めさといった情動を感知し，感知した内容をＢに伝えることができたのである。［行動化４］では，両親によってＢのしんどさは抱えられず怒りで排泄されることが語られた後に，突然その心的要素が面接空間にそのまま再演され，セラピストは両親と同様Ｂのしんどさに直面させられることになった。それは自分の身体を丸ごと投げ出して，セラピストが抱っこするか否かを試す挑戦的行為にも思えたが，自分自身で対処できない苦痛を受けとめる対象を求めるＢの切迫した行動化であった。

　［行動化１・２］での衝動的破壊的行為は，Klein が描いた投影同一化，つまり苦痛を与える悪いものを対象の中に排泄（投影）し，その悪いものをもった対象（同一化した対象）を支配し所有する，原始的防衛機制としての投影同一化が用いられていたと考えられる。そうすることでＢの心的世界から苦痛は排泄されたが，同時に考える機能も失われることになっていた。ここには排泄優位の行動化が展開していた。Ｂの排泄とともに貪欲に所有・支配しようとする世界は，夢②「片足を無くした男の子が，自分に合う足が欲しくて人を殺して，合わない足を捨てたらしい」にみてとれる。片足の喪失を悲しむ心や何が起こったのか考える心は存在せず，自分の欲望を満たすために誰かを破壊することを意にも介さない破壊的攻撃性と貪欲さや，合わないものは一顧だにせず排泄するＢの内的世界が如実に顕されていた。

　しかし，［行動化３・４］では，同じ行動化でも異なった側面が見られた。前述した内容をまとめると，無意識ではあるが，Ｂは意図をもってセラピストに何かを伝えようとしていた。少なくともセラピストはそれを体験的に感知し，自身に生じた感情（逆転移）の意味について考えることが可能となった。Bion（前出）が「コミュニケーションは，その起源としては，現実的な投影同一化によって実行される」と，対象とコミュニケートする手段としての投影同一化の側面に言及したように，明らかにＢは自身の心的内容物をセラピストに投影することで，その内容物を受けとめる対象を無意識に希求していた。「母親の 'もの思い'（reverie）する能力は，意識することによって獲得される乳幼児の自己感覚という収穫物のための受容器官である」

（Bion，前出）と示されたように，この意味ある変換を生起させるには，クライエントが自分一人では翻訳できない感覚データを，セラピストが‘もの思い’によってコンテインすることを通して，クライエントが再取り入れできるように翻訳し直すことが求められる。それによってクライエントは前意識にある自身の欲望と実感を番わせ，自分自身に何が生じているのかを考えることできるようになるのである。

Ｂが考える装置を発達させることができず，行動化によって排泄するしかなかったのは，分節化できない感情や感覚，無意識にある空想を‘もの思い’によって読み取れない母親（セラピスト）のコンテインの不全も影響していたと考えられる。空腹に晒され欲求不満状態に置かれた乳児が，故意に授乳しない悪い乳房がいると感じるように，Ｂの投影同一化を受け取らない母親は，故意に誤った理解をする悪い対象となり，受け取り手のない投影同一化は行為によって排泄するしかなかったのである。

3. 結　語

Ｂは，分離（内的対象喪失）や拒絶によってもたらされる不快や心的苦痛を即座に具象的に排泄し，代わりに理想化された対象を貪欲に取り入れるという万能空想に浸ることで自己の安定を図ろうとした。しかし完璧な自己や対象が得られず万能空想が維持できない時，その心的苦痛は，衝動的破壊的行為や行動化によって排泄された。この行動化による過剰な排泄行為は，心的苦痛の意味や象徴性を見出すことを困難にするだけでなく，考える機能そのものをも破壊するため無思考に置かれ，Ｂは現実との接点を失った空虚な世界に生きていたのだった。

心的苦痛の排泄には，病的な衝動的破壊行為による排泄と，無意識的なコミュニケーションを含意する行動化による排泄があることが例示された。セラピストに投げ込まれた無意識的コミュニケーションを受けとめ，そこから意味を見出し，クライエントに翻訳し直し伝えるセラピストの介入によって，クライエントが排泄した内容物を再取り入れする相互交流がもたらされる。この無意識の相互交流が，病的な行動化を意味ある行動化に転換し，心的内容物に意味を見出す思考の発達を可能にすることが例証された。

第5章　解離・離人化による分離の否認

　本章では，解離と離人化によって分離を否認し，情緒的交流を回避し続けた女性の事例から，その内的空想やコミュニケーションの性質などについて詳述する。

1. 臨床素材

［事例の概要］

　Ｃは知的で物腰も口調も柔らかく社交的な印象の10代後半の女性であった。時々自分の感情と思われないものが出てくる，憑依されているような状態になることを主訴として来談した。幼児期に両親が離婚し，母方祖父母と同居したが，祖母と母はＣが父親に似ていることを責め，気に入らないと1週間でも口をきかず食事も作らず，腹を立てるとＣの髪の毛をもって引きずることもあったと言う。唯一庇ってくれた祖父に叱られて喋れなくなり，喋れない自分を見ている自分がいたことや，曾祖母の葬儀で死体に触らされ，触っている感覚と触っている自分を見ている自分がいて食事が取れなくなった話は，解離様の症状が幼少期からあったことを窺わせた。母親が男の子を望んでいたことを知ったＣは，小学生の頃から男の子になりたいと短髪にしてズボンをはいていた。祖母と母は成績が良いと特別扱いしたので，Ｃの小学校時代の趣味は勉強だったという。思春期に入った頃，母親がＣを堕ろそうとしていたと聞いて「生まれたからには意味がある」「自分を特別」と思うことで生きてきたと語った。その頃から，母親と喧嘩をすると怒らせてしまったことに自己嫌悪して月に1～2回リストカットをするようになった。高校に入ると勉強をしなくなり，自分を遠くから見ている感じや思い出の中にいる感じになり，クリニックで「離人症」と診断された。その後主訴で語った状態になり，現クリニックを受診し解離性障害と診断され，主治医

の紹介でセラピスト（筆者）との面接が始まった。治療開始当初はキャンセルや遅刻が繰り返されたが，［セッション2］以降は安定した。

《面接経過》

Cはバイト先の店長が彼女に性的関心をもっているようだと言い，心と身体は別もので，身体は単なる器なので触られるのは嫌ではないが，性的見方をされるのが嫌で，バイトに行こうとすると異物が侵入するようで食べられなくなると語った。セラピストが，性的存在になった店長を異物に感じて取り入れられないということは，身体と心は繋がっているようだと介入すると，Cは次の回までにバイトを辞め，髪の毛を丸刈りにして来室した。自身に侵入する異物も性の対象となる女性性も鮮やかに切り捨てるCの極端さと行動化にセラピストは驚き，前回のセラピストの介入と関連づけたがCは否定した。セラピストが性について話を向けると，「母は子どもができるとわかっていてセックスをして堕ろそうとした。母を恨んでいるわけではないが女性全体に対しての恨みの気持ちがある」と語った後，生理痛や腹痛を理由に面接を3回キャンセルした。Cの中にある母親（女性）への強い恨みがセラピストに投影され不信と猜疑心をもたれているのだと理解したが，丸刈り同様唐突な反応にセラピストは戸惑った。

セラピストの介入は，異物の侵入であり母親から責められることのようにCが受け取っているのだと感じたが，その理解を伝えることはさらにCの防衛を強めるのではないかと考え，しばらくは介入を避けてCの語りを共感的に受けとめることを心がけた。Cは3年前から誕生月になると何もする気がなくなり，死にたいわけではないが消えてなくなりたくなり手首を切ったと腕を見せ，「薄皮一枚の下に本当の自分があるんじゃないか，怒りが出たり悲しさになったり極端」と語った。Cの情動が蠢き始めていることが窺えた。

［セッション1］

面接開始7カ月が経っていた。セラピストの都合による休みの後のセッションで，Cは醒めている自分と一体感を求める自分，人との繋がらなさと自分の中での繋がらなさがあると語った。そこにはセラピストに接近したいCと同時に不安なCがいるようだった。Cは高校の頃からもっていたイメー

ジを，絵に描いて持参し説明した。

〔イメージ〕
　①左側に幾つもの部屋が並びそれぞれにドアがある。右側にマネキンのような
　　人が立っており皆小さな棺桶を持っている。自分の中に怒りが起こると怒り
　　が棺桶に吸い込まれ，マネキンはドアの中に入っていく。部屋の真ん中に椅
　　子が１つありその上に棺桶が置かれる。ドアは閉まると開かない。
　②森の中の沼に腰まで浸かった女の子。

　Cは話を続けた。夜道を歩いていて，Cに驚いて道に飛び出した猫が車に
轢かれて死んだことを想起して自分を責めて泣いていた時，フラッシュバッ
クが起きたがすぐに絵を見ているようになったことや，自分は覚えていない
が夜中に母の部屋に行って母を見ていることがあるらしいと解離状態につい
て語った。今までは感情に乗っ取られそうだと思っていたが，感情が人格を
持ち始めたのかと怖くなったので閉じ込めないと危ないと話した。
　セラピストは，Cの怒りという破壊的部分はCの心の別の場所に厳重に
隔離されており，小さい女の子の心的部分は森の中に，さらに女の子の下半
身は沼の中に隔離され意識から排除されているのだと理解した。そこでセラ
ピストがCの語ったイメージの話と重ねて，少しずつ時間をかけてドアを
開け，感情を自分のものにしていく必要があるのかもしれないことを伝える
と，Cはそうですねと軽く同意したが，次のセッションを連絡無く休んだ。
　２週間後に来談したCは，能面のような無表情と人を寄せ付けないよそ
よそしさで，慇懃かつモノトーンな口調の別人だった。自分は森の番人で，
母親の擬態と女の子が外に出ないように守るだけの存在だと語った。森の女
の子は小学２年時に現れた。最近女の子が森から出たがり，自分では抑えら
れないので鍵の番人に手紙を書いた。鍵の番人は自分たちを創り出す神のよ
うな存在。女の子を外に出そうとすると怒りの人が出てくるかもしれない。
女の子が出たがって暴れると，鍵の番人が全てを白紙に戻そうとして女の子
を消してしまうかもしれないと語った。セラピストはこの話全体を彼女の内
的世界のメタファーとして受け取り，〈女の子は守りたいね〉等とその流れ
に沿って介入し，前回セラピストが，ドアを開け感情を自分のものにしてい
こうと言ったことがCを不安にさせ脅かしたのだろうと伝えると，いつも

のCに戻った。

［セッション2］

　面接開始8カ月目。前回の解離のセッションの後，冬休みをはさみ3週間ぶりに来談したCは，休み中に交代人格が出て大変だったことを母親から聞いた話として語った。過量の安定剤を飲んだ後記憶がなくなり，自分をCちゃんと呼んで5歳，10歳児になり，自分を責めて泣き，首を吊ろうとしたり手首を切ったらしい。また服のまま風呂に飛び込んだ後は急に男の子の口調になり母親を罵倒したが，それは高校生の頃のCのようだったと言われたと語った。その後自分を見ている自分がいて，後ろの自分が「危ない，うるさい」と言い，頭の中の声がガヤガヤうるさくイライラしたが昨日から収まったと語った。セラピストは，内界が動き始めたときに休みになり，守りのない中でCの内的世界が表出されることになってしまったことに申し訳なさを感じると同時に，安易にドアを開けて女の子を森から出そうとすると，こうなるのだと脅されているような気持ちにもなった。出てきた交代人格は該当年齢でのCの内的体験を表しているのであろうと理解した。その後キャンセルが続いたため，セラピストは毎回Cに電話をかけるとともに，母親や主治医と会いCを抱える環境を整えた。主治医とは連携の仕方について確認するとともに，解離症状や混乱が酷くなった場合の対応などについて相談した。また母親と面談してCの現状や，解離が始まった経緯，親子関係などについての情報を得るとともに，必要に応じて連絡を取ることを確認した。Cの交代人格は高校2年からで，自傷は母親と喧嘩した時に生じ「Cが悪いから切る」と言うとのことだった。母親は，解離症状に対して今回はCに合わせる対応をしたこと，「産みたいと思わなかったんやろ」と言うCに『あんたみたいな個性的な子産んで良かった』と応えたことを語った。

　約1カ月後来室したCは，「治ったかのように落ち着いている，傷つけたいとも思わない，記憶が飛ぶこともない，頭痛，不眠もない」「山ってこんな色をしていたんだ」と新しいものを見るような気持ちになったと語った。この後解離症状や身体症状はほとんど消失した。セラピストはこの変化に戸惑いCの内界で何が起こっているのかを摑めず，何か手がかりが欲しくて夢を聞くと次のように語った。

［夢］悩んでいる友人が何も言わずに帰った後，「しんどい，相談しようと思ったけど話せなかった」とのメモがあり，Cは友人に電話した。

　悩んでいるが相談できない友人は面接に来られないCであり，友人に電話したCはセラピストであると思われた。ここには危機的な状態の中でセラピストとの繋がりを希求するCがいたこと，そして2人の関係が繋がったことが表されている。セラピストからCへの電話や母親へのマネージメントは，セラピストの行動化とも言えたが，治療関係を保持しCのセラピストへの不信と猜疑心を緩めることに寄与したようだった。
　その後，Cは家族や友人の関係図や家の見取り図など持参して自ら自分自身のことをセラピストに伝えるようになり，図を見る折にセラピストとの身体的距離が近づくと何度か顔を赤らめた。そして「自分は家族のいないはみだし者と思っていた，今頃甘えたくなるのはそれでかと思う」と語り，セラピストへの依存感情を表現し始め，同時に家族の中での孤独を訴えるようになった。
　この頃，症状の消失に伴い主治医から精神科診療の終了が告げられ，以後は心理療法のみ継続となった。
《面接経過》
　面接開始1年半頃から，セラピストへの依存感情や愛着が表現されるようになったが，そこには性愛的な色合いも含まれていた。「主人公が女の子に惹かれ甘えたいが，母親以外の人に求めるのはおかしいと思っている。主人公は恋愛と勘違いしている。セックスは愛情表現，触覚，肌の触れ合いは言葉よりも無条件で信じられる」と，Cが書いている小説の話をした頃から，モデルのような服装や髪型で来談するようになった。

［セッション3］
　面接開始2年。セラピストへの依存・性愛感情が高まっていた頃，セラピストの都合で面接が休みになった次のセッションである。
　Cは一番の友人からの相談の電話を，自分のしんどさゆえに聞くことができず，友人に独りぼっちの絶望感を味わせてしまった罪悪感から，手と太股

を 20 カ所位切っていた。そして「傷つけた側に傷が見えると良いのに」と語った。この話はセラピストとの転移関係を語っていると思われたので，セラピストの休みの間 C が独りぼっちの絶望を味わっていたことを伝えているのだろうと解釈し，さらになぜ C の側にいてくれなかったのかと罰せられている気持ちがすることを伝えると，C は涙ぐみセラピストを罰する気持ちはないと言った後で，急に話を変えて，TV のサイコ Dr. が患者のために夜中に駆けつける内容を躁的に語った。セラピストにも夜中に駆けつけてほしい C がいるし，そうしないセラピストに腹を立てている C もいるが，セラピストへの怒りの気持ちが大きくなるのを恐れている C もいるようだと介入すると，母の機嫌を損ねたくないし，相手の負担になるのが怖いのかもしれないと語った。明らかな転移状況が生じていた。

　次のセッションで C は，「正直に生きたいかな〜」と涙ぐみ，怒りや憎しみ，嫉妬というむき出しの感情と向き合う恐れに触れ，自分は綺麗でいたかったけど，自分のものなら醜くても引き受けたいと語った。この面接の後，歯しか見えない悪魔のようなものに憑依され，悪魔が「真実を見ろ」「過去になってない過去を見ろ」と責めてきたと，翌週のセッションで語った。セラピストの休みを巡るやりとりから，C の中にある怒りを取りあげたセラピストの介入は，「真実を見ろ」と責める悪魔と C に受けとめられていた。そのことを伝えると短く同意したが，母への憎しみを見ると「自分は虎になって人間に戻れないのではないか」と，C は自身の内的世界にある破壊的攻撃欲動を恐れた。

2. 考　察

⑴ 不信と猜疑心による依存の否認から依存の表出へ

　面接開始からほどなくして C は，店長が C に性的関心をもっていることを知り，侵入される不安から食事ができないことを語ったが，それは C がセラピストの接近を異物の侵入と感じていることを示しているようだった。また店長が性的に搾取しようとしたように，セラピストも C から搾取する目的を持って接近するのだとの不信や猜疑心が表現されていたと考えられる。「母親は子どもができるとわかっていてセックスをした」との語りも，母親が C のことよりも自分の快楽を優先したのと同様に，セラピストもセラピ

ストの目的（快楽）を優先するに違いないとの不信が窺える。面接開始当初
の度重なるキャンセルや遅刻は，胎児の自分が殺されかけたように，セラピ
ストもＣを歓迎せずＣを途中で放り出すか，あるいは侵入して支配するか，
セラピストの快楽のためにＣを搾取するのではないかとの不信と不安，疑
惑の表出であったと考えられる。

　これらの不信と不安，猜疑心に基づくセラピストの「値踏み」と「探り」
は，［セッション２］において生じたカタストロフィックな解離体験が収束
するまで続き，Ｃがセラピストを信頼し，愛着や依存感情を向けるようにな
るまでに８カ月を要した。［セッション２］で述べたように，冬休み中に解離
状態を呈し，家に引きこもっていたＣに対してセラピストが行ったマネー
ジメントは，セラピストの行動化である。しかし，母親や主治医と出会い
Ｃを抱える環境を整えたこのセラピストの振る舞いは，結果的には環境とし
ての母親機能を提供することになり，面接空間に着床しても堕胎されない安
心感をＣに与えることに寄与したと言えよう。

　Meltzer, D.（1967）は，「不安がコンテインされるようにセッティングが
境界づけられ，その輪郭が維持されるようになるまでは，本質的なプロセス，
すなわち転移の展開は分析家にはまったく見えないままに進んでいる」と述
べている。Ｃは解離によって収納していた自己部分を交代人格によって表出
したが，「薄皮の下の本当の自分」を出しても，セラピストが堕胎も，責め
ることも，搾取することもせず，Ｃと繋がり続け抱えようとマネージメント
したことが，Ｃの不信と猜疑心を緩和した。治療のプロセスが展開するため
には，不安がコンテインされる治療構造を整える必要があるが，セラピスト
のマネージメントによる環境調整はその一助となり，ようやくＣの内的世
界が転移として集結してくる心理療法の初期セッティングの完了へと導いた
のだった。換言すれば，Ｃが面接設定の中に居場所を見つけ，セラピストと
の交流によって自分について考える準備が整ったと言えよう。

　今にして思えば，セラピストのマネージメントという行動化は，生まれる
前の胎児としてのＣの内的空想の投影に同一化した，セラピストの逆転移
だったのかもしれない。カタストロフィックな混乱状態にあったＣは自宅
に引きこもっており，直接介入ができなかったため，セラピストは母親や医
者とＣを抱える相談をしたのであるが，自宅に引きこもることは，すなわ

ち母親の子宮の中にいるＣの再演であり，望まれる子として生まれ出るというＣの願望を，セラピストは無意識に取り入れ，生まれてくる赤ん坊の出産準備を整えるべく振る舞ってしまったと言えるのかもしれない。

１カ月後に来談したＣの，「山ってこんな色をしていたんだ」という驚きの言葉は，離人化することによって感情を意識から排泄したモノトーンの世界が，色彩のある生き生きとした世界に変化したことを語っている。さらに解離症状が消失し，それがその後も維持されたことから，カタストロフィックな体験の中でＣの自己感覚の再編成が行われていたとの推論が成立する。

このようにして，面接空間に抱えられる環境が整備された後，ようやくＣはセラピストに愛着や依存感情を向けるようになった。それは解離によって「棺桶に入れられて鍵のかかる部屋に格納」されていたＣの心的苦痛が，投影という心的機能を用いてセラピストと交流できるスタートラインに着いたことを示している。

通常，面接が開始してしばらくするとセラピストに愛着と依存を向け始め，乳幼児的な転移関係が集結してくるが，乳幼児期から迫害的な世界に生きざるを得なかったＣの場合，それまでの対象関係に基づく不信や不安，猜疑心が前面に出ることとなり，「値踏み」と「探り」の段階がしばらく続くことになった。この段階をクリアーして初めて，依存関係がもてるようになり，取り入れを可能にする心的交流が可能となることが示された。

(2) 殺されかけた胎児という内的空想

幼児期から父親に似ていることを責められ，存在を否定され続けたＣは，母親や祖母から投げ込まれた「要らない子」に同一化し，生まれる価値の無い悪しき存在だと自分自身を責め，生まれてきたことへの罪悪感や惨めさを抱えて生きてきたのだった。さらに自分が悪い子だから両親が離婚をしたという，離婚家庭の多くの子どもが抱く空想によって，母親や祖母からの責め苦を，母親を不幸にした自分への懲罰だと感じていたのかもしれない。

Ｃは，彼女の内的な空想の中核にある「望まれない，存在価値の無い子ども」を否認するために，母親が望んだ男の子に同一化し，母親の「特別な」子どもになるべく勉強にも励んだ。それは母親の愛情を得んがためでもあるが，それ以上に自分自身の存在意義の証明と悪い自己の否認を目的とした。

しかし，中学生になった時，「Cを堕ろそうとしていた」と母親から告げられ，「望まれない，存在価値の無い子ども」という内的空想が現実であったと知ることになった。加えて母親が堕胎のために行った行為は，胎児としての自分が殺されかけていることをCに生々しく実感させたのだろう。Cは，「殺されかけた胎児」というCの内的空想を打ち消すために，「生まれたからには意味がある」「特別」な存在だとする，自己愛的万能感によって惨めで悲惨な自分自身を防衛しようとした。

　一方，それまでは自分のせいで母親を孤独にしたという罪悪感から，母親への憎しみや攻撃的感情を否認していたCであったが，「殺されかけた胎児」の自覚により，罪悪感は憎悪や怒りへと反転した。そこに思春期の衝動的欲動の高まりも加わり，Cの内的世界には激しく獰猛な破壊的攻撃欲動が生じていたと推察する。それは後のセッションで「母への憎しみを見ると自分は虎になって人間に戻れないのではないか」と語ったほどに激しいもので，Cは自身の内側に生じた破壊的攻撃衝動を恐れ，その欲動や感覚を自分自身から切り離す‘離人化’によって防衛したと考えられる。しかし，離人化することによって回避していたCの破壊的攻撃欲動は，思春期の欲動の衝迫に押し出され，時にほころびを見せることとなり，それは母親との喧嘩として表出された。自分自身から切り離していた攻撃衝動が露呈したことに嫌悪したCは，攻撃対象を自分自身に向け変え自傷をしたのだった。

　ここには破壊的攻撃衝動をもつ自分自身を罰する意味と，Cに攻撃を向ける母親に，傷ついた自分を見せることで痛みを知らしめる，つまり罰する意図も付与されていた。母親への獰猛な攻撃衝動と同時に生じる激しい自己嫌悪を心に置くことができないCは，その情動を解離によって別の場所——棺桶と鍵のかかる部屋——に隔離したのだった。

　自傷行為は，セラピストへの依存・性愛感情が高まっていた頃，セラピストの都合で面接が休みになった時［セッション3］にも生じた。Cは一番の友人からの電話に出ることができず，友人に独りぼっちの絶望感を味わわせた罪悪感から自傷したことを語ったが，ここにはセラピストとの分離によって生じた孤独と絶望が，友人との関係に投影されていた。Cに孤独と絶望を味わわせた悪い対象であるセラピストに怒りは向かわず，彼女の怒りは罪悪感に変換され，攻撃対象を自分自身に向け変え自傷した。しかし話の後半

は，傷つけた対象に同一化しており，「傷つけた側に傷が見えると良いのに」
との語りは，傷つけた側は罪悪感を感じて自らの傷によって贖うべきとのC
の内的空想が示されている。Cの心に住みついている《殺されかけた胎児》
という根源的内的空想，すなわち《着床すると堕ろされる‐誕生すると責め
られる》は，Cの主観的世界では《怒りを感じると殺される‐怒りを露わに
すると責められる》と体験されていたと考えられる。

　Cは攻撃欲動だけでなく，依存感情をもつことも恐れていた。面接が進展
し内界が露呈すると交代人格を生じさせ，依存感情が生じ始めると面接を隔
週にしてセラピストから距離を取ろうとしたのは，《依存すると切られるか
責められるか》の不安が生起するからであった。また，Cが「相手の機嫌を
損ね，負担になること」を極度に恐れたのは，母親に負担をかけたので堕胎
されそうになったとの内的空想が生じたためであり，それもCが他者に依
存感情を向けることを妨げていた。

　Cにとって，攻撃と依存，愛と憎しみといった感情の表出は，《自分が露
わになると殺すか殺されるか》といった同害報復の関係となることを意味し，
解離や離人化，自傷によってその危険を回避していたと考えられる。Cは愛
することも憎むことも心に置けず，実感のもてないままに生きることとなり，
他者との間に安心と信頼に基づく情緒交流をもてない中，孤独に生きること
になっていたのである。

⑶ 解離・離人化による心的苦痛の隔離と投影による交流
　解離現象とは，「精神が記憶や意識やアイデンティティ等を統合する能力
が一時的に失われた状態」（2002，岡野）であり，離人感は，「外界に対する
疎隔感を抱き，自己，身体の所属感を失ったり，連続的な自己感があやふや
になり，自己と他者の間の境界に障害が見られ，自己の身体の一部が自己の
支配を失って働く異物のような違和感」（2002，小此木）として体験される
状態を示す。

　Freud, S.（1893）は，ヒステリーの心的機制について論じた中で，ヒステ
リーは外傷体験が分裂または解離したものであると述べ，解離を防衛の側面
から捉えている。外傷体験とは，ある経験によって生じた心的苦痛が，その
個人の抱える能力を超えて体験されることであり，その苦痛な体験を自身の

内側に抱えることに耐えられない時，心的機制の使用によって苦痛な自己部分を自身から切り離し，外に置こうとする心の動きが解離を生じさせることになる。

　岡野（2007）は，BPD（ボーダーラインパーソナリティ）は，恥や罪悪感を生むようなファンタジーや願望，対象イメージに晒された時，分裂の機制を用いて心的内容の投影や外在化によって心的苦痛を排泄し，対象を非難し攻撃を加えるが，投影を受けとめる対象に恵まれれば保証や共感を得ることができることを説示した。一方，DID（解離性同一性障害）は，心的苦痛の投影や外在化を抑制するだけでなく，自身の中に溜め込むことを強いられる状況の中で対象からの非難や攻撃に晒された時，その病理を発現させると論じている。すなわち投影による排泄の有無（受け取り手の有無）がBPDとDIDの分かれ目になるとの考えを示した。

　Bion, W.（1962a）は，乳幼児は苦痛を感じている自己の一部を母親が受けとめることを期待して，母親の中に投影し排泄することで内的状況を外在化するが，それを感受しコンテイニングする外的対象である母親によって，苦痛は和らげられ考えることのできるものに変容されるという。しかし母親がこれを許容できないと，乳幼児は過剰な投影同一化によって自己部分を憎悪とともに排泄するとの考えを敷衍している。

　この過剰な投影同一化や外在化によって排泄される情緒や思考をコンテイニングする対象が不在であったならば，不満や不安など心的苦痛の出口が失われることを意味し，精神内界に置くことのできない心的内容物は隔離され，ここに解離が使用される素地が作られることになる。

　幼児期から，依存・愛着対象である母親や祖母から攻撃され，拒否され続けたCの主観的世界では，激しい憎悪と破壊的攻撃衝動が母親達に投げ込まれ，それに同一化した母親達から攻撃される迫害不安が生じていたと考えられる。しかし，この内的空想である迫害不安は，外的に実在する母親達からのさらなる攻撃や報復によって現実化（実在化）されることとなり，Cは内的にも外的にも激しく攻撃してくる対象に囲まれた世界を生きることとなっていた。さらに祖母や母親からの恒常的な非難や攻撃によって，心的苦痛を排泄する出口は塞がれていたのだった。唯一Cに温もりを与えてくれていた祖父との交流が救いであったが，その祖父の叱責は，守ってくれる良い

対象の喪失体験となり，Ｃは迫害者からの攻撃に無防備なまま晒され，惨めさと罪悪感に圧倒された孤独で空虚な世界に置かれることとなった。それは心と身体がバラバラになりながら落ちていく，カタストロフィックな破滅‐解体の恐怖体験であったと思われる。その想像を絶する体験の中，体外離脱という解離による防衛が用いられたのであった。

　解離症状は，セラピストとの関係の中で内界が露呈され始めた時，森の中に女の子を閉じ込め守る「森の番人」という交代人格として登場した。Ｃは祖父との間で体験した良い自己部分や依存的な自己部分を森の中に保存し，良い部分が損なわれないよう「森の番人」に守らせていた。そして彼女の怒りや憎しみの自己部分は，感情をもたないマネキンのもつ棺桶と鍵のかかる部屋に隔離され，Ｃの内的世界から依存と怒りは分裂排除されていた。

　これに続く冬休み中に生じた解離現象では，隔離してきた森の女の子や棺桶や部屋に閉じ込めていた怒りが顕現し，Ｃの中に溜め込まれていた自己部分（依存や怒り，憎しみや罪悪感，破壊的攻撃衝動など）が交代人格によって露わになった。そこには５歳，10歳，17歳など，それぞれの年齢におけるＣの内的世界が再演された。そして解離現象が収束しかかると，「後ろの自分」や頭の中の自分から声がするといった幻聴に転換された。岡野（2007）が，解離性の幻聴は新たな感覚が出現したことを示すと論じたように，筆者もＣの幻聴は，解離によって分裂し隔離され誰とも繋がることのなかったＣの分裂した自己部分が，外界と繋がりを持ち始めたサインだと理解した。交代人格による感情の表出が，セラピストのマネージメントや母親の肯定的な反応に抱えられたことによって，Ｃに解離を使わない交流の可能性を拓かせたのである。

　解離症状消失後，Ｃの心的苦痛は投影と自傷行為によって排泄され，依存感情と怒りに分裂した内的世界が表出されるようになった。投影の受け取り手としてセラピストが機能することにより，相互交流を可能にする面接環境が整ったのである。換言すれば，出口のないＣの心的苦痛は，排泄を受けとめる対象としてのセラピストを獲得し，排泄物を通したコミュニケーションを可能にする土台が形成されたと言えよう。

　さて，ここからは解離や離人化とＣの内的世界にある分裂の関係について見ていきたい。岡野（前出）は解離症状は，「緊急に生じた外的な出来事

に対して自らの状態を変え，それをやり過ごす，いわば動物の擬死のような性質をもつ」と述べているが，Cが祖父に叱られ喋れなくなり，「喋れない自分」とその自分を「見ている自分」に分裂させた体外離脱体験や，曾祖母の死体を「触る自分」と「見ている自分」とに分裂させた自己体験は，心的破綻から自己を守るための防衛（擬死）であったと考えられる。そしてここには，愛情対象喪失の痛みを感じているが誰にも表出できない（喋れない）自己部分と，感情を切り離し心的苦痛を感じない（外から見ている）自己部分に分裂させたCがおり，また身体感覚をともなって実感する（触る自分）Cと，無感覚かつ無感情に単なる視覚情報として外界を体験する（見ている自分）Cに分裂した状況が示されていた。

　［セッション3］で，友人に独りぼっちの絶望感を味わわせたことへの罪悪感から自傷したCの，「傷つけた相手に傷が見えると良いのに」との語りは，一人に置かれ「孤独と絶望を感じている主体としてのC」と，孤独と絶望を感じる主体としてのCに「罪悪感をもつもう一人のC」が存在し，主体としてのCとその外側にいるCの2つに分裂した内的状況を示している。岡野（前出）は解離症状の分裂は，相手の侵入的な行為に対して，それを攻撃し，撃退するのではなく，その考えを取り込み，相手に対してなすすべもなく迎合するのであって，BDPが相手を攻撃するのとは様相を異にすると論じている。この観点からCの言動を捉えると，Cは「孤独と絶望」に陥らせたセラピストを攻撃するのではなく，孤独と絶望を感じさせたセラピストを取り込み，自らが孤独を味わわせたセラピストになって罪悪感をもって自傷したということになる。確かにCにはこの自己部分もあると思われるが，「傷つけた相手に傷が見えると良いのに」という言葉を聞いた時，セラピストには「お前が私に与えた心の傷を見ろ」と責められたように感じられた。母親との喧嘩の後に自傷するCの行動化も，自己嫌悪の自己部分と，母親に傷を見せつける攻撃的部分の現れと思われ，BDPの要素も包摂されていると言えそうである。

　Cは，［セッション2］以降は，解離症状を発現することはなく，［セッション3］において自傷をした後は，自傷をすることもなくなり，直接セラピストとの間に依存感情と攻撃感情が持ちこまれるようになった。これはCの心的機制が解離から行動化へ，そして投影へと変化してきたことを示して

いる。

　Klein, M.（1937）は，「愛と憎しみを分裂することもまた，現実的にも心の中でも，愛する人物をより安全に保存するというこの目的に適っている」と述べるとともに，愛に満ちた理想化された乳房の側面が，際限ない満足と迫害不安から保護する手段となることを示した。Ｃは，愛と憎しみを分裂させたが，悪い対象への防衛として魔術的で万能な理想化対象を創り出すのではなく，憎しみによって作動する破壊的攻撃欲動を解離によって隔離するか，攻撃を自分に向け変え自傷することによって，「愛する人物をより安全に保存する」ことをしていたのだった。そしてそれは，母親やセラピストを攻撃する悪い対象にＣ自身がなることを回避しただけでなく，愛する対象を破壊してしまい，Ｃ自身が孤独や絶望に陥ることから救うことにも貢献したのだった。それはＣの主観的世界に，理想化できるほどの良い対象との良い体験が少なく，また理想化では守り切れないほどに，Ｃの破壊的攻撃衝動が激しく獰猛なものだと感じていたことによるのかもしれない。

3. 結　語

　解離は激しい情動から自分を守る防衛でもあり治療への抵抗でもあるが，同時にそのままの自分では表現できない感情を表出する手段ともなりうる。解離が選択されるのは，クライエントが心に置くことができないほどの心的苦痛を抱え，さらに苦痛の投影をコンテイニングする対象に恵まれないだけでなく，拒絶され，非難攻撃されるなどして苦痛の出口が塞がれている時である。セラピストとの間に安心と信頼が形成され，心的苦痛のコンテイナーとしてセラピストが機能することができたならば，クライエントは投影を用いて自身の苦痛な心的内容物をセラピストに放散・排泄することが可能となる。そしてその排泄物を通したコミュニケーションによって，隔離されていた情動は嵐となって面接空間に蘇ることになるのである。

第6章　分離不安の打ち消し・置き換えとしての「食」と「性」

本章では，母親からの分離によってもたらされる情動を防衛するために，過食や下剤の使用，性的問題行動を繰り返した青年期女性の事例を提示し，これらの症状や問題行動の基底にあって無意識からクライエントを動かしていたと思われる内的対象関係や自己イメージ，空想について取りあげ考察を加える。

1. 臨床素材

［事例の概要］

クライエントＤは，考えがまとまらないことを主訴として来談した可愛いらしく人当たりの良い，20代前半の女子大学生であった。Ｄは「気分が沈むのでうつ病ではないか，うつ病になりたい」と言いつつ，「病気になった母や友人が憎いし羨ましい」「病気になりたいのも逃げ，うつ病になればそのせいにできる」「母は愛情深いが自分を離してくれない気がしていた。1人の人間になりたい」等々持参したノートを見ながら溢れ出すように話した。

Ｄの父親は誕生前に両親が離婚したため祖父母に育てられており，Ｄの母親も思春期に父親と死別している。母親は，幼稚園児のＤが空腹を訴えたり車酔いで吐いても叱る厳しい人だったが，Ｄが反抗したことは一度もなかった。Ｄは14歳頃から，家族との食事後一人自室で食べ直し，過食していたが，そのことを知った母親から意地汚いと叱られ食物を隠されたのだった。高校時代，初めて付き合ったボーイフレンドとは母親の反対で別れている。地元の短大に合格するが，大学に行くことを望んだ母親の意向を汲んで再受験し，親元から離れた大学に入学した。

［面接過程］

第1期（#1〜#12）

面接開始当初，Dは実感を伴わない話し方で環境保護など，自分自身から遠い話を機関銃のように次々繰り出し，内面を語ることを避けているようだった。セラピスト（筆者）がDの感情に焦点づける介入をすると，一方的な会話は収まり戸惑った様子になった。そして何でも生い立ちのせいにする父親のことを「哀しいなと思ってから，生きるって何かと考えだした」としんみりと語った。しかし次のセッションから来談への「しんどさ」を訴えるようになった。母親に叩かれ水をかけられたエピソードや，母親の無神経さについて話して泣き，感情を表出すると次の回には「意味がない」と前回の話を打ち消し，情動が動くことを回避しようとするDがいた。

面接に来ることを「利用している気がする」と訴えるので，セラピストが頼るようで嫌なのだろうかと問うと，「そんなに殊勝ではない。自分を見て欲しくてオーバーに言い，すぐに甘える」と語った。セラピストが甘えたい気持ちとその不安に共感すると，次の回には，好きだったラジオ番組が急に打ち切られ寂しかった話をして，「何時までも変わらない確かなものが欲しい」と，愛着をもったものを喪失する不安を語った。セラピストとテンポが違うことを理由に，面接を辞めようと思っていたと言うDに，テンポの違いについて一緒に考えることを提案すると，今まではこのような状況になると逃げていたが，面接を今までできなかったことの『練習の場』にしようと思うと語った。こうして心の問題と向き合うための初期設定が終了したと，この時のセラピストは考えていたが，この頃から過食と下剤の使用が始まっていたことが，面接開始7カ月目に語られたのだった。

第2期（#13〜#48）

面接開始3カ月頃，セラピストの都合で面接開始時間が10分遅れた時，Dは父親の生育歴が可哀想だと泣いたが，次のセッションで，前回泣いたのは面接の開始が遅れたからだと訴え，「やっぱりここに来るのは甘え」「自分は強い人へは従順，弱いものへは傲慢」だと語った。セラピストが，本当はセラピストに文句を言いたいがここではお母さんに対するのと同様，従順にしなければと思うDがいるのだろうと伝えると，Dは即座に同意した。

そしてDは14歳頃から家族との食事が美味しくないと感じ，皆と食事を

した後夜中にもう一度食べ直し，過食していたことを語った。Dにはそれが本当の食事だと感じられたが，母親からは「意地汚い」と食物を隠された。そしてDは今も，人との食事後に一人で食べ直しているのだった。また，Dは小さい頃から母親のいないところで妹の髪の毛を切るなど悪いことばかりしていたことを話した。

　母親の入院のために帰省したDは，母の言うことにビクビクして嘘ばかりついてしまうが，一方で母に沿おうとする自分もいて母を手放せない，どうしたら「個」になれるかと語った。この頃Dが見た夢の報告があった。

　　〔夢〕鳥の剥製のフライを男1人，女3人で批評する。決まらないので地下の
　　　　中華料理店に持っていく。店員を呼ぶために「虎」「あ」と何度も大声を
　　　　出す。声を出しても疲れなかったが，ボーイが来たときは救われた気が
　　　　した。2人で地下室の奥に入るが明るい感じがした。どんどん歩くと野原
　　　　に出る。大地の上には家がある。そこでは昔何か事故があったと人に聞
　　　　いたのに良い気分だった。

　Dにとっての食物は，批評するものであり空腹を満たすものではないことを伝えていた。また，意図することを直接言わず，察してほしいDがいるようだった。地下室への移動はこれからの面接のプロセスを示していると思われた。

　面接開始7カ月が過ぎた頃，「カフカの変身を読んで虫になりたかった，マゾヒズムの傾向がある」というDに，セラピストが虫というのは自分の醜い部分とかかわるのだろうかと問うたが，Dはそれには応えなかった。

　セラピストの都合で面接が休みになると，再度「利用している」という訴えが復活した。セラピストの休みと関連づけた介入に，Dは「怒るよりすり替える感じ」と言い，寂しさや怒りの感情を相手にぶつける代わりに「利用している」と置き換えることが共有された。

　Dは手作りの弁当を皆と一緒に食べるようになったことや，他者に初めて「NO」と言えたエピソードを報告し，良い子の自分を見せる一方で，幼児が母親の承認を求めるようにやや甘えた口調で，自分の考えや感じたことを話してセラピストに同意を求め，依存を示すようになった。そして「4月頃のしんどい話を言わなきゃいけないんですけど……」と語った。

第3期 (#49〜#92)

面接開始1年が経過していた。「今日は花を持ってきたかったんです」と小さなベゴニアの鉢を持って来談したＤは，自分の話でセラピストの体調が悪くなると困ると前置きをしながら軽い口調で，Ｄのこれまでの男性関係について話した。1人はたまたま電話をかけてきた，あだ名しか知らないホストをしている男性で，2〜3カ月に1度セックスをするだけの関係であった。2人目は3カ月前まで付き合っていた街で声をかけてきた男性。今の彼ＸはＤから誘った友達の兄だという。セラピストがどんな気持ちで付き合っていたのかを聞くと，「セックスへの興味と親への当てつけ」とこともなげに答えた。セラピストはその話を聞いている間はＤの躁的な語り口にのって軽い調子で受け取ってしまっていたが，面接が終わった後で，徐々に気分が重苦しくなり，虚しいような，悲しいような，やるせない気持ちになっている自分に気づいた。これらは躁的防衛の背後にあったＤの感情であり，セラピストに投げ込まれたものであることを理解した。よく見るとベゴニアの茎や葉の裏にはアブラムシがびっしりと張り付いており，花は萎れかけていた。「セックスへの興味と親への当てつけ」という言葉と，このベゴニアの対比は，セラピストには痛々しく切なく感じられた。

次のセッションにやってきたＤは，前回の話題には全く触れようとせず，母親に持たされた質素な弁当や継ぎ当ての靴下が恥ずかしかったと涙ながらに話し，「母がわかってくれない！　言っても駄目！　言えない！」と訴えた。この怒りは，Ｄの躁的防衛の裏側にある虚しさを受け取り損ねたセラピストへの怒りだと受け取った。Ｄはさらに話を続けた。面接開始3カ月目から面接開始7カ月頃までの間，過食をしながら下剤を飲んでいたことを語った。セラピストが，Ｄの心の中には食べずにいられないような虚しさというか，穴の空いたような感じがあるのだろうと，前回投げ込まれた感情と過食の話を重ねて伝えるとＤは黙って頷いた。

この頃からＤは母親に対する憎しみや否定的感情を隠すことなく表現するようになった。「大事なぬいぐるみを燃やすように言われ，嫌だと言えなかった！　母を憎む！」「型にはめられ，ペットのように扱われてきた！」と全身を打ち振るわせて号泣する一方で，「彼が自分の外にいる感じで寂しい，一体になりたい」としんみりと語った。母親を攻撃することで母親との

分離が意識されると孤独を感じて一体感を希求し，異性で穴埋めをしようとするＤがいた。

面接開始１年８カ月。冬休みに帰省したＤは，親とわかり合えず投げやりになり，別れたホストと性関係を持っていたことが後日明かされた。セックスは「母への当てつけ」だと当然のことのように言うＤに，セラピストが，母親を攻撃するつもりでＤ自身が傷ついたのだろうと伝えると，「感じないようにしてきた。やるせなさはあったが，押しつけられた訳じゃない」ときっぱりと答えた。次のセッションでは，映画『ミスター・グッドバーを探して』の主人公も一人で夜の時間をやり過ごせないと語り，ホストとの関係は「体は別物で，性欲を満たすため。傷ついたとも感じなかった」「主人公も体が自分のものじゃない。本当の自分というのがない」と語った。そして自分の手をじっと見て「自分の手という感じがしない」と言った後で，「重たいが右にあって寂しいが左にある。風が吹いている感じ。原因がわからない寂しさ」と静かに語り，これまで防衛してきた虚しさ（抑鬱感情）を心の中に感じているＤがいるようだった。次の夢が語られた。

　　{夢} 男の人と２人で海に潜り，魚や海老を捕る。食べようとすると冷凍を戻したみたいだったので，代わりにハンバーガーを買って食べる。

夢には男性と海に潜る（セックス）ことが実りあるものでないことや，代理物に置き換えて欲求を満足させるＤの心的傾向が表現されていた。

一方Ｄは，今の彼Ｘとの関わりの中で，思いを口にすることは相手に要求することだと考えていたことや，怒られることは嫌われることだと受け取っていたことに気づくなど，セックスだけでない交流をもつようになっていた。

小さい頃の母親との記憶が蘇り，「母の期待したことと自分のしたいことが違ったが，NO と言えなかった。関係のあり方が悪かったのか……」と静かに泣き続けた。母親との関係を語る語り口もしんみりした口調に変化した。
この頃Ｄは次の夢を語った。

　　{夢} 母と妹のいる家から引っ越している。母の使っていた圧力鍋は蒸気の出

口がハンダ付けされていたので置いていった。

　Dの無意識の世界では母親との分離が進展していることが示されていた。
　第4期（#92～#105）
　以前よりは母親との距離は取れたが，実家に帰ると母親のペースに呑まれ
そうなので，もう少し自分が固まるまで母親に会わないでおこうと考えたD
が，正月に帰省しないことを伝えると，母親は即座に「そう，仕方ないね」
と応えたと言う。Dは「母とはテンポが違う」「帰っておいでと言ってくれ
たら安心して離れられたのに」とはらはらと泣いた。母親のそっけない返答
を，Dは母親から見捨てられたと体験したのだった。Dの幼児期の再接近
期（Mahler, M. S.）がどのようなものであったかわからないが，この状況は
その再演のように思われた。
　妹の大学が推薦で決まったのでお金を使わなくて良かったと言う母親の
言葉を，Dは再受験した自分への当てつけだと感じて，「お金を返せと言う
こと？」と問うと，母親は否定して親子や家族の繋がりについて話し，D
はそれを嬉しく感じたのだった。ここでセラピストはDの分離の問題に介
入することにした。「お金を返せというの？」というのは「個の関係だとい
うの？」と言うことだが，違うと言われて嬉しいと感じたDがいた。そし
て「家に帰らない」つまり「私は個でいます」に対して，母親が「そう」と
個であることを認めると不安になったDがいたことを伝えると，Dは「今，
それに向き合うのが辛い……自分が離れられなかったことになる」と泣き崩
れた。
　次のセッションにやってきたDは「原因を考えても意味がない」と，前
回の話を打ち消そうとした。セラピストが黙っていると，「逃げかな，向き
合うのがしんどいから」と言った後でしばらく沈黙し，面接に来ていたのは
自分のせいだと気づくためかもしれないと静かに語った。その後のセッショ
ンでは，親のせいにしていた過食も「自分の身体だから太っても自分の責
任」と思って食べていると話し，「今までは別のものが太るような気がして
いた」と語った。
　この時点でDの就職が決まり，私たちの面接はDが大学を卒業する3月
までになることが確認された。

冬休み明けに来談したDは，帰省した時母が細かく世話を焼き，気がつくと食べ物を口までもってきていたことを楽しそうに話した。しかし，この1年の間に「NO」と言えるようになったことなど，自分自身の変化について母親に話すと，母親は育て方を批判していると受け取り口論になったという。母親に自分の成長を認めてもらえなかったDは，どうでもいい気持ちになり，偶然知り合った男子大学生Wの下宿について行ったのだった。そこで風邪を引いて寝込んだDを，Wが当たり前のように看病してくれたことを泣きながら話した。Wに「セックスしたいならいくらでもすれば」と言うと，彼がショックをうけて泣いたことを語った。Dはこの話をする中で，自分がセックスに関して自虐的で，自分を貶めるところがあることに気づき，小学4年の時，泊まりに来ていた従兄弟に性的イタズラをされたことを想起した。「同じ家にいながら母親に守られなかった」と号泣し，自分は汚れているので結婚はできないと思っていたことを語った。

　次のセッションでは，「動くのをやめたら前みたいになりそう」と，躁的に動き回ることで心的苦痛を防衛しようとしていたDに，セラピストが前の話をずっと抱えていたことを伝えると，「見たくない，自分でも忘れていたこと！」と1度は否認したが，前回のセッションの後Wの下宿に行き，そこで性的外傷体験のフラッシュバックが起きたことが語られた。急に彼が怖くなり身体がガタガタ震え，身を固くして彼を見ないように目を塞いでいたが，その間Wはそっとしてくれて，長い時間をかけてゆっくり話を聞いてくれたと言う。何かで笑ってから，Wを人間として見られるようになったことを話した。

　この次のセッションに，Dは自己イメージの変化を示すように，バラとかすみ草の小さな花束をもって来談した。セラピストが，Dが前にもってきた虫食いの花について触れ，毎日虫を拭っていたが枯れてしまったことを伝えると，Dはしばらく沈黙し，「人の思いが嬉しい，繋がりも」と語り，「一人で立って自分を大事にするには，先生が虫を拭ったように自分で自分に手をかけてやることなのかな」としみじみと語った。

　最終回の面接でDは，「あー自分なんだという感じで，身体が自分のものになってきた気がする」と言い，食べ物が美味しく思えるし，自分に美味しいものを食べさせたいと思えるようになったと話した。自分の欲しいものや

大事なものは,「人を信じることと繋がっていくこと。身体で埋められるものではないということがよくわかった」と語り終結となった。

2. 考　察

⑴ 初期段階に生じた転移──依存と怒りの打ち消しと置き換え

　Dは上手くいかないことを生い立ちのせいにする父親を哀しいと感じて,自分自身について考え始めたと来談動機を語る一方で,自身の不全感をうつ病のせいにして,父親同様自分と向き合うことから逃げたい気持ちも有していた。さらに過去を想起して情緒が動いたり,母親への不満や批判を口にすると,「意味がない」と心の動きを打ち消した。セラピストには空腹や嘔吐を叱る母親が転移され,攻撃感情の表出はセラピストの叱責を買うとの恐れから,その感情を防衛したのだった。

　その頃語られた「利用している」との発言を,当時のセラピストは十分に理解していなかった。しかし「すぐ甘える」というDに共感的に関わると,好きだったラジオ番組が打ち切られたとの連想が語られたことから,依存を希求しながらも喪失することを恐れて,依存感情を否認するDがいることが窺えた。

　面接開始3カ月,セラピストの都合で面接開始が遅れた時,Dは涙を見せ再度「利用している」が発現した。そこには分離によって寂しさを感じたDと,セラピストの都合で自分の時間が奪われることへの怒りを感じたDがいるようだったが,この時もまだDとの間にこの理解を持ちこむことができなかった。

　面接開始7カ月頃,セラピストの休みへの反応として再度「利用している」が復活した時,セラピストはようやく上述した依存や攻撃感情と分離不安を結びつけた介入をすることができた。この介入によってDは,分離がもたらす寂しさや怒りを,「利用している」と置き換えていたことを認識することができたのだった。

　しかし,今から考えると「利用している」が意味することは,依存と攻撃感情以外にも,次のようなDの主観的思いが持ちこまれていたと思われる。依存と怒りの両方の感情を自分の中に置けないDは,面接を手段として「利用する」立場に自分を置くことで,セラピストへの依存を打ち消し,利用す

る悪い自分であるという懲罰的な状況に自分を置き換えたと考えられる。そして自己懲罰的な発言をすることによってDは，セラピストから責められることを回避しようとしたのである。Dはセラピストから責められる前に，また依存関係が成立する前にテンポの違いを理由に面接場面から逃避しようとしたが，セラピストのテンポの違いを一緒に考えていく提案をあっさり受け入れ，面接空間を「練習の場」にすることを自ら定めた。こうしてDは，面接空間の中でセラピストと共に自分自身について考えることを始め，セラピストは面接の初期設定が完了し，面接が展開していると思っていた。しかし，Dはその頃から秘密裏に過食と下剤を使用し，その行動化は，Dの性行動が語られた面接開始1年目までセラピストには隠蔽されていた。セラピストに秘密裏に行われた過食と下剤の行動化は，幼児期のDが母親に過剰に迎合する良い子を演じる一方，裏で妹を虐める悪い子の再演であった。セラピスト（母親）には良い自己部分を見せながら，隠蔽された裏側に悪い自己部分（過食と下剤）を排泄するように，Dは2つに分裂した自己部分を生きていたのだった。

　しかし面接開始1年が過ぎ，セラピストへの依存感情を表出し始めた頃，今まで隠蔽していたDの悪い自己部分をセラピストに語れたことは，悪い自己を表出しても責められない信頼関係が，セラピストとの間に成立したことを示している。依存や怒りの感情を持つことや分離への不安が，セラピストによってある程度コンテインされ，Dの迫害不安と抑うつ不安が幾分緩和されたことによって，ようやく2つに分裂していたDの自己と対象が統合へと向かう動きを示したのである。

⑵ 分離によって派生した迫害的罪悪感と懲罰的行為

　幼児期から「お腹がすいた」と空腹を訴えて叱られ，車酔いで「吐いて」叱られるという「食」にまつわる体験とそれによって生じた内的空想が，Dの対象関係の原型として存在していた。Dの苦しみを理解しようとせず，過度に超自我的で子どもを抑制し叱責する現実の母親との関わりは，Dを欲求不満状態に陥らせ，彼女の内的世界は怒りと悲しみで充ち満ちることになったと想像される。心に置けない怒りや悲しみといった心的苦痛は母親に投影され，それに同一化した母親から迫害される不安は，Dの心に極度に怖い母

親対象（超自我対象）を現出させたと考えられる。それは面接の中で親への不満や批判をするとすぐにそれを打ち消し，怖い母親が投影されたセラピストから叱責されることを恐れる様子や，妹の受験にお金を使わなくて良かったとの母親の言葉に，「お金を返せと言うこと？」と過剰に反応するDの姿にも顕れていた。

　このような厳しい内的母親対象から責められる体験の反復は，Dの心に自分が「悪い子・駄目な子」なのだと自責する心的状況をもたらし，Dは母親から押しつけられた悪い自分という罪悪感（迫害的罪悪感）を抱えることになったと考えられる。迫害的罪悪感とは，そもそも Klein, M.（1948，1960）が妄想 - 分裂ポジションにおいて生じる悲哀感情をもたない早期の罪悪感について言及したものであり，のちに Grinberg, L.（1992）が迫害的な罪悪感と呼んでいるものを指す。ちなみに，抑うつポジションにおける悲哀や申し訳なさをともなった抑うつ的な罪悪感が，一般的に罪悪感と呼ばれているものである。松木（1997）は，迫害的罪悪感は，自己が罪悪感情を包むコンテイナーとして発達する段階に達していない時に起こりやすく，自己が未熟であるがゆえに，罪悪感情はひどく懲罰的で破壊的なものと自己に体験されることを示した。Dの心に生じた悲哀感情をもたない罪悪感は，幼児的依存感情が未処理であるがゆえに派生した迫害的罪悪感であり，妄想 - 分裂ポジションから抑うつポジションへと移行する途上で，抑うつ的な心の痛みや抑うつ不安に持ち堪えられない心的状態を示していると筆者は理解した。

　幼児期から母親の過度な超自我的叱責に晒された心的状況が，この強いられた悪い自己という迫害的罪悪感をもたらす中，それがDの内的世界やパーソナリティ形成に大きく影響を及ぼしたことは疑う余地がない。それゆえDは，母親からの理不尽な叱責や要求にも抗うことなく，その意向全てに従っていたのだった。加えて，「怒られることは嫌われること」だと認識していたように，母親に嫌われ愛情を失うことを恐れ，愛情・依存対象を失わないために，母親の前では服従的かつ依存的に振る舞う必要もあった。しかしその一方，自身を「悪い子」だと思うことは苦痛であり，押し込まれた罪悪感は異物でもあるため，Dはその心的苦痛を防衛するために，悪い自己を母親から見えない裏側で排泄したのだった。また，好きだったラジオ番組が終わった寂しさを甘えの感情と共に語ったように，依存対象が失われると孤独

第6章　分離不安の打ち消し・置き換えとしての「食」と「性」　113

になるため，その心的苦痛を回避するために攻撃衝動を母親から隠蔽する必要もあった。すなわちDは自分が悪い子だという罪悪感に加え，母親に攻撃を向けることによって依存対象を喪失することを恐れ，表では「良い子」のDとして母親に同一化しているかのように振る舞い，その裏で攻撃感情を排泄する分裂した自己のまま，幼児期から児童期を過ごしていたと考えられる。

　さて，このような内的対象関係を生きていたDが14歳になった時，家族との食事をとった後に「本当の食事」を一人で食べ直す行為（過食）を始めたのであるが，それは何を意味していたのだろうか。14歳という年齢はDが思春期に達したことを示している。思春期の訪れは急激な身体的変化と欲動の高まりをもたらし，それにともない第2の分離 - 個体化（Blos, P., 1962）——再接近期——を作動させる。そして両親との依存と独立の葛藤は抜き差しならないものとなり，さらに固有のアイデンティティの模索と確立が課題として浮かび上がってくる。松木（2006）は，乳幼児期の母子の心理的分離が未達成なまま思春期を迎えた摂食障害女性の症例から，乳幼児期に起源をもつ一人の人間としての自信のなさ，頼りなさ，孤独感，無力感や絶望感を体験し，自分を信頼し安心する良い自己部分が自身の中にないことを知覚し動揺する心的状況について描写した。Dの場合も，思春期の欲動の高まりに加え，幼児期の母子分離の未達成が上述したような不安や不全感を自覚させ，その防衛として食べ直し（過食）の行為が選択されたのだと推定する。

　そして，Dの過食には2つの意味があると筆者は考える。1つ目は，Dが固有のアイデンティティを模索し始めたとの視点である。母親に隷属し与えられるもの全てを丸呑みするように取り入れていたDにとって，食べ直しの行為は初めての自己主張を意味する。なおかつ母親が与えるものへの不満の表明であり，今まで隠蔽していた母親への攻撃感情を発現する行為であると言えよう。「鳥の剝製のフライ」の夢が示すように，母親の作った料理はとても食べられたものではなく，それより自分の作った物の方がよほど美味しく満足を得られることを，食べ直しによって暗に示したのだった。

　2つ目は，Dの対象関係やパーソナリティに影響を与えたと考えられる迫害的罪悪感からの視点である。一般に思春期が反抗期であると捉えられるよ

うに，子どもたちは親を拒絶し親に異を唱えることで親との間に境界線を設定し，脆弱な自己を守りながら親から分離して，親とは異なるオリジナルな自己を確立していくという1つのモデルがある。けれどもDの食べ直しの過食行為は，一方では母親の食事（すなわち母親）を拒絶することなく摂取し，その後自分で自身のニードを満たす行為である。Dが母親の食事が不味いと主張し拒否するなど，直接母親に攻撃感情や衝動を向けることができないのはなぜかと考えた時，罪悪感の問題を想定することによって，この行為の意味を明らかにすることができると筆者は考える。母親の叱責によって押しつけられた，悪い子の自分という罪悪感ゆえに直接母親を攻撃できないDは，食べ直し（過食）の行為によって間接的な攻撃に置き換え，母親の食事が不味いことやそれでは自分が満たされないことを表したのだった。これまでDの攻撃感情は母親の目の届かない裏側で排泄されていたが，思春期の欲動の高まりは，母親の見えるところでの攻撃感情の表出へと駆り立てたのだった。この食べ直しの行為は，今まで表での従順と裏での攻撃という分裂状態にあったDの自己に，統合への動きが布置されたことを示している。しかし，Dのこの無意識的試みは幼児期同様「意地汚い」と母親の叱責を買い，意地汚い惨めな自分という自責と罪悪感が再びDの心に押し込まれたのだった。こうして主体的自己確立の試みは打ち砕かれ，母親に従う従順さに戻ったDは，初めてできたボーイフレンドとも別れ，母親の望みを叶えるために大学も再受験したのだった。Dが母親の要求に全面的に従ったのは，食べ直しをした悪い自己への懲罰からでもあった。こうして母親に従順な表の良い自己部分と裏の悪い自己部分の分裂状態は維持されていたが，大学生になった時，母親への当てつけの性行為として悪い自己部分を裏側で排泄したのだった。（これについては後述する）

(3)「食」からみた内的世界

さてここで視点を変えて，面接過程において変遷した食物と母親の関係について見ていく。赤ん坊への授乳が単なる栄養の摂取だけではなく，母親の温もりや柔らかさ，自分を包み込む空気などを含む行為であるように，食べる行為には関係性が大きく作用する。さらに自分の心に何を取り入れるかといった心理的なテーマとも関わる。

第6章　分離不安の打ち消し・置き換えとしての「食」と「性」　115

　Ｄが夢で語った食物は，剝製のフライやハンバーガーという，食せない代物か空腹は満たすが簡便でとても豊かとは言えないものであった。これは母親が与えるものは生理的な欲求を満たしても情緒的な豊かさや安心を与えるものではなかったことを示している。「利用する」との発言が怒りと依存感情の両方を意味することがセラピストとの間に共有され，セラピストへの依存感情が表出されるようになった頃，人と食事をしても食べ直していたＤが，自らお弁当を作り友人と一緒に食事をすることができるようになった。また，罪悪感の置き換えとして裏側でやっていた行動化（当てつけの性行為・過食・下剤の使用）について語り，具体物を吐き出すように母親への攻撃感情を噴出させたのは，セラピストとの間に依存感情に基づく安心と信頼が形成されたことや，Ｄの罪悪感が幾分緩和され，分裂していた自己部分が１つの自己として機能し始めたことを示している。

　そしてＤは「母親の使っていた蒸気の出口のない圧力鍋を置いていく」夢を見た。蒸気の出口の無い鍋とは罪悪感によって蓋をされたＤの内的世界を表しており，母親の鍋を置いていくことは母親との分離が進展していることを示していた。現実の世界においても，Ｄは正月に帰省しないことを告げて母親からの分離を試みた。結果的には帰省することになったが，そこで細かく世話を焼き「食べ物を口までもってくる母親」の存在に気づいたのだった。「食物を口に運ぶ母親」と「運ばれる自分」の知覚は，自他が分化したことを示している。この母親からの分離体験は，幼児扱いする母親や，離れようとする自分に近づいて来る母親を発見させ，罪悪感によって過剰な超自我対象となっていた怖い母親が，自分の世話をやく良い母親でもあったことをＤの心が見出すことにも寄与した。一方そのことを嬉しそうに話すＤの姿からは，まだ母親に依存したい気持ちがあることも窺えた。

　罪悪感から母親の不味い食事に文句を言うことも拒否もできず，もっと美味しいものを食べたいと甘えることもできなかったＤにとって，食べることは義務であり生理的欲求を満たすだけのものであったが，終結時には，「食べ物が美味しく思えるし，自分に美味しいものを食べさせたいと思えるようになった」と語れるまでに変化した。攻撃や依存感情をもつことに罪悪感を強め，その悪い自己部分を対象から見えないところに排泄していたＤであったが，面接の進展とともにその両方の感情を自分のものとすることが

可能となり，情緒的にも身体的にも自分自身を満たす食物を取り入れながら，主体的自己の確立を達成していったのだと言えよう。

⑷「性」に置き換えられた分離の困難さ

Dは母親が望んだ大学に通う良い子をやる一方で，ホストや行きずりの男性との性行動を行っていた。この行為にはDのどのような主観的思いがあったのだろうか。Dはその関係を「やるせなさはあったが，押しつけられたわけじゃない」「身体は別もので，性欲を満たすため」だと主張した。「母親への当てつけ」というこの性行動は，あきらかに母親への攻撃を表わしていた。セラピストの，母親を攻撃するつもりでD自身が傷ついたのだろうとの介入に，一人で夜を過ごせない孤独と，自分の身体を自分のものと実感できないことを語った。「自分のものと実感できない身体」で行う性行為や，「自分の身体が太る気がしない」過食は，Dの主観的世界では母親の身体を用いるセックスであり過食を意味し，身体内部から母親を貶め脱価値化する行為であったと考えられる。

「母親に押しつけられたわけじゃない」とのDの語りは，押しつけられた罪悪感から悪い子（セックス）をしたのではなく，主体的に悪い子を選択したのだとの主張であり，食べ直し（過食）の行為と同様に，母親とは異なる自己確立を模索する側面も有していた。今のDと食べ直し（過食）をした14歳のDとの違いは，性行為を母親への当てつけだと自覚しており，明らかに攻撃的意図をもっていたことにある。

Dをこの性行為へと駆り立てた一番の要因は，⑶『「食」からみた内的世界』（114ページ）でも論じたように，Dの対象関係やパーソナリティを動かしている意識化されていない罪悪感にあると筆者は考えている。母親が最も嫌悪する行きずりの男性とのマゾキスティックな性行為は，食べ直しの行為と同様に，押しつけられた罪悪感の置き換えとして行われたのである。

一方，下宿生活による母親からの物理的な分離は，Dの心に分離不安と依存感情，寂しさや孤独をもたらした。意識的には孤独をやり過ごす目的とセックスへの興味をもって行った性行為であったが，同時にそれは依存対象である母親を裏切ることであり，さらにDの罪悪感を強めた。また，Dがホストや行きずりの男性を選択したのは，性欲や攻撃感情をもつ自分への懲罰

としての意味も有していたと考えられる。ここには母親に依存しながら攻撃を加え，その一方で自分に罰を与えるＤがいる。それはセラピストへの依存を希求しながら，「利用している」と甘える自分を罰する発言をするＤであり，母親に依存しつつ食べ直しをすることで不味い食事を出す母親を攻撃するＤでもある。強い依存感情を持ちながら裏で対象を攻撃し，そうすると意地汚い惨めな悪い子になってしまうため，懲罰的に自分を罰することの反復がここに示されていた。

　対象に依存しながらも，攻撃欲動が生じるとＤの心に罪悪感が生まれ，罪悪感ゆえに対象に迎合的になり，攻撃的な悪い自己を対象から見えない裏側で排泄する。しかしそれがさらに罪悪感を喚起するため懲罰的な行動化が用いられていた。Ｄは依存欲求，攻撃欲動，罪悪感を心に置くことができなかったのである。乳幼児発達でも，また思春期の分離‐個体化においても，子どもが母親から分離していく時，甘えと独立の葛藤の中，依存しながら攻撃することは一般的に体験されることであるが，Ｄの場合自分が悪い存在（母親から強いられた罪悪感）だとの意識が，依存と攻撃の葛藤として体験することを許さず，表で扱えない情動を裏で行為として置き換え，排泄による心的防衛が行われていたのだった。

　加えて，前思春期に生じた性的外傷体験によって，迫害的罪悪感はさらに強化されたのだと言えよう。「自分は汚れているので結婚できない」と語ったように，身体的にも「汚れた子」になったことで母親を傷つけ不幸にしたとの思いから，母親に怒りを感じてもその表出を抑制したのかもしれない。さらに性的外傷体験は，「同じ家にいながら母親に守られなかった」との怒りにもなるため，母親に依存感情を向けることもできなかったのだろう。この性的外傷体験がＤの内的世界をより複雑にし，母親からの分離や女性としての身体の受け入れを妨げる要因になっていたと考えられる。

⑸　母親の身体からの分離がもたらす内的体験——身体が自分のものになること

　さてここからは，「身体が自分のものと感じられない」というＤの，身体感覚を内包した主体的自己の不全とその形成過程について見ていくことにする。

Winnicott, D. W.（1964）（以下，Winnicott）は，現実を感じ取るためには，「私は……である」という主張と「私はなんであるのか」という疑問を持つことが必要であり，精神が身体に住み着いた「私」の生成には，母親に備わった身体的・生理的なものに基づく情緒的な関わりが不可欠であると述べている。

空腹や吐き気といった身体的・生理的欲求を受け止めてもらえず，「私」を主張することをやめて母親に迎合的に同一化したＤは，「私である」という中核的自己を育て損なっていた。また「母親に呑み込まれる」「自分の身体が太る気がしない」という語りや，母親への当てつけの性行為が示すように，Ｄと母親の関係は，精神的にも身体的にも自他未分化なものになっていた。

［セッション2］において，身体の奥から声を絞り出し，泣きながら母親への怒りを表出する様子は，Ｄがこれまで無批判に取り入れ呑み込んだ内的母親対象を，身体内部から具象的に排泄するかのようであった。母親転移が生じていたセラピストの前で激しい攻撃感情を表出した後，「自分の手という感じがしない」と自身の身体感覚の無さを自覚するとともに，寂しさをも実感したのだった。Winnicott（前出）が「攻撃的行為は青年にとって，精神と身体を結びつけるのに価値がある」と述べたように，母親への攻撃感情を実感し自身の心に置けるようになったことが，Ｄに感情と身体の繋がりを取り戻させることに寄与したのだと言えよう。そしてそれは母親との分離を進展させ，母親の身体との分化は罪悪感を緩めることとなり，母親を傷つけたと感じていたためにこれまで無意識に留め置かれていた性的外傷体験を語ることを可能にしたのだった。

Ｄに性的外傷を与えた男性像（悪い対象）は，Ｄの痛みをコンテインメントするＷという男性（良い対象）によって修復され，性的外傷体験がセラピストとＷにコンテインメントされたことによって，Ｄは身体を内包した自分自身を良いものとして捉え直すことができたのだった。

「虫食いの花」に象徴される「汚れてしまった価値のない自分」が，「バラとかすみ草の小さな花束」に変化したことは，対象像だけでなく，Ｄの女性性や自己像が良いものへと変化したことを表している。最後の面接でＤは，「あー自分なんだという感じで，身体が自分のものになってきた気がする」

と語ったが，これは Winnicott（前出）が「精神が身体に住み着く」と表現した，「私がある」と体験できる存在になったことを示しており，罪悪感から解放され，母親からの分離が達成できたことを表している。

3. 結　語

　本章では，「食」と「性」にまつわる症状を呈していた青年期女性との臨床経験から，「悪い自己」という押しつけられた罪悪感によって，母親に依存することも攻撃を向けることもできず，母親に迎合した良い自己によって分離不安を打ち消し，依存や攻撃感情を母親に見えない裏側に置き換え排泄することで症状形成をしていた事例を示し，分離不安の表れの1つの形態について例証した。

　しかし，Dの攻撃衝動も精神病理も，第3章や第4章で取りあげた事例と比べるとそれほど重いとは言えない。隠蔽していた裏側の悪い自己部分も，比較的早い段階でセラピストに語られており，それはDの健康さを表わしている。4期に語られたDの口に食べ物を運ぶ現実の母親の姿は，Dに厳しいだけの母親ではなかったことを示している。症状についても，過食・下剤の使用は早い段階で消失した。性行動については，母親との分離不安からWとの関係を持ったが，きっかけはともかくWはDの性的外傷の恐怖を抱える対象となり，情緒交流のある健康な青年期の性愛関係を形成することが可能となった。

120　第Ⅱ部　事例から捉えた青年期女性の分離体験と精神病理

第7章　母親への取り入れ同一化による分離の否認──喪失を味わうこと

　本章では，弟の出生時に生じた母親との分離体験を内的対象喪失と体験し，母親への取り入れ同一化によって喪失を否認し，良い子として生きていたクライエントが，思春期に入りその防衛を維持できなくなり不登校となった事例を臨床素材として取り上げる。セラピストとの分離体験（内的対象喪失）から捉えられた，母親への取り入れ同一化による心的防衛のあり方や，心的状況の現れを具体的に描き出すとともに，喪失を哀しむ心的過程についても取りあげる。

1．臨床素材

［事例の概要］

　クライエントは不登校を主訴とする中学1年女子Eである。母親によると，幼児期のEは活発で自由に動き回り攻撃的言動をする子どもであったため，母親はEが行動する前に抑制し枠に嵌める育て方をしていたが，その頃のEは服の裾や毛布を嚙んでボロボロにしていたという。一方で弟が生まれてからのEは弟に母親の膝を譲り，弟の世話や家事を手伝う良い子だった。小学高学年で友人関係のトラブルから虐めに遭い，不登校になったEに母親が登校を強要したところ，弟を殴り首を絞めるといった行動や過呼吸が発現したため，教育相談機関に来談し，セラピストとの精神分析的心理療法が始まった。5年3カ月，計162回で終結となった。（治療開始3年目からセラピストの転職に伴い有料の相談機関）

［面接過程］

治療開始～1年

心理療法導入時，Eは礼儀正しく常に笑顔を浮かべて話した。友人や親身な教員にも裏切られたと語った頃からセラピストは息苦しさを感じた。セラピストにも裏切られるのではないかと心配なEがいることを伝えると，Eは笑顔のままセラピストの目をじっと見つめ，両親にも心を開けないと語った。セラピストの息苦しさはEの緊張がセラピストに投げ込まれたものと理解し，それを伝えるとEは曖昧な表情を浮かべながら同意した。同時にセラピストの目に涙が浮かんだ。セラピストは，不信感や分裂排除された情緒，過剰に笑顔を浮かべる性格防衛的態度がEのパーソナリティを形成していると理解した。この頃夢が語られた。

> ｛夢｝森の中の一軒家。中に入ると小部屋があるが，開けても開けてもドアで出口がなくて不安になる。やっとテーブルなどのある広い部屋に出て，絵などを見てゆったりしている。

夢は安心できる自己をもてないEの内的体験を語っているようであった。セラピストはEの不安を共感的に抱え，Eの語りを今ここでの関係に繋ぎ，Eが自分自身について考えるような介入を心がけた。不安な時はニコニコするという話をセラピストとの関係に繋げると，両親が喧嘩をすると弟妹が可哀想なので楽しい話をしていたことを連想した。自分も不安で泣きたいのに弟妹を楽しませようとするEがいたことを伝えると，初めて涙ぐんだ。この頃からセラピストの息苦しさは無くなった。

Eは2歳の時，弟の出産のために祖母の家に預けられた時のことを想起した。分離によって母親への甘えを自覚したEは，我が儘を言わず母親に迷惑をかけないよう赤ちゃんをあやしたり家事を手伝ったが，そうすることで母親から喜ばれ自分が役立つのが嬉しかったと語った。

治療2年目

新学期を迎えたEは教員の勧めに従って登校した。明るい表情で来談したEに，無理をしていないかと声をかけると突然嗚咽しながら泣き出し，ペアになると1人あぶれる苦痛や，身体化しながら登校していることを話し

た。セラピストがEの心的苦痛に共感しながら，本当は不安なのに無理して頑張ってしまうEがいることを伝えると，強く嗚咽しながら声を上げて泣き続けた。

　そしてEは1カ月半，学校も面接も休んだ。その後Eは身体症状をおして登校したが，学校を休みたいEの気持ちはセラピストに，登校する良い子のEは教師にそれぞれ投影された。セラピストに従えば教師を否定することになり，教師に従えばセラピストをないがしろにすることを恐れ，E自身がどうしたいかを考えるのではなく，Eにとってどちらがより安全かだけを斟酌していた。

　また，小学1〜2年頃両親がよく喧嘩をしていたので，お手伝いや弟妹の面倒をみたり，面白い話をして両親が険悪にならないようにしていたと語った。

　この頃見た夢である。

　　　{夢} 路地を歩いていた。通りを抜けたらお祭りで，参道に屋台が出てる。裸
　　　電球や提灯は温かい感じだが温かすぎて気味悪い。

　セラピストとの関係を温かく感じているEがいるが，温もりは安心よりも不気味さを喚起するようだった。

　夏休みに不登校生対象の登山に参加したEは，緊張で不眠と胃痛に苦しんだという。今も腹痛があるというので，セラピストとも安心できないEがいることを伝えると「落とし穴があると思う」と，良い体験をしていても何時それが反転するかわからない不安を語った。また，人の心はわからないので嫌なことや不満は出さず，良いことだけ話してニコニコしていたが，小学6年になった頃自分の中の悪い部分を押さえられなくなり，他児を虐めている友人に誘われるままにEも虐めに荷担したことを話した。〈本当の自分を出せないEがいるが，本当の自分は攻撃的で悪い自分だと恐れているEがいるのかもしれない〉というセラピストの介入は彼女を不安にしたようで，次のセッションでは，登山した時自分の考えを出せて楽しくやれたと，良い自分について話すのだった。セラピストが胃痛や不眠の話に直面化すると，Eは窺うようにセラピストの顔をじっと見つめ沈黙した。

第 7 章　母親への取り入れ同一化による分離の否認　*123*

　次のセッション，Ｅは自分の要求が母親に受け入れられたが，嬉しい反面後ろめたくてオロオロしたと話した。セラピストが，頑張りすぎたり NO と言えなくなってしまうのは，自分を出すことを後ろめたく思うＥがいて，それは自分を駄目な子だとか悪い子だと感じているからかもしれないと伝えると，少し間があって，出されたものはこなすというルールが自分の中にあり，要求をこなしている時は苦にならないが，終わってからしんどくなったり悲しくなったりすると述べた。さらに「母親用，先生用，友達用と何枚ものお面をつけているので，お面を取ると自分が何したかったのかわからなくなる」と他者に迎合する自分を語った。この後，張り付いた笑顔は無くなり声のトーンも低くなった。

　その次の面接でＥは，他児を虐めていた状況を抑うつ的な口調でより詳細に話した。そこにはボスに迎合して他児を笑いの対象にして虐め，クラスの盛り上げ役を楽しむＥがいた。時に不安になり母親にバレることを恐れたが，不安は躁的に防衛されていた。そしてこのＥの虐めがボスから教員に告げられ，Ｅは虐めの張本人として責められ不登校になったのだった。Ｅは悪い自己部分をセラピストに話した後で，祖父母がＥのことを悪く言っている話をしたので，セラピストも虐めたＥを悪く思っていると不安なのだろうと介入すると，Ｅは同意した。そして「裏がどんなのかわからないから怖い」「信じていたのが壊れるのが怖い」と語り，母親を信じているが壊れると，支えがなくなって不安だし凄く悲しいと語った。また母親に説得されて自分の考えを曲げた時，「悔しい気持ちもあるがフワフワしてわからなくなる」と語るＥに，セラピストが，母親に腹を立てているＥがいるけど，それを出してはいけないと思っているのだろうと伝えると，「多分そうだと思う」とすんなりと同意したが，親の悪口を言わず怒らないのが自分の自慢だったとも語った。

　その後，母親からお手本のような絵を描くよう強制されたことや，公園で「お父さんとお母さんが喧嘩するから嫌」と大泣きすると，「親の顔に泥を塗った！」と叱責されたことを想起するなど，母親の否定的側面を見始めた。その頃セラピストの転職のために，有料の面接室でセラピストと継続するか，今の相談室で他のカウンセラーに変更するかの選択をＥに求めることになった。Ｅは仕方ないと言いつつ別のカウンセラーを選択する口ぶりで

セラピストの顔色を窺った。セラピストがここをやめるのはEを見捨てることだと感じて，それなら自分からセラピストなんていらないという気持ちになったEがいるのだろうと，Eの怒りに焦点づけたがEは否認した。Eは，最近は自分の意見を心の中で考えられるように変化していること，面接は安心できるが自分の中の隠れていた気持ちが出るので怖いが，安心できる居場所を見つけて根を張っていくにはどっちが良いのかと語り，その後セラピストとの面接を選択した。

治療3年目

セラピストの転職により面接構造の変化と1カ月の休みが生じた。その間登校していたEは胃痛，不眠，嘔吐，幻聴（偽幻覚）に悩まされたが，面接前日に症状が消失したと語った。セラピストの不在がEを不安な苦しい気持ちにさせたのだろうと伝えたがEの反応はなかった。父親が帰宅する前に部屋を片付け風呂の用意をして，父親の話し相手をしていると語るEに，まるで妻の代わりをしているようだと伝えると，不登校の自分は不良品なので優秀な娘でありたいと答えた。依存するのは恥ずかしいが，自分が弱くて小さい人間に思えて誰かにすがりたくなると，Eは初めて依存を口にした。そして「早く面接がないかと甘えたくなるが，覚醒剤みたいに副作用が心配。なくなった時寄りかかれなくなるので力を入れてる」と，依存感情をもつ不安を語った。小さい時母を弟に取られ友人にも頼れず独りぼっちだったことを回想し，一回こじれると修復できないしなくなったら怖いと言うので，セラピストが〈私にも頼りたいけど，来週私が休むので寄りかかれなくなると伝えている。本当は文句を言いたいけど，言ってこじれるのが怖いと感じているEがいる〉と伝えると，Eはじっとセラピストを見つめてしばらく沈黙の後，「それでいい」と答え，初めてセラピストへの否定的感情を肯定した。

Eは，今まで自分の考えや感覚を頼ることがなかったので，自分で決めるのが不安だとセラピストの意見を求め，「お守りがほしい，大丈夫と肩をポンポンしてほしい」と，率直に甘えを表現するようになった。

治療4年〜5年

高校入学後Eは，男子から人気のある女子に嫉妬や羨望する自分を自覚する中，弟が生まれた頃を想起し，母親を取られた妬みから競争に勝ち，人

の上に立ちたい自分がいることや，人の幸せを邪魔したい自分がいることを吐露した。また面接に来るのが億劫だったことなどセラピストへの否定的感情も口にするなど，「お面」の内側のEを表現するようになった。初めて父親と大喧嘩して，小さい頃父親が家にいなくて寂しかったことをぶちまけたと言う。また母親が可哀想なので家事を手伝うが，母のことなのに自分のことのように腹が立ったり不安になると語り，自分達がいなければ母は幸せだったと思うと泣いた。「今まで蓋していたものが開いた感じ」とイライラした強い口調で語り，父親だけでなくクラスの生徒への怒りや迫害，悲しさなどの感情を表出し始めたが，受験の補習のために面接の継続が危ぶまれるとEの怒りは不安に覆い隠された。

　Eの不安は治療開始2年目と同様Eの外側に分裂排除され，受験優先の教員と面接優先のセラピストのどちらに従うとより破局的でないかを探ろうとして，セラピストの言動の意図を窺う面接が続いた。面接の終了を匂わせてセラピストの様子を窺うEに，〈Eはどうしたいの？〉とEの内側に注意を喚起するセラピストの問いに，ハッとした様子で見る間に目元が赤くなり，「ここで突き詰めていくのはしんどかったしなくなれば良いと思うこともあったけど，自分だけのもの。ないがしろにしたくない」と涙が溢れた。面接をやめるという外的現実がセラピストとの関係の喪失でもあると，内的に実感されたようだった。

　次のセッションでEは，小さい頃から自分が選んだものは否定されてきたので，人に修正されないよう大切な思いを隠して，隠す自分と，親受けの自分と2つ作って本当の自分に近寄らせないよう予防線を作って守っていたことを語った。セラピストにも修正されたり，否定されるように感じて本当の気持ちを言えないEがいたことを伝えると同意した。そして「大切なことがわかった。ここを無くすのが怖いと思った。自分の中に本当の気持ちを隠すことは孤独で寂しかったけど落ち着いていた」と語った。良いものは自分の中だけに保持し他者と共有することのなかったEであったが，セラピストと共におり一人ではないことを実感したようだった。

治療5年～終結

　治療開始4年目の終わりから，終結をめぐる話題が面接の中心的テーマとなり，約7カ月間そのやりとりが続いた。面接を終えることはセラピストと

の繋がりを喪失して孤独になることだと実感する一方で，授業を早退して面接に来ることが現実的に厳しい状況にもなっていた。受験クラスに移動した頃セラピストの都合で面接が２週休みになることを伝えると，ムカツクより不安だが，要求や気持ちを言うのは我が儘だし失望されるのが怖いし，自分の中身を見せて修正され，自分の考えを取り上げられるのも怖いと話した。自分のことを話せるのはセラピストだけだが，しっかりみるとしっかり寂しいと小さく笑い，学校や家にセラピストがいたらと思うと泣くが，泣き止むと，また会えるからあとは一人でやってみたいと語った。セラピストが，寂しいし甘えたい気持ちになるが，その気持ちに蓋をして自分でやらなければと思うＥがいるようだと伝えると，一度つかまると離せなくなると依存への不安を語るのだった。嘘の気持ちを話すとダメージが少ないと語るＥに，セラピストが〈嘘は心が傷つかないように自分を守るものでもあるけど，自分を感じられなくするものでもあるね〉と伝えると，丸裸で相手とやりとりするのは怖いと述べ，最近自分の性格，考え方，生き方に目がいくようになったが，直視すると何が出てくるかわからないので不安だと語った。

　セラピストの都合で面接が休みになった次のセッションで，手首自傷していたことが語られた。〈Ｅを一人にした私に腹を立てるＥがいたけど，私に向けると関係が壊れるのが怖くて怒りを自分に向けたのでしょう〉というセラピストの不在と結びつけた介入に，Ｅはポロポロと涙を零し「後ろめたさがあった。怒っていたのかな……」と言ってしばらく沈黙した後，「何逆ギレしてるの」と言う言葉が浮かぶと涙ぐみ，セラピストへの攻撃感情をもつことや仕返しされる不安を語った。その後もう一度セラピストの都合で面接が休みになった時も，Ｅは手首自傷をした。大学に入学すると面接に来られないし，受験のためにそれまで面接を続けられるかも不安で，暴れるのを止めるために切ったと涙が流れた。セラピストとの分離と面接の喪失への怒りと悲しみが表現されていた。

　入試が近づき教師から受験か面接かの選択を迫られた時，Ｅは制限がないなら毎週来たい，毎週が無理でも辞めたくないと泣いた。セラピストがＥの望む面接の形態について聞くと，躊躇いがちに「先生は毎回居てくれて，私の都合の悪い時にキャンセルできたら理想」と希望を告げた。初めて口にしたこのＥのニードをセラピストは受け入れ，この構造の中で動くＥの連

想を取り扱うことにした。

　次のセッションでEは，選択権が自分に与えられた不安や，毎週面接に縛られて負担だったが一方で安心感もあったこと，毎週来られないと言うとセラピストから面接の終了を告げられ見捨てられることを恐れていたと語った。その後，自分を頼って相談に来た友人を受験勉強のために断り罪悪感をもった話や，自分を中心に置いて動けるようになったが冷たい気がするし，罰せられるのではないかと主体的に動ける自分と主体をもつ不安を語った。〈やめるとAが私を傷つけることになると恐れているし，私が仕返しをしてAを傷つけるんじゃないかと恐れているAもいる〉というセラピストの介入にEは同意した。そこには受験のためにセラピストとの面接を断ると罪悪感をもつEや，自分の欲求を表出すること，つまりEの都合で面接をキャンセルするとセラピストから罰せられる不安を感じるEがいた。面接を失う不安と授業を抜ける後ろめたさが繰り返し語られる中，「自分でやってみたい自分と頼っていたい自分がいる」と言いつつ，「一人でやっていくのが不安で寂しいし変化するのが嫌だ」と涙をこぼした。

　婉曲な話を繰り返すEにそれを直面化すると，不安そうに入試が始まると面接に来られないことを告げた。婉曲な言い方は，やめると言うとセラピストを傷つけることや，セラピストが「逆ギレして怒り出す」と恐れていたことが共有された。「何時まで面接に来られるか決めた方が良いと思っているが，終わるのが怖い。港がなくなるのが怖い」と言いつつ，「完璧な自分ではないけど海の上で修理して行ったり来たりはできそう」と語った。ずっと子どもの自分で止まっていると思っていたけど，最近は18歳の自分だと思えると変化した自分を認め，涙とともに面接の期限を決めた。

　最後のセッション

　「台風と面接がかぶって欲しかった」と終結を先延ばしにしたい気持ちからセッションは始まった。どんな終わり方が良いか探った1週間だったと語り，完璧な終わりでなくてもいいと言いつつ，次の面接が無いのに持ち越しがあるのはどうなのかと言うEに，自分の中に収まらないものがあるのに面接が終わりになることが不安で，完璧な終わりにしたいEがいることを伝えると同意した。

　電車の中で初めて面接に来た時や昔のことを思い出していたと語るEの

心の中には，セラピストを含む過去の体験が生き生きと根付いているようだった。この後Eは以前のしんどさや苦しさが無くなったこと，友人とのトラブルに動揺せず自分を主張できた話をした。良かった話をしてこの面接を完璧な良いものとして終わりたいEがいるようだと伝えると，涙目になり残された課題と不安な思いを語った。

　中学の頃，相手がどう思うかだけを考えていたので〈どう感じる？〉というセラピストの問いは恐怖だったと語った後長い沈黙があり，話しかけようとして辞めたEにその理由を尋ねると，友人や弟のことを話そうと思ったがズレると思って辞めたというので，セラピストを喜ばせることを言いそうになったがそれに気づいて辞めたのだろうと伝えると同意した。「今ゼロ地点で何を言って良いかわからない。マイナスではない」と言いつつ沈黙を埋める言葉を探すEに，今Eの心の中に起きていることを感じて味わうよりも，セラピストに伝えることを優先しようとするEがいるようだと伝えると，Eは小さい頃怒られて沈黙が続いたことを連想し，沈黙が怖いので話すことで状況を変えようとする自分を洞察した。セラピストが，沈黙すると悲しさや怖い気持ちのまま独りぼっちでいるように感じるのだろうと伝えると，喋ることでかみ砕くことに没頭しないよう気を紛らしていると応えた。セラピストの味わうよりかみ砕くEがいるとの介入に，「かみ砕いたものを眺めるのは怖い。味わうのが苦手なんだと思う。沈黙したら眺めないといけない」と語った。

　〈沈黙すると寂しさや悲しさを感じてしまうので，それはあなたをとても不安にさせるので味わわないようにしているのかもしれない〉と伝えると，Eはみるみる涙ぐみ涙をポロポロ零し，途切れ途切れに嗚咽で言葉を詰まらせながら，「今まで気持ちを味わうのがよくわからなかったが，これだとわかった感じ。スタート地点，課題がわかった」と語った。お礼の言葉とともに涙が流れ，止まりかけると何かを思い出したようにさらに涙が溢れた。そして面接は終了した。

2. 考　察
⑴ 分離への防衛としての取り入れ同一化
　Eは，弟の出産のために祖母に預けられた2歳時の母親との分離体験を，

「我が儘を言って母親に迷惑をかけないようにして，赤ちゃんをあやしたり家事を手伝うことで，母親に喜ばれ自分が役立つのが嬉しかった」と語ったが，ここにEの心的現実が表現されている。我が儘を言ったので母親に見捨てられたと感じるEがおり，母親との分離が一時的な物理的対象の不在ではなく，激しい心の痛みをともなう愛情対象の喪失体験となっていたことが窺える。

　我が儘で迷惑をかける存在であるとのEの自己認識には，弟の誕生以前からEの言動を抑制し服従させる，過剰に侵襲的な母親の養育態度も影響していたと推察する。Eの欲求を阻止する母親の言動は，Eの内的世界では悪い対象からの攻撃であると迫害的に体験され，母親に嚙みつき報復するEの内的空想は，「服や毛布を嚙む」行為によって具現化されていた。ここには母親の身体から良い部分を取り入れる口唇的攻撃衝動と，自分を攻撃する母親の悪い部分を排泄して母親に投げ入れる肛門的・尿道的衝動が表現されている。母親に置き去りにされ，寂しさと孤独を味わうことになったのは，母親を嚙み砕き食い尽くし破壊してしまったとの罪悪感や，自分を苦しめる悪い母親への破壊的攻撃衝動に対する母親からの報復（迫害）であると体験され，母親を喪失しないために，自分自身の破壊的攻撃衝動を抑制する必要に迫られたのだった。

　そのためEは，母親を迫害的対象と理想的対象に分裂させ，「お面」の内部にある心的世界の秘密の小部屋に迫害的対象を隠蔽し，その一方で理想的対象としての母親を取り入れ同一化することによって，世界を安全な状態に保とうとしたのだった。同時に自己も良い自己部分と攻撃的な悪い自己部分に分裂させ，「お面」の外側では良い子として，そして攻撃的自己部分は「お面」の内側に隠蔽し，表面的な適応を手に入れていたのである。こうして内的母親対象の喪失は否認され，「親の悪口を言わず，怒らないのが自分の自慢だった」と語ったように，自身の攻撃性を受動性に置き換え防衛し，迫害不安を回避することに成功したのだった。

　「母親用，先生用，友達用と何枚ものお面をつけているので，お面を取ると自分が何をしたかったのかわからなくなる」「小さい頃から自分の選んだものは否定されたので，修正されないように自分の中に隠して，親受けする自分と2つの自分を作ってきた」との語りは，母親への同一化だけでな

130 第Ⅱ部 事例から捉えた青年期女性の分離体験と精神病理

く，E自身が主観的に捉えた他者のニードへの取り入れと同一化を，「お面」の下に行っていたことを示している。ドアによって何重にも守られた部屋だけが，安心して寛げる心的空間であることを伝えている森の中の一軒家の夢と同様，主体的自己を「お面」の内側の心的空間に退避させていた。何枚ものお面をつけ，カメレオンのようにその時々に，目の前の表れる相手の態度や考えを取り入れ，「お面」を付け替えることを繰り返すEのこの対人交流のあり様は，Deutsch, H. の「アズイフパーソナリティ as-if personality」や，Winnicott, D. W.（以下，Winnicott）の「偽りの自己 false self」が描いた嘘や偽りの同一化と同様の現象であり，Eの対象関係やパーソナリティ構造を如実に表していた。

　自分の内部にある怒りや悲しみの感情を露わにすると，愛する対象を傷つけ喪失する怖れがあるだけでなく，「逆ギレ」されて迫害される不安が生じるため，「お面」による防衛は必要とされたのだった。「お面」は，E自身の内的世界と外的世界が混ざらないよう区分けするとともに，自己や対象の分裂の補強に寄与していた。

　Mahler, M. S.（1975）が再接近期と呼んだ2歳という年齢は，依存と独立の相反する2つのベクトルに引き裂かれる時期でもある。生来的な攻撃性の強さに加え，母親からの独立意識が高まっていた頃に生じた母親との分離体験は，自立的に振る舞うと見捨てられると体験され，これも同一化を促す一因となったと考えられる。さらに，「母親が可哀想だから家事を手伝う」「自分たちがいなければ母は幸せだったと思う」との語りは，母親に対する罪悪感と償いの感情を表している。自身の攻撃によって母親を傷つけたとの思いが罪悪感や自責感を生じさせ，償いの気持ちが母親への献身的関わりと同一化をさらに強めたのだった。

　「同一化」とは，「ある主体が他の主体の外観，特性，属性をわがものにし，その手本に従って，全体的にあるいは部分的に変容する心理的過程」（Laplanche, J. et Pontalis, J. B., 1967）と定義される現象である。また，内的空想としての「取り入れ」は，「内的な良いと思う感覚や，あるいは自信や心的安定性を守っている体験とともに，取り入れられ安全に内在している良い対象をもっている体験を通して，安定した人格を形成するために使われるもっとも重要な機制の1つである」（Hinshelwood, R. D., 1989）と記述さ

れる心的現象であり，良い自己や対象を保持するための防衛としても使用される。元来，乳房との関係を基盤とした身体機能水準で捉えられる心的機能であり，温もりと柔らかさに包まれながら空腹が和らげられる授乳体験は，心地良い身体感覚と心的充足感とともに良い対象や良い自己への信頼をもたらすのである。

　「母のことなのに，自分のことみたいに腹が立ったり不安になったりする」と，母親の考えや感情への取り入れ同一化による自己と他者の混乱が示される一方で，Eは「お面」の内側の内的空間に自己の一部を保持していた。すなわち，Eの取り入れ同一化は，完全な同一化によって自他の区別を全喪失するほどの精神病理水準にはなく，主体的自己が失われていないという意味において，心の健康さは担保されていた。そして，「自分の中に本当の気持ちを隠すことは孤独で寂しかったけど落ち着いていた」と語ったように，見せかけの適応と安全は保たれたが，他者との情緒的関わりは妨げられ，孤独と不安に彩られる中，Eの心的世界は豊かさを失っていた。

　Eは，理想的な良い母親対象を取り入れ同一化したが，それは分離によってEを見捨て孤独に陥れる悪い迫害的対象としての母親や，内的対象喪失を否認すること，また対象を守り自分自身を傷つけず，お互いを危険なものとしないための防衛でもあった。すなわちEの取り入れ同一化は，'防衛としての取り入れ同一化' として機能し，良い母親対象と良い自己の住む世界に生きていると信じ込ませることに成功していたのだった。この防衛によって仮初めの安定は得られたが，全体対象としての安心と信頼をもたらす良い内的母親対象は，Eの意識からは失われたままであり，迫害対象と理想化対象の分裂は，Eが不登校になるまで維持されていた。

⑵ 依存・攻撃感情の否認と本来の取り入れ同一化の不全

　友人や教師から裏切られ，母親からも登校を強要され，他者への不信と疑惑の中にあったEは，笑顔という「お面」によってそれらの情動を隠蔽していたが，その情動はセラピストの身体感覚（息苦しさや安堵の涙）を通して実演された。この身体感覚水準での交流は，Bion, W.（以下，Bion）が語った，赤ん坊と母親の交流様式と同様であった。飢えた乳児がその飢えの切迫した感覚を母親の中に投げ込むと，母親の身体内部にその感覚が喚起され，

母親は身体感覚を通して乳児の苦痛を実感する。そして自身の内なる感覚を
'もの思い'することによって，乳児の心的状況を理解することが可能にな
るのである。セラピストとEの交流に換言すると，セラピストは言葉を介
してEの不信や疑惑を知ったのではなく，自分の身体に喚起された感覚から，
Eの苦痛と相似な情動を実感し味わうことになったのである。その未分化な
情動から感知したEの心的状況——裏切られることを恐れる気持ち——へ
の介入によって，Eは「両親にも心を開けない」と，不信感を言葉にする
ことができたのだった。言語水準より原初的な，身体的感覚的水準でしか交流
できないあり様は，Eの不安や不信の強さと，それに比例した防衛の強固さ
を物語っていた。

　Klein, M.（1935）（以下，Klein）が「迫害不安があまりに強いことと，空
想的性質をもった疑惑と不安が良い対象と現実対象との完全で安定した取り
入れを妨害していることである。それを取り入れている限り，良い対象とし
てそれを維持する能力がほとんど無い。というのも，あらゆる疑惑が直ぐに
愛する対象を再び迫害者に代えてしまうからである」と述べたように，Eの
主観的世界にあるのは迫害と不信，疑惑に彩られた悪い対象であり，Eの不
安や緊張を受けとめ，安心や信頼をもたらす良い対象は，どこにも存在しな
いという信念をもっているようであった。

　面接開始当初，安心と信頼をもたらし心的栄養となる本来の取り入れ同一
化の不全に加え，乳幼児期から保持していた理想化対象としての母親の喪失
によって，Eに苦痛を与える悪い母親への不信と疑惑がセラピストに転移さ
れていた。そのためセラピストをあるがままに理解することが難しく，信頼
と安心に基づく依存関係や，安心をもたらす本来の取り入れ同一化がセラピ
ストとの間に展開するのに3年を要したのだった。

　治療2年目，セラピストとの間で体験した温もりを不気味なものと感じる
「お祭りの夢」は，良い体験をしても裏切られ「落とし穴」に墳められると
いう疑惑から，安心して良いものを取り入れることができないEの心的状
態を表していた。また，温もりを感じるセラピストとの関わりは，Eの甘え
たい子どもの自己部分を刺激し，防衛を揺るがす誘惑であると迫害的に体験
されていた。幼児期にEが体験した愛する母親対象の喪失は，失うかもし
れない愛する対象に依存することの恐れを生ぜしめ，良い対象への依存感情

第7章　母親への取り入れ同一化による分離の否認　*133*

をもつことは危険であるとの観念によって回避されていたのだった。

　治療3年目，セラピストの転職による1カ月の面接の休みが生じた時，E
は胃痛，不眠，嘔吐，幻聴（偽幻覚）に苦しみながらも毎日学校に登校した。
2歳時に母親との分離によって内的母親対象を喪失した時，Eは母親に同一
化した良い子の自己部分を用いて母親を手伝ったが，それは子どもとしての
自己部分や怒りや依存感情の否認によって成立していた。愛する依存対象を
失う怖れから自身を守るための，また依存の危険から逃れるための無意識的
選択として，さらには対象を放棄することなしに対象から自分自身を分離す
る試みとして，母親への同一化が用いられたのだった。この体験はセラピス
トとの分離体験に再演され，Eは良い子の自己部分を用いて登校することを
選択し，セラピストが望んでいるとEが考えた現実適応的行動をしたのだ
った。

　しかし，もう一人のEは，セラピストとの分離がもたらす心的苦痛や攻
撃感情を，精神／身体症状として発散，排出していた。それは不登校になっ
たEに登校を強要する母親の出現によって，理想化対象としての母親の喪
失を体験したEが，喪失によって生じた攻撃感情や心的苦痛を，行動化や
身体化によって外界に排泄したことの再演であった。‘防衛としての取り入
れ同一化’の機制が破綻したために，隠蔽していた攻撃感情や孤独がもたら
す心的苦痛が意識に浮上し，それを心に置けないEは投影によって心の外
に排出したのだった。ここには，内的世界にある攻撃感情や孤独を感じない
世界から，それらの感情を実感したがゆえに，その苦痛を心に置けず投影に
よって防衛するEへの変化をみることができる。セラピストの不在と不安
を関連づけた介入にEの反応はなかったが，「自分が弱い存在に思えて依存
したくなる」と初めて依存感情を口にした。そして「こじれると修復できな
いし，無くなるのが怖い」と，セラピストへの攻撃感情の表出が，良い対象
としてのセラピストの喪失になる不安を語った。この頃からEは，弟に母
親を取られた妬みや羨望を語り，父親と大喧嘩して寂しさをぶちまけ，クラ
スの生徒への不満や怒り，迫害や理解されない悲しさなど「お面」の内側に
隠蔽していた感情を表出するようになった。また面接を休むセラピストへの
不満や否定的感情も口にするようになり，Eの攻撃感情は少しずつE自身
のものとなり始めた。そしてその攻撃感情がセラピストによってある程度コ

ンテインメントされると，依存感情が表出されるようになり，攻撃感情の排泄と依存感情の取り入れが E の意識に上るようになった。

　この面接過程を Meltzer, D.（1967）の観点から捉えると，排泄と取り入れの混乱を表す「トイレ - 乳房」が収まり，「授乳乳房」（feeding breast）からの取り入れを介した依存関係が展開し始めたことを表している。E の「お面」の内側に押し込められていた攻撃感情の表出が許されたことによって，攻撃感情の投影によって優性となっていた迫害不安の力が弱まり，自己と対象の分裂が緩和され，対象への依存の認識と，依存する良い対象の取り入れ同一化の始動が可能となった。

(3) 対象喪失を哀しみ味わうこと

　さてここでは，面接の終結による現実のセラピストの喪失を E がどのように体験し，その哀しみに触れていったかについてみてゆくことにする。

　セラピストの休みによる分離体験は，過去の母親との内的喪失体験を蘇らせ，心的苦痛はセラピストとの関係の中に転移として持ちこまれた。治療 3 年目のセラピストの転職にともなう 1 カ月の分離時，E は良い子の自己部分を用いて登校する一方で，心的苦痛は身体／精神症状として表出した。分離と症状を繋ぐセラピストの介入に反応はなく，心の痛みは E の意識から排除されていた。治療 5 年目に分離が生じた時，E はその苦痛を手首自傷という行動化で示した。

　E を孤独に置いたセラピストへの怒りに関連づけた介入を，E は涙とともに肯定した。そこには怒りや寂しさといった心の痛みを実感する E がおり，その苦痛を心に置けないがゆえの行動化であった。その次に分離が生じた時にも E は手首自傷をしたが，セラピストとの分離に加え，面接を喪失する不安と怒りにたえかねて「暴れるのを留めるために切った」と語り，自身の内にある攻撃感情を自ら認めたのだった。そして面接が実際に終結を迎えるまでの 7 カ月間，現実のセラピストの喪失を巡って心は揺れ動き，攻撃感情や依存感情，孤独や悲しさ，罪悪感，不安が 2 人の間で展開した。

　面接の終結に際して，対象の喪失を哀しみ味わうためには，どのような心的作業が必要となるのであろうか。Klein（1950）は終結の基準について論じる中，「迫害的不安と抑うつ的不安の徹底的吟味」によって，不安が根本

的に軽減される必要があると論じるとともに，良い対象の能力に対する信頼は，母親の乳房が赤ん坊の破壊部分からの攻撃に生き残り，修復と保護を確立することで成し遂げられることを示した。Eは，否定されることを恐れてセラピストに本当の気持ちを言えなかったことや，面接に来るのが億劫だったことなど否定的感情や不満を表明し，セラピストとの分離がもたらす攻撃感情を肯定したが，全面的に破壊するような攻撃衝動をセラピストに向けることはなかった。

　一方Klein（前出）は次のようにも論じている。「迫害不安と抑うつ不安が分析中に体験され根本的に軽減されるにつれて，分析医のさまざまな側面がさらに大きく合成され……最も初期の恐ろしい人物像が患者の心の中で根本的な変革を受けるのだ……攻撃衝動とリビドー衝動が共に近づきつつあって，憎しみが愛によって和らげられ，迫害者と理想像との間の強い分裂が軽減されてはじめて良い対象が心の中に安全に確立されるのである」つまり，対象喪失を受け入れるためには，良い対象の内在化が求められるが，それは面接の中で愛の体験が憎しみを緩和し，迫害対象と理想化対象の分裂の軽減によってなされるとの考えが示されたのである。

　この観点からEとの面接過程を振り返る。母親との分離体験を愛情対象の喪失であると体験したEが，迫害対象と理想化対象，良い自己と悪い自己に分裂させることによって，理想化した対象を母親に投影し，'防衛としての取り入れ同一化'によって喪失を否認し，偽りの現実適応を成功させていた。面接が進展する中，セラピストとの分離体験が母親との内的喪失体験の再演となり，転移のプロセスを通して自己と対象の分裂が緩和され，攻撃感情の表出が生じると共に，セラピストに依存感情を向けることを可能にした。それまでのEは，現実の母親との間で不平や不満さえも口にしたことはなく，「お面」の内側に攻撃感情も依存感情も隠蔽していたため，本来の取り入れ同一化が十分には行われてはいなかった。依存感情に基づくセラピストの取り入れは，安心と信頼を与える良い対象をEの心に住まわせることに成功し，その良い対象の内在化によってセラピストを喪失する悲しみを悲しみ，抑うつポジションに留まりながら，「味わうこと」，すなわち「心に保持すること」が自分の「課題」であり，そのことを考える「スタート地点」に自分がいることを実感することができたのである。

136　第Ⅱ部　事例から捉えた青年期女性の分離体験と精神病理

　面接の進展にともなって「お面」が外れ，隠蔽されていた攻撃感情や依存感情の表出とともに自己の統合が進む中，セラピストに依存感情を向けつつも文句や否定的感情を表出し，隠蔽していた感情を実感できるようになり，セラピストを全体対象として捉えられるようになった。このプロセスが進展したことによって，対象喪失がもたらす心の痛みに防衛を組織化させることなく，抑うつポジションに留まり，面接の喪失の悲しみを悲しめるようになったのである。その，感じ／考える主体としての自己を体験することを可能にしたのは，依存と怒り，愛と憎しみをコンテインメントする良い対象としてのセラピストを認知し，取り入れることができたからだと筆者は考える。

　そしてもう一つこの変化に寄与したものがある。それはEの意識からは見失われていたが，分離を体験する以前にEの心的世界に内在化されていた愛する良い対象の存在であった。「信じているのが壊れると，支えがなくなって不安だし凄く悲しい」との語りは，かつて信じる対象をEが有していたことを示している。その信じる対象を失った不安や悲しさに耐えられなかったために，それらの感情を隠蔽して，'防衛としての取り入れ同一化'を作動させたのだった。この防衛によって，Eに内在化されていた良い対象は理想化対象に置き換えられていたが，心的機制が解除され，分裂していた対象と自己が全体対象として体験されるようになると，現実の対象をみることが可能となり，もともとEに内在化されていた良い対象を取り戻すことができたのだった。

　Klein（前出）は，「幼児期初期に破壊衝動によって脅かされたり破壊されたりしたと感じられている，最初の愛する対象を再び確立すること」によって喪の仕事はなされると述べたが，セラピストとの関わりを通して，忘れ去られていたEの心の基盤にあった良い母親対象との体験が呼び戻され，再確立されたことによって，Eは喪失の哀しみを味わえるようになったのだと言えよう。

　Eは最後のセッションにおいて完璧な終わりを希求し，未完であることの不安を否認する心の動きや，この面接を良いものとして終わりたい気持ちを語った。そこには万能空想や，良い子のEと良いセラピストといった理想的カップルのまま面接を終わりにしたい，Eの心の動きが読み取れた。悲しみを否認し，躁的防衛（母親を喜ばせる）によって母親との分離を否認する，

幼児期の分離体験が再演されかけたが，セラピストの介入によってEは悲しみに留まった。

そして沈黙が生まれ，その沈黙からさらに幼児期の母親との体験が想起され，沈黙を言葉で埋めようとする自己への気づきと共に，感情を味わえない自分への洞察を深めた。沈黙による母親の喪失と終結によるセラピストの喪失が連接されることによって，今ここでの悲しみとして再演され，悲しみを悲しみとして味わい，喪失を悼む心に居続けることが可能となったのである。いみじくもEが最後に語った「スタート地点，課題が分かった」という言葉は，成長過程にある思春期の子どもにとって，無意識の中にあってE自身にも何が生じているのかわからないままに格闘していたものが，課題として意識化されるに至ったことを示している。

幼児期には内的喪失がもたらした悲哀の感情を心に置くことができなかったEであったが，セラピストとの関わりを通して悲哀を味わうことのできる新たな喪失体験へと現実化（実在化）することが可能となったのである。

3. 結　語

本章では，思春期女性の事例から，分離によってもたらされる内的喪失体験の臨床的現れや，心的機制について論じた。乳幼児期の母親との一時的分離体験が，愛する対象の喪失であると体験され，その心的苦痛の防衛のために母親への取り入れ同一化が使用され，見せかけの現実適応がなされていた。面接が展開する中，母親との分離（内的喪失）体験は，セラピストとの間で再演され，攻撃感情と依存感情をEは自己の内に取り戻し実感するようになった。依存感情の現実化はEに安心と信頼をもたらす本来の取り入れ同一化を可能にしたのだった。セラピストとの間に生じた安心できる良い対象の取り入れは，Eが見失っていた分離体験以前に内在化されていた良い母親対象を復活させ，面接の終結という対象喪失がもたらす悲哀の感情を味わうことを可能にし，それが幼児期の分離（内的喪失）体験に，新たな意味を付与する分離体験の現実化（actualization）へと導いたのであった。

第8章 父親同一化による分離の否認と 良い対象の取り入れ同一化 ——考えられるようになること

　本章では，妹の誕生時に生じた一時的な母親との分離に耐えられず，母親への愛着を父親に向け代え，父親に同一化することでその心的苦痛を回避していた思春期女性の事例を臨床素材として取り上げる。幼児期の内的対象関係がセラピスト（筆者）との分離体験に再演される中で見えてきた同一化のプロセスや，心的防衛のあり様について詳細に描き出すとともに，自己の確立を模索する心的状況についても言及する。

1. 臨床素材

［事例の概要］

　中学3年の女子生徒Fは，「立ちくらみが頻発し，登校できなくなった」と，母親とともに来談した。家族は両親と3歳・4歳下の妹の5人家族である。

　母親によれば，実父との確執から息子の出生を強く願っていた父親は，Fを男の子のように強い子に育てた。小学校までのFは正義感が強く，我慢強く，自分で作った枠をはみ出さない子どもで，無理を言わず手もかからなかったが，頑固なところがあり，父親に叱られてもけっして謝らないため，よけい厳しく叱られていた。それでもFが泣くことはなかったと言う。中学に入った頃から性格がきつく攻撃的になり，痛烈な批判を繰り返し怒鳴ることが増えた。中学3年になり友人関係のトラブルから不安，不眠を訴え学校を欠席しがちになった。その頃から父親への反発が強まり喧嘩が頻発した。また女の子らしい物に興味を示すようになったが，妹達の口紅などを勝手に使用するため姉妹喧嘩も多発した。友人関係だけでなく家族の中でも孤立し，

「死にたい」との訴えや，父親似の顔を母親似に整形したいと繰り返し訴え，登校できなくなっていた。

《初回面接》
　Fは礼儀正しく振る舞ったが，目つきが鋭く，そこには怯えと警戒が窺えた。また動きは直線的で表情にも柔らかさが感じられなかった。セラピストの問いかけにはやや早口で答え，話し終わるとぴたっと口を閉じた。そこにあるのはオンとオフだけで，ふくらみや余韻といったものが感じられなかった。FはFとよく似た気の強いリーダー格の友人と仲良くしていたが，その友人が他の子と仲良くなりグループを抜けたため，大人しい「格下」のメンバーと取り残され，その頃から立ちくらみや不安，不眠が生じて登校できなくなったことや，死にたい気持ちになることを話した。Fはこれまでにも人間関係のトラブルはあったが，「今回はもう無理！」との思いがあり，「モヤモヤもあってもたない」と語った。Fの語りの中でこの「モヤモヤ」が唯一ふくらみを感じさせる言葉であった。「モヤモヤ」の中には考える手立てもなく未分化なままFの内界に留まっている喪失感や不安，両親像や自己像のゆらぎなどが含まれると思われた。1年9カ月，68回で終結した事例を，1期〜4期に分けて報告する。

　第1期（#2〜#29）
　Fは親や教師，級友から「甘い」と不登校を責められ排除される不安を語り，今までは何でも自分で対処できたが，今回はどうしていいかわからないと語った。セラピストが，Fの中で今までとは違う何かが動き出し変わろうとしているのかもしれないと伝えると，Fはセラピストの目をじっと見て頷いた。Fの報告した夢（泥棒を殺した）（小学校の友人と殴り合っている）からは，Fの内界に侵入してくるものへの怖れや攻撃性の高まりが窺えた。Fは，級友と喧嘩をすると訳も聞かずFを叱る男性教師や，姉妹喧嘩を「上（F）が悪い！」と叱る父親について話したが，その語り口は叱られて当然といった体であった。セラピストが思わず〈損だね〉と返すとひどく驚いた様子でセラピストを見た。この体験から，親や教師とは異なる対象としてのセラピストを発見したFは，この後，親や妹に対する不満や家族の中での孤立感を面接の場で語るようになった。また，叱られて自分を責め罪悪感を

感じていた今までの自分や，他校の小学生に喧嘩を売る強い自分だったとの思いが揺らいできたことを語った。

友人，学校生活，強い自己像も失ったＦは「いろんなものを無くした感じ」と喪失感を語り，この頃から幼児のように甘えと一体感を求めて母親に接近し始めたが，母親には受けとめられないばかりか「目つきや態度で馬鹿にされる」と感じ，父親には『もっと強いと思っていた』と失望され傷つくのだった。甘えさせてくれない親への不満を感じ始めるが，同時に登校できない「弱い」自分は両親から見捨てられるのではないかと恐れた。そして「以前は自分が人より上だと安心し，人が損をしていると優越感を持っていたが，今は自分の存在が小さく思える」と語った。強く有能な自分といった自己像が崩れ，弱い自己を自覚し始めると不安になり，「白か黒かどちらかに分けないと気が済まない！」「金持ちになりたい！　目に見える物で満たされたい！」と，イライラした口調でお金や品物など代理物で満たされることを希求するセッションが続いた。

また「うまくいっている人を見ると妬ましくて腹が立つ！」と妹や級友への怒りを露わにした。さらにイライラすると夜中に壁を叩き物を投げ暴れずにいられないことを語った。丁度その頃近所でリンチ事件があり，Ｆは中学生が起こしたその事件について語った後「気分的に沈んだ」と，言い淀むように口をつぐみ目を伏せた。セラピストはＦの心の中に高まっていた破壊的・攻撃的空想がリンチ事件として具現化したため，自分の内なる暴力的破壊性に気づかされ，それを恐れて口をつぐんだのではないかと感じ，自分の中の怒りや攻撃的な部分が怖くなったＦがいるのだろうと伝えると，Ｆは頷き「自分の怒りのエネルギーについていくのがしんどくなった」と語った。そして心の中にある欲深さや，妬み，嫉妬，親や姉妹などへの攻撃的な気持ちを持て余していることを話した。自分の中の悪しき感情を否定されず，受け止められ理解された体験は，Ｆの内なる攻撃性への怖れを弱め安堵感をもたらした。

この頃からＦは徐々に虚しさを口にするようになり，「先生みたいに支えるように言ってくれると助かるのに」と母親とセラピストを比べ，将来心理学を学びたいとセラピストを理想化し依存を向けるようになった。こうしてセラピストへの母親転移が纏まりを見せ始めた。

夏休みの予定を告げた頃より「1人が嫌，周りから置いて行かれる」と，寂しさや孤独の訴えが増え，「自分を守るのは自分だけ，人に頼ることはできない」と言うので，セラピストは面接の休みへの不安を取り上げたがFは否認した。次のセッションでも1人の寂しさを訴えるので，面接が1カ月以上休みになるので，1人放り出されるように感じて不安なのだろうと，再度セラピストとの分離不安を取り上げると今度は肯定した。その後語られた夢（消火器で泥棒を殴る）（人を殺したのに記憶が無くて虚しさと恐怖を感じた）からは，Fの内界に高まっている攻撃性や激しい衝動への恐れが窺えた。面接の文脈から考えると分離への反応だと思われたが，Fがセラピストに直接不満や怒りを表出することはなかった。

第2期（#30〜#35）

1カ月ぶりの面接でFは，「夜も眠れずこのまま闇に葬られるのかと思った。消えてしまいたかった。自分についていけない感じで自分の感情も怖かった」と，面接がなく捌け口もなくやり場のない感情を持て余し，頭を壁にぶつけ，自傷していたことを語った。〈怒りでいっぱいだったのね〉には「そうそう，それに不安や焦りが押し寄せてきた」と肯定した。セラピストの不在に対する激しい怒りがFの中に生じているにもかかわらず，それをセラピストではなくF自身に向けていたと思われたので，〈しんどいあなたを1人にして放り出した私にも腹が立ったでしょう〉と，怒りをセラピストとの関係に引き戻そうとしたが，Fは「夏休みだし仕方ない。怒りは自分のこと家のことに使い果たした」と，セラピストへの怒りは認めたもののその表出は回避した。〈私への怒りや感情を自分に向けて痛みで怒りを感じないようにしたのね〉とさらに取り上げると，「他のところに持っていけたら楽かと思った」「イライラするよりため息」と，セラピストへの怒りを自己や親に向け替え排泄していたことを認めた。セラピストが〈今まで，心から溢れそうな怒りやモヤモヤをここで2人で一緒に抱えていたのだけど，1カ月も面接がなかったから，1人で抱えきれなくて溢れてしまったね。辛い思いをさせたね〉と，Fの混乱の責任はセラピストにあることを伝えると，Fは「家で暴れたし，自分がおかしくなったのかと思った」と安堵の表情を浮かべた。次の面接は2週間後にしか設定できず，セラピストは後ろ髪を引かれつつこのセッションを終了した。

2週間後来室したFは，1週間前から「愉快な笑い声や男の人の喋っている声」が聞こえ，「知らないうちに全身に打ち身や痣ができていた」と笑いながら語り，それが昨日からぷっつりとなくなったと不思議そうに報告した。「親は理解できないと言うし，この気持ちは何処にやればいいのかと思った」というFに，〈自分の中から溢れ出す感情を自分では持ちきれないし親は受け取ってくれないし，私はいないし，混乱してどうしようもない気持ちになってしまったのね〉と伝えると，「母は理解してないのに説得しようとする。聞いてもらえたら楽になるのにしんどいのがもっとしんどくなる」と語った。セラピストはFを抱え損ない，幻聴（偽幻覚）や解離が生じるほどの混乱状態にさせてしまったことに罪悪感でいっぱいになり，〈不安なあなたを1人放り出してしまって本当に悪かった〉と詫びた。するとFは「ここで話すのが1番。他の日は闇，孤独で地獄みたいだった」とほっとした表情で語った。そして解離や幻聴はこの後現れることはなかった。

次のセッションにやってきたFは落ち着きを取り戻しており，「修羅場になると鈍くさく，惨めったらしくなれる人が好き，正直に喜怒哀楽が出てる人が良い」と理想の女性像を語った。この惨めったらしい人は動揺してFに詫びたセラピストであると思われ，そのセラピストをFは肯定的に受け止めたようであった。夢（ヤクザに殺されそうになる）の連想から，父親の影響が強かったことや児童期の攻撃的だった自分を違和感をもって回想したが，その一方で父親から「お前は駄目」と見捨てられる不安を語った。この頃から，過去の自分を見つめ直し，自身の心の動きを言葉にすることが増えていった。「今までは嫌なことがあっても，泣くくらいなら切り捨てて記憶から消し去ればいいと思っていた」と，苦痛な感情を心から排除していた自分を洞察し，「今は古い考えと新しい考えが葛藤したり180度変わったりして，頭の中でいろんな考えが暴れてる感じ」と，感情を排泄する古い自分と，感情を抱えようとする新しい自分との間で揺れ動いている心のあり様を語った。

第3期（#36〜#55）

Fの表情や口調は随分軟らかくなり情緒を含んだものに変化した。「混乱してぐちゃぐちゃだったのが破壊し終わって白紙になった感じ」「自分が無くなりかけているみたい」と内的な喪失感からくる不安と寄る辺なさを語り

第8章　父親同一化による分離の否認と良い対象の取り入れ同一化　　*143*

ながら自身の変化に戸惑っているようであった。「前は全て自分の責任だと
考えて重荷だった」「何でも思い通りになると思っていた」と過去の自分を
内省し，弱い自分や虚しさ，寂しさなどの感情を否認していたことに気づき
始めた。妹との関係も改善し，一緒に好きな女性歌手の歌や女優のせりふを
真似る遊びをするなど，女性的なものを自然に取り入れるようになった。ま
た，感じる心が動き出すと傷つきやすくなり，傷つくと親に甘えたい気持ち
になるが，その一方で自立しなければと思う自分がいると，依存と独立の葛
藤を語った。

　このような状況の中で祖父が入院し，看病のため母親のＦと関わる時間
が減ったことに加えて父親から批判されることが続くと，甘えが満たされな
い辛さや不満を泣きながら訴えた。セラピストは依存を否認し，泣くことの
なかったＦが素直に自分の感情を表出し始めたことを感じながら，Ｆの両
価的な感情や不安を共感的に受けとめつつ支えた。するとＦは，「今までは
努力して勝てばいいと自分を厳しい目で見たり，仕方ないと割り切っていた。
今まで自分を競馬馬みたいに叱咤激励していたんだなーとはっきりわかっ
た」と，厳しく自分を責め立てる自分を洞察した。また「母は忙しすぎ。母
に腹を立てても意味ないし可哀想だと思うのについ当たってしまう」との語
りからは，母親との一体感を求める幼児的・退行的なあり様が変化し，忙し
い現実の母親を思いやる面や，母親を一人の人間として距離を置いて見始め
たことが感じられた。

　「感情が爆発しそうなのはなくなったが，感情が次々変わっていく，自分
がなくなりかけているみたい」と，変化する自分への心細さや寄る辺なさを
率直に話し実感しているようだったが，Ｆは次のセッションまでの間に習い
ごとを始め，予備校の見学に行き，祖父の見舞いと家事をこなし，アルバイ
トの面接にも行っていた。これら一連の動きは，抑うつ的な情動を抱えられ
ないＦの心の表れとセラピストは理解し，〈4月から猪突猛進する気？〉と，
Ｆの使った言葉（叱咤激励）と同じトーンで介入すると，Ｆは即座に「そ
う！　忙しいのが1番，暇だと駄目になる！」ときっぱりと答えた。しかし
しばらく沈黙の後，それが父親の口癖だったことに気づき「それだとゆとり
ができない」と静かな口調で語った。

　「今までは虚しさを感じないように抹殺して，しっかり！と思うことで嫌

な記憶を消してきた」という F に，〈虚しくなりそうになると，いつも自分を叱咤激励して競馬馬みたいに頑張って，頑張ることで虚しさをみないようにしてきたのね〉と，躁的防衛について介入すると，「はい」と言った後で長い沈黙があり，「解決できないことは自分にはない。できないのは自分が悪いと思っていた」としんみり語った。

　中学卒業後の面接が有料になることについて再確認をすると，F は初めて面接をキャンセルした。その後虚しさや寂しさ，不安な気分について語った後しばらく沈黙し，入院した祖父からの小遣いがなくなったことや，母親が多忙になり家族での外出がなくなったことを語り，「1 年前は良かった」と寂しそうにぽつりとつぶやいた。馴染んだ学校や無償の相談室を失うことと重ねて，今まであったものがなくなっていく虚しさや寂しさについて介入すると，F は祖父が年老いたことや，家族が変化していること，自分が大人になった気がしていることを話し，「こういう流れがあっていつまでも同じところに留まっていない。時間って残酷だけどそういうものだと実感した」としみじみと語った。しかし，抑うつ的感情が動くと，次の回には「身長が伸びないので絶望的になった！　自分だけ成長の途中で放り出される気持ち！」と強い口調で迫害的に訴えるのだった。そこには抑うつ感情に耐えられない F がいた。セラピストが，〈系列高校に進学できないことやここでの面接も無くなるのは，途中で放り出されるようで不安だし腹が立つのね〉と伝えると，F はそれを認め，自立することや大人になっていくことへの不安を語った。この後単位制高校に行くことを決め，現実適応は促進された。

第 4 期 （#56〜#68）

　F は高校で友人もできて順調だと語り，4 カ月後には大学検定試験に合格したことを報告した。同学年との友人関係の難しさを話す一方で，「前は可愛い人に憧れたが，今は寂しさを抱えて生きている人や，問題を抱えていても笑ってる女性が格好いい」と，理想的女性像が内面的なものに変化した。大学受験の予備校に行くことを反対する親に自分の考えを話して説得し，その費用を作るためにアルバイトを始めたと語る F の表情や語り口には，自分自身への信頼が感じられた。同棲を始めた女友達や進学校の男友達との関わりから，F は他者を鏡としながら自分自身の内面を見つめ，これからの生き方について考え始めた。また好きな男の子ができたことを嬉しそうに報告

した。将来の夢に向かって受験勉強に取り組み始め，今は困ったことも不安もないと語るFと今後の面接について話し合い，面接の終了を決めた。

　最終セッション。Fは「初めは何が起っているのかわからなかったがその次に怒りが出て，破壊し尽くした感じで白紙になって焦りが起きた」とこれまでの面接を振り返った。学校に行けなくなったことについては，「過去と繋がって今があるし切り離せないのはわかっているが，今は振り返りたくない。今は自信がつくことをして，自分の中に良い要素を取り入れたい」と語った。友人から『Fは誰とでも話せるしうらやましい。強さの中に優しさがある』と言われたと嬉しそうに語り，「前は格好良くて強い人に憧れたが，今は人を癒し元気を与える人，主張するのに和むし，人の話は聞くし，カラッとしたかわいさ，頭も良い，人情味溢れる人になりたい」と，理想とする新しい自己像を語った。また1年前と今の自分を比較して，「前は断片しか見えていなかったが，今は現実的に見られるようになった」「いろいろ考えられるようになったので人の嫌な面がわかって嫌にもなるが，これからも考えて動けるようになりたい」と語り終結となった。

2. 考　察

⑴ 同一化対象の喪失によって生じた，乳幼児期の依存欲求と内的喪失感情の蘇り

　父親に同一化して男の子のように幼児期・児童期を送っていたFであったが，思春期を迎え生理が始まり，女性的な身体への変化や性欲動などが始動すると，これまでのように父親への男性同一化ができなくなり，同一化の対象を父親から男性的要素を持つ，気の強いリーダー格の友人に振り替えることによって，心の安定を得ていた。しかし，その友人が別の友人と親密になりFの元を去った時，同一化の対象を喪失し孤独になったFは，その心的苦痛を心に置くことができず，苦痛は不眠，目眩などの身体症状として排泄され，孤独に耐えられないFは同一化の対象を希求し，母親への接近を試みたのだった。それは女性的な物に関心を示すことや，整形して母親と同じ顔になりたい願望に示されたが，内的にはかつて自分から母親を奪った妹達から母親の属性である女性性や母性を奪い返すとともに，母親への同一化を達成することによって，対象喪失の苦痛や不安を防衛し，孤独を回避しよ

うとする心的状況を表していた。

　Ｆは幼児のような甘えと一体感を母親に求めたがそれは叶わず，母親への同一化も十分機能しない中，強かった児童期の自己にも戻れず，孤独に置かれ，心的空虚感をお金や物という代理物で埋めようとした。また，孤独と欲求不満がもたらす心的苦痛を家庭内暴力として排泄したのだった。Ｆの攻撃的破壊衝動の高まりがピークに達した頃，近所の中学生が起こしたリンチ事件は，Ｆに自身の破壊的攻撃衝動への怖れを喚起した。セラピストの介入はＦの怖れを幾分緩和させることに成功し，それによって安堵感を得たＦは，母親への依存欲求や愛着をセラピストに向け替え，セラピストを理想化し，同一化することによって内的喪失を防衛しようとし始めた。それは幼児期のＦが依存対象を母親から父親へと向け替えたことの反復であった。

　こうして母親転移が始動し始め，セラピストへの依存感情が高まった頃，夏休みによる約１カ月の分離がセラピストとの間に生じた。Ｆはこの分離体験を「このまま闇に葬られるかと思った」と語り，その心的苦痛は自傷やヒステリー性の解離，偽幻覚として排泄されたのだった。このようなプリミティヴな反応は，Klein（1940）によって描写された離乳によって乳房を喪失した乳児や，母親の不在が母親からの愛情の喪失として体験され，見捨てられ不安によって混乱している幼児の内的世界を思わせた。

　セラピストの休みによる分離は一時的なものであり，現実思考（２次過程）が機能すれば永遠にセラピストを喪失するわけではないことは明白である。にも関わらずＦがこれほど混乱したのはなぜだろうか。そこにはＦの心がまだ十分に時間や空間の感覚を持てず，１次過程の思考状態にあった時代に体験した，愛着・依存対象との分離体験の蘇りがあったと推論することができる。まだ幼く良い母親対象を心に保持することができなかったＦは，妹の誕生による現実の母親の一時的不在を，内的には母親を喪失したと体験し，その不安と孤独がもたらす心的苦痛に耐えられず，母親に代わる愛着・依存対象を父親に求めたのだった。セラピストの夏休みによる分離は，Ｆの心的世界に幼児期の母親喪失体験を蘇らせ，転移された母親対象でもあるセラピストが失われてしまったとＦには体験され，幼児期にＦの心に生じた空想や防衛がここに再演されていたと理解される。

⑵ セラピストとの分離によって生じた内的母親対象喪失の再構成

　幼児期の母親との分離体験が，セラピストとの分離によって再演された時，「自分についていけない感じで自分の感情も怖かった」「家で暴れたし，自分がおかしくなったかと思った」「(怒りを) 痛みで紛らわそうと自傷した」と，Fの心に激しい怒りと攻撃的・破壊的衝動をもたらした。

　Bion (1962b) は，乳房の不在を体験する赤ん坊の世界を，①圧倒されて破滅 - 解体に陥る状態，②欲求不満を回避して万能空想に浸る状態，③欲求不満に持ちこたえて修正が起こる状態の３つの観点から論じ，松木 (2009) は，この状態が順に，①精神病状態，②パーソナリティ障害，③健康な心の発達状態と連動することを示した。Fの場合，セラピストとの分離，すなわち乳房の不在に対して，破滅解体に至るほどの病理は示しておらず，欲求不満の②回避から③修正の状態にあったと考えられる。

　乳房や母親が姿を消す時，欲求不満を回避しようとする乳幼児の内的世界では，苦痛は悪い対象による攻撃であると空想され，手足をバタつかせて泣き叫ぶ運動・行為によって悪い対象を排泄するか，理想化された対象から良いものを吸収している万能空想に浸ることで苦痛を否認する。そして考える機能は育たず投影同一化による排泄が多用されることになるのである。

　一方，欲求不満を修正する乳幼児の内的世界では，苦痛を与える悪い対象からの迫害に持ち堪え，その結果無い乳房を知覚し実感することによって思考が使えるようになる。それが外的世界に乳房や母親がいないという現実を見出すことを可能にするのである。そしてそれは，今は不在だが戻ってくる良い対象が存在することや，欲求不満がもたらす心的苦痛を知覚し現実のこととして体験する能力をもたらす。Fはセラピストとの分離が生じた時，「夜も眠れずこのまま闇に葬られるのかと思った」と，悪い対象から苦しめられる迫害体験を語り，「怒りは自分のことと家のことに使い果たした」と述べ，自傷や家庭内暴力，偽幻覚や解離症状として心的苦痛を排泄していた。そこには悪い対象からの攻撃であると空想し排泄するFがおり，Bionが述べた欲求不満を回避する心的状況が現出していた。

　しかし，セラピストが戻り，セラピストによってFの怒りと混乱が受けとめられた時，欲求不満を修正する健康な乳幼児と同様，Fを孤独に陥れる悪いセラピスト (迫害対象) の代わりに，良い対象としてのセラピストを受

け入れ，「ここで話すのが一番，他の日は闇，孤独で地獄みたいだった」と語ったのだった。そして解離などの精神症状は消失し，二度と出現することはなかった。そこには，分離による対象の不在が一時的なものであり，満足を与える良い対象としてのセラピストは不変であると実感し，思考することのできるFの存在が示されている。対象の不在によって苦痛な状況に置かれたとしても愛着対象が戻れば，対象が悪い対象に変質したのでもなければ，わざとFを苦しめたのでもないと考えることが可能となり，良い対象を取り入れることができる健康な心的状態を取り戻せたのである。Fの混乱が比較的短期に収束したのは，かつて分離によって母親を内的に喪失したと体験される以前に，良い内的対象が構築されていたことを示しており，セラピストとの分離体験が現実化（実在化）される中，失われていた良い内的対象がFの心に呼び戻されたことによると考えられる。

　セラピストとの分離を内的喪失と体験したFの主観的世界には，心的苦痛によって貪欲な攻撃の破壊的衝動をともなう空想が派生した。しかしセラピストを破壊すると愛着・依存対象としてのセラピストを永遠に失う恐れや不安が生じたため，愛着対象を守るために怒りを自分や外界に排泄したのだと考えられる。また，自分の中の破壊的攻撃性を恐れ，そのような感情を有する悪い自己への罪悪感がFの心に生起し，それがセラピストへの攻撃を抑制したとも推察される。さらに，分離以前のセラピストとの良い体験を想起するFが存在したことも，抑制に関与したと考えられる。

　妹の誕生によって生じた内的母親対象の喪失時に，同様なことがFの主観的世界に起きていたとしても不思議ではない。母親や母親のお腹の赤ん坊を激しく攻撃する貪欲な破壊的空想が生じたが，母親を破壊すると愛情も得られなくなるため，自分の攻撃によって現実の母親を傷つけないよう距離を取り，父親へと愛着対象を置き換えたのだった。また，分離以前の母親との関係が良いものであったことも，Fの母親への攻撃を躊躇させたと想像される。そうしてFは「手のかからない子ども」として児童期までを過ごしたが，Fの怒りや不満は，攻撃的言動や他校の生徒に喧嘩を売るなどの行為として排泄されていた。Fが叱られても謝らなかったのは，自身の攻撃性への怖れや罪悪感から，自分を「悪い存在」だと感じていたからだった。

　母親の代理対象としての父親は「強い」息子を望んでおり，父親に愛され

るためには，甘える「弱い」自分を否認し，父親に同一化した強い男性的自己像を作る必要があった。母親との同一化をあきらめる女児の心のメカニズムについて Klein（1932）が，「母親から経験する口唇期的な欲求不満の結果として，女児は母親から顔を背け，満足の対象として父親の男根を手に入れる」と論じたように，Ｆは万能で強いペニスを持つ男の子となることを選択し，想像上のペニスをもって児童期を過ごし，父親のペニスと競争する強い自己と万能感によって，内的母親の喪失から生じた寂しさや虚しさなど抑うつ的な感情を防衛していたと考えられる。そしてＦは「自分にできないことはない」という自己愛的万能感と，「できないのは自分が悪い」と責める厳しい超自我の世界に生きることになった。抑うつ感情に耐えられず，強がりと万能感に基づく行動によって躁的に防衛するパターンは，面接の中でも反復されたのだった。

⑶ セラピストの取り入れ同一化──自己の確立へ

　セラピストは「Ｆの混乱の責任はＦを放り出したセラピストにある。Ｆが悪いのではない」という介入によって，攻撃的・破壊的になったＦの「悪い自己部分」に報復することも見捨てることもなく，その不安と混乱を受けとめる対象として存在することを示した。それは「おむつが汚れて汚いのは，排泄した赤ん坊が悪いのではなく，取り替えなかった母親が悪い」，つまり混乱が「環境の失敗」（Winnicott, 1987）であることを伝え，混乱をセラピストが受けとめコンテインメントすることでもあったと考える。この介入はＦに「ここで話すのが一番。他の日は闇。孤独で地獄みたいだった」と安心感と安堵を与えた。

　良い授乳体験が良い内的母親対象の形成に繋がるように，Ｆはセラピストを理想化してセラピストの一部をなす女性性や母性を取り入れ同一化することで，良い自己を自分の内界に留め，自身を肯定できるようになった。それにつれて，今までの自分が「虚しさを感じないよう」感情を否認して生きていたことに気づくとともに，「母は忙しすぎ，腹を立てても意味ないし可哀想だと思う」と，現実の母親を認め思いやる面が見られるようになった。そして抑うつ的な感情を感じられるようになったＦは，馴染んだ学校や無償の相談室を失うという新たな喪失を，「寂しい，虚しい，不安な気分」と語

り，セラピストと悲しみを共有することも可能となった。そして「寂しさを抱えて生きる人」を理想としつつ，「これからも考えて動けるようになりたい」と，感じる力と考える力をもった新しい自己像を自分のものとし，社会に適応していった。

　幼児が母親との分離に耐えられるようになるには，良い母親対象の内在化が必要であり，それが未達成であったならば，外的な対象の不在が内的喪失として体験されることになる。Ｆがセラピストの夏休みを，一時的な分離と体験することができなかったのは，良い対象の保持が不十分であり，外的対象の不在を内的喪失だと体験したための混乱であったと理解される。この体験は，妹の出産によって生じた母親との分離体験の再演であった。しかし，セラピストとの体験が単なる幼児期の繰りかえしにならなかったのは，分離によって不在となった対象が戻ってきた時，Ｆの混乱の原因は環境にありＦが悪いのではないというセラピストの介入によって，Ｆが良い対象を心に呼び戻せた点にある。

　幼児期の母親との分離はＦの心に怒りと破壊的攻撃衝動を生じさせ，それは罪悪感を惹起した。罪悪感ゆえに母親に近づくことができず，代わりの対象として父親を同一化の対象としたために，Ｆは良い対象としての母親を心に呼び戻し，関係を修復することができなかったのである。セラピストとの間に，幼児期から持ち越された母親との分離をめぐる不安と葛藤が転移として再演され，愛と憎しみ，怒りと罪悪感などの生々しい感情が蘇り混乱する中，その破壊的攻撃衝動を当然のこととして受けとめるセラピストの介入は，Ｆの罪悪感を緩和することに寄与した。そしてそれは，心に失われていた良い対象を呼び戻し，再び良い対象が自分とともにあることをＦに実感させ，良い対象の再確立を可能にしたのだった。一時的な分離を内的喪失だと体験するＦの心的状況が修正されたことは，Ｆに分離を分離として，喪失を喪失として悲しめる抑うつ的な心に留まれる心の成熟と，幼児的な依存感情に基づく母親からの分離をもたらし，個別の自己を肯定的に認知する青年期への移行を可能にした。

⑷ 分離による内的喪失体験と躁的防衛──抑うつ不安に触れること
　内的喪失体験が生じた時に用いられた心的機制とその時の臨床的現れにつ

いて考えたい。思春期を迎え，父親から置き換え同一化の対象としていた友人を喪失した時，Ｆの心に生じた孤独と不安は，幼児的なパーソナリティ部分を発動させ，最初の愛着対象であった母親を希求した。Ｆの心的世界は父親への同一化による万能感と結びついた男の子としての強い自己と，孤独に怯える幼子のように依存的な弱い自己とに引き裂かれ，Ｆの自己像は大きく揺らぐこととなった。Ｆは登校できない弱い自分を自覚すると，強い万能的な自己によって弱い自己を躁的に防衛しようとするのだった。

　セラピストとの分離を愛着対象の喪失として体験したＦは，悲しみや寂しさといった抑うつ不安をもつ弱い自分を受け入れられず，行動化として排泄していた。Ｆの混乱を抱えるセラピストの介入によって，「泣くくらいなら記憶から切り捨てて消し去ればいいと思っていた」と，苦しい感情を排泄してきたことを洞察し，「古い考え（児童期までの父親に同一化した強い自己）と新しい考え（女性性や母性を含み悲しみを感じる新しい自己）」の両方を感知するようになった。そして「自分がなくなりかけているみたい」と児童期の万能的な古い自己が失われつつある喪失感や不安を語り，「虚しさを感じないように抹殺して嫌な記憶を消そうとしていた」と抑うつ不安を否認していた児童期の自己について洞察した。

　このように抑うつ不安に触れ始めたが，親の期待や愛情を失う悲しみに直面すると，抑うつ不安に耐えきれず幼児期の防衛パターンに戻ろうとする内面の力が働いた。Ｆは「忙しいのが一番」と父親に同一化した行動化（躁的防衛）──習い事，予備校の見学，見舞いと家事，アルバイトの面接──によって，自身の内側に生じた抑うつ不安を否認しようとしたのだった。セラピストの介入は，Ｆに「競馬馬みたいに叱咤激励」して行動してきた自分への気づきと，抑うつ的な心を取り戻すことに寄与した。馴染んだ学校や無償の相談室を失うという新しい喪失が持ち込まれた時，Ｆは「時間って残酷だけどそういうものだと実感した」と喪失を時間軸の中で捉え，悲しみを心の中に留めようとした。しかしすぐに揺り戻しがきて「自分だけ成長の途中で放り出される！」と迫害的な怒りを表出した。抑うつ不安に持ち堪えられず，妄想‐分裂ポジションに移行したが，Ｆの不安と怒りを取り上げるセラピストの関わりは，Ｆ自身が内面を見つめ抑うつ的な世界に戻ることを支えた。そしてＦは「寂しさを抱えて生きている人」を理想とする女性として

の自己を確立していったのである。

思春期の子どもが新たな自己を確立していく時，妄想 - 分裂ポジションから抑うつポジションへの移行段階において，しばしば躁的防衛が選択される。クライエントの心は幼児的な空想に支配された古い自己（妄想 - 分裂ポジション水準）と，現実を取り入れ新たに獲得された自己（抑うつポジション水準）の間を揺れ動き，抑うつ不安への防衛から躁的防衛を行うのである。乳幼児の心がこの2つのポジションを通して発達していくのと同様に，思春期の子どもも妄想 - 分裂ポジションから抑うつポジションへの移行に足掻き苦闘しながら，乳幼児期に母親との間に形成されていたが忘れ去られていた，内的な良い対象を再確立することによって新しい自己を確立していくのだと筆者は考える。

3. 結　語

本章では，一時的な分離を分離と体験できず，外的な対象の不在を内的喪失と体験し，良い対象を心に保持することに失敗していた思春期女性の事例をもとに，そこで生じた取り入れ同一化のあり様について例証した。内的な良い対象を保持できず，外的対象も不在であったなら，誰も頼れず一人孤独に置かれることになる。防衛として用いられた同一化の機制が，良い対象の内在化という心の栄養として取り入れられ同一化され，乳幼児期から持ちこされた分離（内的喪失）体験が修正される心的過程を詳述した。

4. 補　遺

第7章と第8章では，母親との一時的な分離が，愛情や安心，依存をもたらす良い内的対象の喪失であると体験され，その心的苦痛を取り入れ同一化によって防衛していた2事例を臨床素材として提示し，内的対象喪失への理解と，質的に異なる同一化の機制の臨床的現れについて論じた。

2例とも母親との分離体験を，一時的な対象の不在であると思考することができず，主観的には母親対象の喪失であると体験したことから生じる孤独と苦痛，悪い母親対象への激しい破壊的攻撃性や迫害不安，また自身の攻撃によって母親対象を失ったという罪悪感に持ち堪えられず，その心的苦痛を防衛するために取り入れ同一化の機制が用いられていた。両者とも防衛とし

ての取り入れ同一化によって，喪失や喪失がもたらす依存感情や攻撃感情は否認され，みせかけの安定を得て児童期を送っていた。しかし青年期（思春期）を迎え分離の問題が再燃された時，'防衛としての取り入れ同一化' が機能不全となり，防衛の破綻によって身体化や神経症状が表出し不登校状態となっていた。

　面接が進展する中，セラピストとの分離体験が幼児期の内的喪失体験を蘇らせ，その心的苦痛は身体化や行動化，精神症状として表出された。しかし2例とも，内的対象喪失がもたらす心的苦痛がセラピストにコンテインメントされると，比較的短期間に迫害不安は収束し，良い対象や良い自己を心に置けるようになった。つまり '防衛としての取り入れ同一化' が緩んだことによって心的苦痛が症状に排泄され，その投影による排泄を受けとめるセラピストの機能によって，本来の '取り入れ同一化' が可能になったと言えるわけだが，これは彼女達の精神的健康の表れと，乳幼児期の母子関係がほど良いものであったことを物語っている。すなわち元々母親との良い対象関係が心の基盤として形成されていなければ，これほど短期間に混乱が収束することも，良いものを良いものとして体験し，取り入れ，依存する関係を構築することもできないからである。

　乳幼児期の分離にともなう内的対象喪失体験によって依存感情は否認され，その代わりに '防衛としての取り入れ同一化' が過剰に使用され，依存を提供する良い対象が見失われたために，本来の '取り入れ同一化' が機能不全になっていたのだった。その見失われた心的世界にある良い対象が，セラピストのコンテイニングによって蘇り，再獲得されることによって，新たな意味を有する分離体験の現実化（actualization）がもたらされることについて論じた。

154　第Ⅱ部　事例から捉えた青年期女性の分離体験と精神病理

第9章　『西の魔女が死んだ』に見る分離の保留
——『ためらいの時』が意味すること

　本章では，梨木香歩（2001）の児童文学作品「西の魔女が死んだ」を素材
として，精神的健康度の高い思春期女性が，子どもから大人へと移行してい
く時に体験した母親との分離体験の意味や，その臨床的現れについて対象関
係論の観点から描き出す。

1.　素材のあらすじ
⑴ 祖母の家へ
　中学1年の5月から不登校になった主人公Gが，祖母の家で暮らした1カ
月の出来事を中心に描かれている。主な登場人物は，Gが「西の魔女」と呼
んでいるイギリス人の祖母，単身赴任中の父親，仕事に忙しいハーフの母親，
祖母の近所に住むゲンジという男性である。祖父はすでに亡くなっている。
　喘息をきっかけに学校を休んだ後，学校に息苦しさを感じていたGは，
「あそこは私に苦痛を与える場でしかない」と登校しないことを母親に宣言
したのだった。そのことを単身赴任中の父親に告げる母親が，「優等生で感
受性が強すぎる子，昔から扱いにくい子，生きていきにくいタイプ，まさか
自分の子が登校拒否になるなんて」と話すのを聞いたGは，母親からの評
価と母親を失望させたことに傷つくのだった。母親はGに登校を強要する
ことはせず，田舎の自然豊かな祖母の家で休養させることを決めた。
　祖母は，Gをとても喜んで迎えた。祖母の家で昼食用のレタスを取りに行
ったGは，そこでなめくじと遭遇する。その直後，締まりなく太り目だけ
が異様に光る男ゲンジに声をかけられ，Gがしばらく祖母宅で過ごすことを
伝えると「ええ身分じゃな」と言われ，はらわたが煮えくりかえるほど腹を
立てたのだった。

第9章 『西の魔女が死んだ』に見る分離の保留　*155*

翌日母親が帰る時，ひとり残される寂しさをＧは寝たふりをしてやり過ごした。Ｇは今までにも時折，訳もなく暴力的な心の痛みを伴う孤独を感じることがあったが，いつもその寂しさをやり過ごしていた。その日Ｇは祖母のジャム作りを手伝い，曾祖母が魔女の能力によって曾祖父の命を救った話を聞いた。その夜，Ｇは真っ暗な海をひとりで泳いでいる夢を見た。その時「西へ」という声がＧの心の内と外に響いたのだった。

⑵ 魔女修行の始まり

翌朝Ｇは，祖母に魔女修行を願い出る。祖母は魔法や奇跡を起こすには，正しい方向にアンテナを立て，それを体と心でしっかり受け止める精神力が必要であり，「いちばん大切なのは，意思の力。自分で決める力，自分で決めたことをやり遂げる力」だと話した。Ｇは次の日から，規則正しい生活と意志を強くするために家事や勉強のプランを立てそれを継続することにした。森の中の日だまりにお花畑を作り「Ｇの場所」とした。

ゴミ出しに行ったＧは，小学校の頃，その道を大きなシマヘビが鎌首を持ち上げて横切るのを見て恐怖を感じたことを思い出した。そしてゴミ置き場に，裸の女の人が奇妙な姿態で載っている雑誌が置いてあるのを目にした。そこは暗い陰湿な臭いを発散させているように感じた。置いたのは下品で，粗野で，卑しい男のゲンジに違いないと，Ｇは嫌悪感と憤りで息が詰まりそうになった。

Ｇが祖母と暮らして３週間が過ぎた頃，庭の鶏小屋が襲われ鶏が殺される事件が起きた。何とも言いようのない切なさと悲しみでいっぱいのＧは，ゲンジの犬の仕業に違いないと憎しみの感情を募らせた。

日だまりのいつもはＧのお気に入りの場所も，その日はザワザワしていて「ゆうべの，ゆうべの，あの惨劇――闇を切り裂く断末魔――ああ，厭わしい，厭わしい――肉を持つ身は厭わしい」と声が聞こえたように感じた。その夜Ｇは，何年もの間考え続け恐れてきたこと「人は死んだらどうなるのか」という問いを祖母に向けた。パパが「死んだら最後」何もなくなるし，もしＧが死んでも皆は普通の生活を続けると答えたことを祖母に伝えながら，Ｇは泣きじゃくった。祖母は，人は魂と身体が合わさってできているが，「死ぬと魂は身体から離れて自由になる」，魔女は「十分に生きるために死ぬ

練習をしている」と話した。バラバラの鶏のことを思いながら、「苦しむために身体ってあるみたい」と言うGに、祖母は「魂は身体をもつことによってしか物事を体験できないし、体験によってしか魂は成長できない」と答え、春になると種から芽が出るように「魂は成長したがっている」と語った。

　その夜Gは蟹になった夢を見た。柔らかい身体の赤ちゃんから大きくなると硬くなり、身体の核まで硬くなりそうになると脱皮がはじまった。Gは、死んで魂が身体を離れるのはこんな感じかと思った。祖母は自分が死んだら「魂が身体から離れた」とGに知らせると約束した。

　ゲンジが鶏小屋の工事に来た時、Gはゲンジの通った跡にはナメクジが這った跡のように生臭さが残ると感じた。ゲンジが家にいると思うと喘息の兆候が現れるくらい嫌悪していた。後日、祖母からゲンジに修理代を渡しに行くよう頼まれたGは、魔女修行だと思って出かけたが、学校を怠けて遊んでいるというゲンジの言葉に、屈辱と怒りとそれを抑えようとする力が交差して何が何だか分からなくなった。ゲンジの犬が鶏を殺したとの考えを祖母に伝えると、祖母はGの思い込みを「直感は激しい妄想となって人を支配する」と注意し、魔女は感情に支配されないものだと語り、Gの心が「疑惑や憎悪」で支配されていることを指摘した。Gは初めて祖母に反論したが、この時は祖母の言葉に不承不承従った。

⑶ 父親との再会

　半年ぶりに会う父親が、不登校になった自分をどう思っているか不安なGだったが、父親からは、家族3人で父親の赴任先に暮らすという意外な提案がもたらされた。それは母親が仕事をやめることと、Gの転校を意味していた。その提案にGは、「いつまでもこのままではいられないのだ」と、切ないような懐かしいような気持ちになった。Gは父親のためのベットメイクや身の回りの世話をした。この頃のGは、言われなくても自分で率先して家事をテキパキとこなすようになっており、そのGの変化に父親は驚いたのだった。

　Gは不登校になった理由を初めて口にした。去年まではうまくやれた女の子同士の心理的駆け引きが、急にあさましく卑しく思えて一切やらないでいたら、周りと敵対し孤立してしまったのだった。転校は敵前逃亡ではないか

と問うＧに，祖母は「魔女は自分で決める」と言いつつ，「自分が楽に生きられる場所を求めたことを後ろめたく思う必要はない」と語った。祖母の言葉はＧを誘導しているようだと，率直に自分の考えを言えるＧがいた。

⑷ 祖母との対立

　結局，Ｇは転校先を「魔女修行の場」とすることに決め，下見をして自分で学校を選んだ。祖母の家を出ることが決まったＧは，お気に入りの「Ｇのお花畑」に向かったが，そこでゲンジと遭遇した。ゲンジが鍬で祖母の土地の境界線を侵していると思ったＧは，自分の聖域を侵されたように感じて激しい憎悪と嫌悪を感じた。祖母の土地を搾取していると言ってもゲンジの肩をもつ祖母に対して，Ｇが「あんな汚らしいやつ，死んでしまったらいいのに」と言った時，祖母はＧの頬を打った。Ｇは泣きながら，叩いた祖母を恨むとともに祖母とうまくいかなくなったのもゲンジのせいだと憎んだ。Ｇは祖母との間にしこりを残したまま，祖母の家を後にした。

　その後２年間，Ｇは毎日学校に通っていた。独特の価値観をもち人と群れないショウコという親友もできた。Ｇは自分で決めたことを黙々と最後までやり抜く魔女修行を続けていた。祖母とのしこりについて，魔女にあるまじきお互いの「感情の流出」だったと考えるようになり，一人置き去りにした祖母への罪悪感を感じていた。次に祖母に会ったら自分の気持ちを全て伝えようと思っていた矢先，祖母の死の知らせを受けたのだった。

⑸ 祖母の死

　Ｇは，悲しみよりも取り返しがつかないという恐ろしい後悔の念と，悲痛な思いで混乱していた。亡くなった祖母の姿を見たＧは，あまりに辛く，その感覚を麻痺させるための繭に包まれているように感じていた。「この人はこういう死に方をする」と感情なくつぶやく母親を，まるで捨てられた子どものようだと感じた。Ｇを部屋から出して実母と２人になった母親は爆発するように泣くのだった。祖母の好きだった花を泣きながら差し出すゲンジと，Ｇは初めて嫌悪感なしに話した。ゲンジには以前のような横柄さや威嚇する態度は微塵もなかった。その後Ｇはガラスに「ニシノマジョ　カラ　ヒガシノマジョ　ヘ　オバアチャン　ノ　タマシイ，ダッシュツ，ダイセイ

コウ」とあるのを見つける。祖母は死んだら G に知らせるという 2 年前の約束を覚えていたのである。G は祖母の溢れんばかりの愛を身体中に実感した。それは G を覆っていた繭を溶かし，封印されていた全ての感情を蘇らせた。同時に祖母が死んだという事実も実感させた。思わず叫んだ「おばあちゃん，大好き」との声とともに涙は後から後から流れた。その時 G は「アイ・ノウ」という祖母の声を聞いた。

2. 考　察

(1) 現実の母親との分離体験——内的母親との分離の保留

　G の不登校は，女子同士の駆け引きがあさましく感じられ，何でも一緒に行動する女子の付き合いを辞めたことが引き金になっている。群れることで安定を得ていた児童期の友人関係を疎ましく感じ，その関係からの主体的離脱の選択は，児童期とは異なる感情や衝動が G に生じたことの表れであり，思春期を迎える G に，自己の確立を模索する動きが生じたことを示している。しかし，まだ思春期のとば口にいる子どもたちには，他者と同じであることが脆弱な自己を支える安全弁であり，群れからの離脱は孤独・孤立を意味する。この年代の子どもの多くは，まだ孤独に耐えられるだけの心的状況にはなく，友人を拒絶した G は，その代償として耐えがたい孤独と疎外感を味わうことになったのだった。

　父親は単身赴任，仕事に忙しい母親，一人っ子という環境によって，G は学校だけでなく家庭においても孤独に置かれていた。彼女は時々「胸が締め付けられるような寂しさと孤独」を感じていたと述べているが，そこには上述した内容以外に，発達課題としての分離-個体化意識の高まりも拍車をかけていた。子どものように甘えられず，けれどもまだ自分の力だけで生きる術もない寄る辺ない状態にある思春期の子どもにとって，依存感情の否認と独立意識の高まりは，孤独感を強める要因となる。

　孤独な心を抱えた G は，依存と保護を求めて母親に，「私はもう学校へは行かない。あそこは私に苦痛を与える場でしかない」と訴えたが，母親は G の気持ちや思いを聞くこともなく，しかし登校を強要するのでもなく，祖母の家に G を連れて行くことを決めたのだった。母親は，子どもの不安や葛藤を共に考え，抱えようとするのではなく，物理的にも心理的にも距離を

第9章　『西の魔女が死んだ』に見る分離の保留　159

置き，自分の母親に委ねることによって，Gの心的苦痛や，苦痛を訴えるG
との関係を保留にしたのだった。母親はGを「優等生，感受性が強すぎる子，
昔から扱いにくい子，生きていきにくいタイプ」と捉えているが，そこには
子どもの状態を客観的に見てはいるが，情緒的交流の淡泊さや親密度の薄い
親子関係が窺える。Gが学校に行かないことを決意するには，そうするだけ
の理由や不安，葛藤があることは明白だが，そこに触れようともしないばか
りか，自分の手元から遠くに追いやる母親の関わりは，Gにとって愛されて
いる実感に乏しく，抱えられている感覚も希薄で，孤独を感じさせるもので
あった。しかし，Gを叱りつけ攻撃し登校を強要する支配的な悪い母親でも
ないため，母親に怒りを向けることもできず，Gの欲求不満は出口のないま
まに抑圧され，自分のことを考える代わりに，ハーフであった母親の学校生
活の居心地の悪さを思い遣る，良い子のGとして適応していたのだった。

　母親が祖母の家から去る時，すなわち母親との分離をGは，「心臓をわし
づかみされるような，エレベーターをどこまでも落ちていくような痛みを伴
う孤独感」を感じつつも，寝たふりをしてやり過ごしている。ここには母親
との分離が内実激しい心の痛みを生じさせ，愛情対象を喪失したように体験
していたGがいる。しかし，Gはその心の痛みもやり過ごし，考えないよ
うにするのだった。それは，母親が問題に直面せず，やり過ごすのと同様の
防衛・適応様式であり，Gもそうやっていろんなことを保留にし，大きな不
足はないが満たされたと感じることもなく，漠然とした不全感をもちながら
思春期まで過ごしてきたと考えられる。

　この物語の中にGが母親に対して憎しみや怒りを向けた記述はない。また，
母親が次に登場するのは祖母が亡くなった時である。思春期を迎えたGの
抱える心的課題，すなわち幼児期の依存的母親対象の喪失をめぐる不安や葛
藤，性，攻撃欲動，衝迫，自己の確立の模索をめぐる親子間での心的緊張や
攻撃など，母親との間で生じる激しく生々しい情動の表出は保留にされ，そ
の主題は世代を超えて祖母との間に展開することとなった。

　祖母が亡くなった時，母親は「この人はこういう死に方をする」と距離の
ある言葉で感情なく呟き，しばらく後に激しく慟哭した。泣き叫ぶ母親の姿
をGは，捨てられた子どものようだと感じるのだった。目の前にいるのは，
実母の死を嘆き悲しむ娘（子ども）であり，Gを保護し守ってくれる存在と

しての母親ではないが，母親の激しい感情の表出は，生身の母親を実感することとなり，ある意味Gを安心させたのかもしれない。Gはその現実を受け入れ，大人としての視点から母親を受けとめているようだった。今ここには，不登校になって祖母の元にやって来た子どものGではなく，母親をひとりの人間として対等に見ることができるまでに成長した姿がある。

Gは，多くの思春期の子どもが，母親との間で繰り広げる依存と独立の葛藤や不安の表出，その反動形成としての反抗・反発を露わにすることなく，母親からの分離の問題を直接母親との関係の中で展開することはなく，その問題を保留にしたまま，祖母を代理対象として思春期の移行の時を通り抜けていったと考えられる。

(2) 祖母との間で展開した「ためらいの時」，そして喪失体験がもたらすもの

"ひとり夜の海を泳いでいたGは「西へ」という声を聞く"夢は，Gが海という無意識の世界に浸りながら，「西」という空間象徴が示す，過去への退行や内的な世界，母性的・女性的な世界に向かうことを示している。「西へ」誘う祖母の守りの中で，Gが新たな世界へと一歩を踏み出すことが暗示されている。

Winnicott, D. W.（1941）（以下，Winnicott）は，舌圧子を用いた乳幼児の観察から，魅力的な対象に引きつけられた乳幼児が，その対象を見出し，関わり，捨て去るまでの段階について論じ，乳幼児が主体性をもって直接対象と関わり始める前に「ためらいの時」があることを示した。その例証のために，対象にどのように関わるか躊躇し，自分の身体や自分の手と環境を制御しようとためらっている間に喘息を起こした乳幼児の事例を取りあげ，ためらいの時間の静かさが活動の楽しさに変化し，警戒が自信に変わったその瞬間に喘息が収まった様を描きだした。そこから，ある衝動やニードが生じた時に乳幼児が気ままに楽しむと，怒る母親や仕返しをする母親への不安や葛藤が生まれ，それゆえに身動きが取れなくなり「ためらいの時」がもたらされると推論した。その迫害不安や葛藤は，現実の母親からの攻撃が実際に行われたかどうかよりも，乳幼児の内的世界にある悪や厳格さ，超自我の投影によって生じる。すなわち，何かに心を動かされ刺激されたとしても，その内的な動きに戸惑い葛藤する「ためらいの時」を過ごした後に，魅力的な

対象との活動や状況を楽しむことが可能となるのである。乳幼児はこの外的対象と内的世界の交流を通して外的世界を知るとともに，良い対象を内界に取り入れ，主体的自己を確立していくことを明らかにした。

　Ｇの不登校も，「ためらいの時」の始まりとの観点から捉えることができる。思春期を迎えたＧが，「女の子同士の心理的駆け引きが，急にあさましく卑しく思えた」のは，彼女の内的世界に，今までは感じることのなかった衝迫や欲動がもたらされたことを表している。この「あさましい」「卑しい」と友人を批判し攻撃する感情の現れは，自分自身の攻撃性への不安や罪悪感，迫害不安や，母親からどう見られるかとの不安や葛藤に晒される状態に置かれ，内なる衝動を制御しようとためらっている間に身動きが取れなくなったとの理解が成立する。

　不登校になったＧは祖母の家で自由を与えられたが，その環境への不安や警戒感がＧの内的世界に生じていたことは，ゲンジの「ええ身分じゃな」という言葉への反応に表されている。ゲンジの言葉は，自由気儘にしていると責められるという，Ｇの不安や怖れを現実化させたのだった。さらにＧの不安の投影に同一化した母親や祖母からも迫害されることを恐れていた。しかし，祖母との生活では，Winnicott（1971b）が「乳児のニードへの母親の適応がほどよいものであれば，乳児自身の創造する能力に呼応する外的現実があるのだという錯覚を与える」と述べたような，ほど良い環境が供与されたのだった。Ｇのペースを尊重しＧの思いを受け止め，それをさりげなく言葉にして伝える祖母の関わりは，Ｇに安心と和やかな安らぎを与えた。Ｇのニードにほどよく適応し，温かさや安心のできる関わりを与えてくれる祖母との暮らしの中で，誰にも語ったことのない不安や思いを祖母に表現できるようになり，主体的な自己を表現する自由と自信を取り戻していった。環境から与えられるものに満足する体験が，Ｇが自身の欲望を再び見いだすことに寄与しただけでなく，主体性の発現を促したのだった。さらにこれらの体験はＧの自己愛を高め，万能な自己の体験をもたらした。Ｇは理想化した良い母親を祖母に投影し，祖母から情緒的エネルギーや，母性，女性性を取り入れ，それはＧの女性としてのアイデンティティ形成に寄与することとなった。

　しかし，万能な自己という錯覚，過度な理想化に基づく錯覚の世界に留ま

っている限り現実に戻ることはできない。Winnicott（前出）が，「錯覚‐脱
錯覚がうまくいかないと，乳児は離乳のような正常なものに到達することも
できなければ，離乳への反応にいたることもない」と述べたように，母親と
の間で滋養を与えられ万能感体験によって錯覚を経験した幼児は，その次に
は母親の適応への失敗によって傷つき幻滅し脱錯覚する必要がある。その体
験が万能でない現実の自己を発見することを可能にする。母親の失敗は幼児
の心に自分でないものの存在を自覚させ，分離した母親の存在に気づきかせ
る効果をもつ。そしてそれこそが，子どもが自立していく契機となる。

　Ｇも，転校先を決めるなど現実に戻ることが意識にのぼった頃，祖母への
理想化と自己愛的万能感という錯覚の世界は，脱錯覚へと急展開したのだっ
た。ゲンジをめぐって祖母と対立し，「あんな汚らしいやつ，死んでしまっ
たらいいのに」と，不登校になる以前のＧであれば決して口にしない攻撃
的言葉を投げつけ，祖母の怒りを買い頬を打たれたのだった。

　Ｇがゲンジを嫌悪したのは，ゲンジに投影した性や衝動性，攻撃性など厭
わしいものをゲンジが所有していると体験していたからであった。Ｇの聖域
に侵入したゲンジに対して，祖母との対立も辞さないほど激怒したのは，ゲ
ンジによってＧの身体の内部に侵入され性的なものに犯される不安が生じ，
Ｇが必死に守っている性をもたない子どもの聖域に“肉”が入り込むことへ
の恐れゆえであった。

　思春期はエディプス・コンプレックスが再燃される年代であるが，ゲンジ
を庇い，Ｇよりもゲンジの側につく祖母の言動に嫉妬するＧの言動からは，
Freud, S.（1916）が論じた，愛情対象である母親の愛情をめぐって父親を
ライバルと感じたり，母親との愛情関係の妨害者と感じる「前エディプス期」
の女児の姿を思わせる。Ｇにとってゲンジは，祖母との二者関係を邪魔する
存在であり，祖母がゲンジを擁護することは，祖母が自分よりゲンジを愛し
ているとＧには感じられ，ゲンジとの競合関係に負けたと体験されたのだった。

　Ｇの主観的世界において，上述したような意味を持つ祖母の行動は，Ｇ
に脱錯覚を生じさせ，この祖母への幻滅・失望体験がＧを現実に引き戻し，
祖母との分離をもたらすことに寄与した。ここで祖母がただ理想化対象であ
り続け，子どもの欲求を満足させ続けたとしたら，Ｇは自己愛的万能感に浸
ったままであり，健康な発達は阻害されていたであろう（ただし，母親の失

敗は子どもの心に受け止められる程度のものでなければならないし，その失敗は修復される必要がある）。

　祖母に頬を打たれた当初は怒りと憎しみでいっぱいのＧであったが，時間の経過の中で祖母との体験を考えるようになる。そして祖母との良い体験がＧの心に蘇り，祖母の良い面，悪い面の両方を見ることができるようになった頃，Ｇは怒りを向けたまま別れた祖母への罪悪感を感じるようになっていた。ここにはＧの内的世界が祖母への怒りと憎しみに彩られた妄想 - 分裂ポジションから，その体験について考えることを通して，思いやりや罪悪感を心に持つことのできる抑うつポジションへと変化したことを意味しており，Ｇの心の健康さを示している。

　Ｇが祖母との分離を心に収めることができた頃，現実の祖母の死という喪失を体験することになった。祖母の死はＧの心に強い罪悪感を呼び起こした。この罪悪感とともに不安な心のままに置かれたならば，Ｇは自身の攻撃性を恐れることになり，他者との豊かな交流を失うことになったかもしれない。怒りと憎しみを祖母に向けその後修復をする機会をもたなかったＧに対して，祖母は報復することなく愛を伝えるメッセージを残していた。祖母からの最後のメッセージはＧの罪悪感を和らげただけでなく，内的な良い対象としての祖母を心に置くことを可能にし，対象喪失の悲しみを悲しむことができたのだった。ここには，思春期の移行の時期に，母親の代わりにＧの子どもの自己部分に万能感という錯覚を体験させることで，Ｇの主体的自己を蘇らせることに寄与した祖母がいる。そして安心と自信をもたらす対象として存在しただけでなく，さらにＧの理想化と万能感に脱錯覚の機会を提供することによって，Ｇに現実を知らしめるといった移行を促進する対象としても機能し，Ｇの心に成熟をもたらしたのだった。

　Ｇが祖母との間で経験した「ためらいの時」は，本来なら思春期の子どもを持つ母親と子どもの間に展開する交流であり，親からの分離と自己の確立へと向かう「時」を表している。祖母への愛着，依存，理想化，怒り，脱錯覚，分離，喪失のプロセスが展開する中，母親との間で保留にされた子どもから大人への移行をもたらす分離のテーマが展開したのだった。

3. 結　語

　思春期は，乳幼児期に形成された理想化された父母像に対する脱備給や脱錯覚による対象喪失が起こる時期（小此木，1998）であると言われる。思春期の子どもが，母親からの分離（内的対象喪失）を達成するためには，それ以前に子どもの心に安心・安全をもたらす愛着・依存の関係が形成されている必要がある。思春期の子どもはその依存関係を土台とする内在化された良い対象に守られる中，子どもから大人への移行を成し遂げていくのである。児童期までを良い子で過ごした子どもや，十分な依存関係を持てなかった子どもの中には，思春期の移行期を迎えた時，「ためらいの時」を，新たな自分を創造する移行空間として使用し，自分自身や親との関係を見つめ直し健康な成長を遂げていくことが示された。その時，子どもに安心と安全を供給し，子どもからの理想化を引き受け，万能感を育むことを通して主体的自己の再獲得を促し，その一方で，そこからの脱錯覚と，その修復を共にし移行を支える対象，すなわち思春期の子どもが自分自身と向き合い，内的な良い対象を再獲得するための時間と空間である，「ためらいの時」を保障する移行対象の存在が重要となるのである。

　母親との間に不安や葛藤が持ちこまれず，分離の保留という防衛がなされた時，この「ためらいの時」が環境から与えられるか否かの問題や，与えられたとしても「ためらいの時」を使用できるか否かの問題，さらには「ためらいの時」を使用したとしても，それを成長に繋げられるか否かの問題が考えられる。そして「ためらいの時」を有意に使用できない時，長引くモラトリアムや引き籠もりで居続けることに繋がるものと考えられる。

　思春期の心は，健常に発達を遂げている子どもにおいても，喪失と獲得，依存と独立，万能と脆弱，強いと弱い，愛と憎しみ，肯定と否定など両極端に振れ幅が大きく，良いか悪いかのどちらかに分裂した世界を展開しがちである。この分裂した世界をまとまりのあるものにするためには，子どもの試行錯誤や実験を許容する時間と空間，そしてその橋渡しをする対象の存在が求められる。そしてそれが行われる時空間として「ためらいの時」が機能することを示した。この「ためらいの時」において，良い対象の再獲得がなされ，それが母親との分離（内的母親対象の喪失）を可能にするとともに，子どもから大人への移行が遂行されるのである。

第III部
対象関係論的心理療法から捉えた
青年期女性の分離体験

本書は，対象関係論的心理療法の実践から浮かび上がってきた，青年期女性の分離体験の解明を目的として論考を進めてきた。第Ⅰ部「青年期女性を理解するために」では，青年期・青年期女性，分離体験，乳幼児の情緒発達論について先行研究を概観整理し，第Ⅱ部「事例から捉えた青年期女性の分離体験と精神病理」において探究される臨床事例の基石とした。第Ⅱ部では，事例から浮揚した青年期女性の対象関係，不安，欲動，内的空想，心的機制などについて詳述し，女児が第二次性徴を経て青年期女性へと身体的・精神的・社会的発達を遂げる時，乳幼児期の「分離体験（内的喪失）」の未完や不全が，精神病理と連結されることを例証した。

　第Ⅲ部「対象関係論的心理療法から捉えた青年期女性の分離体験」では，第Ⅰ部を踏まえて勘考する中，第Ⅱ部で究明された内容から，「分離がもたらす内的世界の現れ」「母親からの分離の困難さ」という主題を抽出し，分離体験の本質について筆者の見解を述べる。

　第10章において筆者は，乳幼児期の分離体験（内的喪失）をワークスルーできないままに「逡巡」する，青年期女性のあり様をより詳細に検討し，「潜伏期」と「性器期」の間に「逡巡期」という発達段階を提起する。

　第11章では，分離の主題を抱え「逡巡期」にある青年期女性の対象関係論的心理療法における，セラピストの機能と技法について論考するとともに，発達途上にある青年期女性の対象関係論的心理療法の到達点について筆者の考えを述べる。

第10章 青年期女性の内的世界

　第3章から第9章において，対象関係論的心理療法実践から浮かび上がっ
てきた，青年期女性の内的世界に展開する自己像や対象像，情動や心的機制
について詳細に検討した。その結果，身体化，行動化，症状化の背後には，
乳幼児期の愛着対象である母親との分離体験が存在し，一時的な分離体験が
内的には愛する対象の喪失となり，その心的苦痛への耐えられなさが様々な
防衛機制を発動させ，心的発達を妨げていたことが明らかになった。この乳
幼児期の外傷的な分離体験が，母親からの分離と自己の確立が心的課題とな
る青年期に蘇り，未消化であった喪失体験がセラピストとの転移関係を通し
て再体験されるとともに，取り扱い可能な情動的経験に変形され，失われて
いた良い母親対象の再取り入れが可能となることが示された。
　しかし，乳幼児期が思春期に蘇ることは，Freud, S.（1905）の「二相説」
や，早期乳幼児期の心的発達不全が成人の精神病理と結びつくことを論じた
Klein, M.（以下，Klein），Winnicott, D. W.（以下，Winnicott），Meltzer,
D.（以下，Meltzer）など，多くの臨床家が指摘することであり，再演とい
う視点だけで捉えれば，単に理論を祖述したに過ぎずそこから新たな観点を
見いだせたとは言いがたい。しかし，「第Ⅱ部」において示した事例は，先
人たちの理論を基盤としながらも，事例から浮かび上がってきた情動的経験，
印象や臨床的事実を集積し，青年期女性の分離体験のあり様についてより詳
しく論考し，理論仮説を臨床実践的に例証することには成功したと言えよう。
またそれによって，青年期女性の母親との関係をいくらかは立体的に実在感
をもって捉えることに寄与したと考えている。
　さてここからは，この乳幼児期が思春期に再演されるという臨床的事実を
基盤とした上で，事例から浮揚してきた臨床的経験と，第Ⅰ部で取りあげた
精神分析的発達論の理解を重ねながら，その類似点や異同について検討し，

筆者自身の見解を論述する。

第1節 「逡巡期」——母親への依存と攻撃，異性愛への逡巡

　筆者が「青年期女性の分離体験」に着目したのは，心理療法場面における
セラピストとの分離体験への過剰ともいえる反応がその出発点であったが，
事例への考察を深める中で見出したのは，母親への依存感情と破壊的攻撃感
情，罪悪感への囚われによって恐れや不安を抱え，接近と拒絶，拒絶と接近
を繰り返し，母親に逃れがたく固着し続ける青年期女性の姿であり，母親か
らの分離の困難さであった。この分離の困難さはいったいどこからもたらさ
れるのだろうか。また，なぜそこまで母親に執着するのだろうか。まずは理
論から捉えた分離体験と青年期女性の分離の困難さや，困難さをもたらす要
因に着目し検討する。
　女児が母親から分離していくプロセスについて Freud, S.（1905）は，ペ
ニス羨望と去勢コンプレックスの視点を元に，ペニスを与えなかった母親へ
の恨みから愛情対象の父親への転向が生じ，エディプス・コンプレックスの
発現が母親からの離反を生じさせると述べた。この Freud, S. のペニス羨望
と去勢不安の観点は，父親への同一化からペニスをもった女児として児童期
を過ごした事例 F に見られた。ペニスを与えないばかりか妹に関心を向け
変えた母親への攻撃と憎しみから，愛情対象を父親に転向したが，F の場合
男児の誕生を切望していた父親を取り入れ，男性同一化が生じたため，エ
ディプス・コンプレックスの異性愛的な側面は展開しなかった。さらに，F
が思春期を迎え身体的に女性へと変貌するに至り，男性同一化の維持が困
難な現実に直面したとき，F は女性になるべく母親に再接近したのだった。
Freud, S. の二相説では，幼児期のエディプス・コンプレックスが思春期に
蘇り，性愛感情を父親に向けるとされているが，筆者の事例ではそれとは異
なる臨床的事実が示された。
　また Klein（1932a）は，女児が母親に背を向け父親に向かう要因は，ペ
ニス羨望よりも離乳にともなう口唇的欲求不満であると捉え，早期エディプ
ス状況について言及した。乳房の喪失という欲求不満がもたらす苦痛は，母

親が父親のペニスを体内に取り込み，乳房も与えているという空想を女児の内的世界に生起させる。その空想は母親への憎しみと羨望を増大させ，母親の身体内部を口唇的サディズムによって噛み砕き，尿道的・肛門的サディズムによって糞便や尿で破壊し，それらを略奪するさらなる空想が生成される。また性愛的願望から女性になって父親のペニスと合体することを求める女性ポジションをとるが，報復を恐れて母親から離反するのである。しかし女児は，女性的ポジションにおいて父親からの欲求不満に晒され，母親からの報復不安や罪悪感が高まると，男性同一化によって父親と競うことを願望し男性ポジションに移行することを示した。Klein は，乳房の喪失によって生じるこの内的空想を，幼児とのプレイアナリシスから導き出した。筆者のクライエントはすでに思春期から青年期に達しており，彼女たちが意識化できた乳幼児期の最早期記憶は弟妹の誕生に伴う分離体験であり，想起される水準は随分かけ離れていた。しかし，乳幼児期が思春期に再演されるという仮説に加え，母親との分離体験が内的には愛する対象の喪失を意味することを鑑みれば，滋養を与え愛する乳房を喪失する離乳体験と心理的には同義であり，内的喪失体験の再演であったとの仮説が成立する。

　この仮説から事例を眺めると，妹の誕生によって自分が一番愛される存在ではないと実感した事例 B は，母親への幻滅と怒りから抱っこを拒否し，勉強ができることに自分の存在価値を置いたが，それは B が知識の取り入れという男性的ポジションをとることで父親への同一化を果たし，母親から離反したことを示している。同様に弟の誕生が母親対象の喪失となった事例 E は，欲求不満がもたらす母親への怒りと憎しみの感情を隠蔽することで母親への偽りの同一化を選択し，父親への性愛感情をもつことを回避したため，女性的ポジションも男性的ポジションも取ってはいない。事例 D も母親への怒りを抑圧し母親に迎合して思春期までを過ごしており，どちらのポジションも選択しなかった。

　これらの事例から導き出された内容について，男性・女性ポジションの観点から集約すると，事例 B・C・F は母親からの分離体験がもたらす怒りと憎しみを，父親への同一化によって男性的ポジションをとることで防衛しており，女性ポジションに向かうことはなかった。事例 D・E は怒りや憎しみを否認する心的機制を用いて母親に固着しており，愛情対象を父親に転向す

ることも女性ポジションを取ることもなかった。また事例A・Gは母親から
も父親からも距離を取り孤独や寂しさの中に生きていた。すなわち筆者の事
例からは，母親への不満から愛情対象を父親へと転向し，性愛的欲求をもっ
てペニスと合体することを希求して女性ポジションをとるという，Klein の
仮説は例証されなかったことになる。

　事例に戻ってエディプス的性愛状況について検討を続ける。筆者のクライ
エント達は口唇的欲求不満，すなわち安心と愛情を与える良い母親対象の喪
失によって生じた孤独，怒り，憎しみなどの情動的体験を，父親同一化や母
親同一化，あるいは分離を否認する心的機制によって防衛したまま潜伏期を
過ごしたが，第二次性徴を迎え初潮が始まるなど身体的変貌を遂げる思春期
を迎えた頃，防衛の破綻と心理的混乱から精神・身体症状を生じさせた。こ
の心理的葛藤と混乱の最中，異性との性的関係をもった事例が一例（事例
D）ある。しかし彼女が性的行為を行った主たる動機は「母親への当てつ
け」であり，エディプス状況に基づく異性愛的欲求が全くないとは言えない
が，それは副次的なものであったと考えられる。例えば性体験をするには年
齢不相応な前思春期女児の性的関係が，本質的には母親からの抱っこ（依存
欲求）の代償であることはよく知られている臨床的事実であるが，Dの性行
為は母親への攻撃や依存感情，罪悪感から派生したものであり，女児の性行
為と同様にエディプス的異性愛欲求に基づく関係とは言いがたい。また，事
例Aは，筆者との分離による激しい孤独を体験した時，Aの内界に生じた
破壊的攻撃感情の高まりを，投影同一化による過剰な排泄によって対処した。
そしてそれは自他の別を失うほどの混乱状態をもたらし，筆者を内的にも外
的にも破壊することを恐れたAは，ネット上の異性対象に愛着と破壊的攻
撃衝動を向け変えた。しかしその対象は母親対象と父親対象が混同され，口
唇的・肛門的・性愛的欲動の混乱がそのまま投影される病理的対象であり，
エディプス状況の性愛的異性対象といえる水準では無かった。またそこには，
自身の破壊的攻撃から筆者を守るための対象選択であることがうかがえ，転
移的には母親対象を希求し保持するための行為であったと考えられた。

　心理療法が展開する中，筆者との分離体験によって欲求不満に晒された時
も，彼女達は乳幼児期の母親との分離体験と同様に，いずれも父親あるいは
異性に性愛欲求を向け女性的ポジションを取ることはなかった。むしろセラ

ピストへの依存感情と，彼女達を見捨てたセラピストへの怒りと憎しみの狭間で不安と葛藤，罪悪感に苦しむのだった。それは，分離によって失われた滋養ある乳房や母親からの愛情を希求する一方で，自分を見捨て授乳と愛情を撤去したと体験している母親への抗議と激しい攻撃感情との間での，闘争にも似たせめぎ合いの世界の現れであり，さらにそこには母親との関係の修復を図りたい願望も加味されていた。

　繰り返しになるが，精神分析では，思春期はエディプス・コンプレックスあるいは早期エディプス状況を，大人の身体で体験する時期であるとの共通理解がなされ，性愛状態が始動する時期であると考えられている。また一般的にも第二次性徴の訪れが身体的，性的，社会的な変化をもたらし，異性への性愛的欲動が展開する年代であると捉えられている。しかし，Freud, S. や Klein が論じた，エディプス的要因に基づく性愛欲求の発現は見られず，逆に母親への幼児的固着を示すことが筆者の事例から浮かび上がってきた。

　このような理論的定説との齟齬はなぜ生じたのだろうか。この臨床経験は，筆者を戸惑わせた。筆者が何か重要なことを看過し誤聞しているのだろうかとの考えがまず頭をよぎった。しかし，年齢も症状も異なる 7 事例が，エディプス的性愛欲動を有する女性ポジションを取らず，むしろ母親への固着傾向や孤独を選択したという臨床的経験が明白に存在するのであるから，まずその事実に注目すべきであり，単に筆者の個人的逆転移だけに理由を帰すことは，一臨床家として軽々なことのように思われた。

　精神分析的臨床仮説や臨床思考は，一事例の経験を深く探求し，「自分の私的経験を，それが公共的経験になるように変形」（Bion, W., 1965）（以下，Bion）する営みであり，それによって成立してきた学問（理論体系）であることを鑑みて，臨床経験と臨床素材に依拠する筆者の私的経験をもとに，7つの事例が物語る内容に耳を傾けることにした。そしてそれら私的経験について沈潜して思考する中，筆者の意識に，ある仮説が浮揚してきた。

　それは，青年期女性には，精神分析のオーソドックスな精神・性的発達論の最終段階である「性器期」に向かう前に，母親との間で未消化なままに置かれていた乳幼児期の分離体験（愛する内的母親対象の喪失），という課題をワークスルーするための発達段階がワンステップ存在するという私論である。

　つまり，「潜伏期」から「性器期」へと至るまでの間に青年期女性は，初

潮などによって突きつけられる女としての身体を受け入れることに逡巡し，乳幼児期の母親との外傷的分離体験とその再演から生じた破壊と攻撃感情の表出に逡巡し，また攻撃感情を償うことや，母親への依存感情をもつこと，母親から分離することに逡巡する。さらにエディプス的性愛欲求をもって異性に接近することへの逡巡も体験する。換言すれば，青年期女性は，身体的変貌と性的自己を受け入れるとともに，分離体験によって失われていた母親対象の再摂取と，そこからの分離を達成するまでの間に，依存と攻撃感情に彩られた情動的経験を現実化（actualization）する期間を必要とするというのが筆者の主張である。

　筆者はその青年期女性の心的発達の一段階を「逡巡期」と呼ぶことを提言したい。すなわち，女性の心的発達は，「潜伏期」の後に来る「逡巡期」において，乳幼児期の母親との外傷的分離体験を精算し，乳幼児的分離を果たした後に青年女性としての新たな関係を母親との間に構築する。そしてこの良い母親対象の内在化による安全で安心できる母親との関係を基盤として，またその守りの中で性を有する女としての身体的変容を受容することが可能となるのである。さらに女としての身体と女性性や母性を母親から取り入れた上で，異性愛的欲動が始動する「性器期」に到達し，全人格的な女性として異性との成熟した性愛関係を営み，赤ん坊の母親となるための身体的・心理的準備が整うことになるとの臨床仮説である。この「逡巡期」は，初潮が始まる頃から異性との安定した性愛関係の形成がなされる頃まで続くことになるが，「逡巡期」の未達成，つまり母親との間に依存と憎しみの情動を残したまま「性器期」に移行した女性達が，様々な精神症状や不適応症状を呈することはよく見られる現象である。例えば母親への憎しみや依存感情が，成熟した女の身体の受け入れを拒み拒食症を発症する女性，女性性の取り入れ不全から異性との成熟した関係を持てない，あるいは過剰な性愛化によって男性遍歴を繰り返す女性，母性の未発達から子どもを受けとめられず虐待する女性などもその一例である。

　しかし，「逡巡期」において，乳幼児期の母親との欲求不満がもたらす情動を精算し，内的な良い母親対象を再取り入れすることで母親からの分離を果たし，固有の自分自身になることが困難な作業であることは，筆者の事例が示すとおりである。

第10章　青年期女性の内的世界　*173*

　上述した筆者の臨床仮説である「逡巡期」をより詳細に考察するために，青年期女性が格闘している心的課題をクライエントの語りや観察，情動的経験，臨床的事実や印象から浮上してきた内容を元に次の4つの観点を抽出した。①「分離への意識がもたらす幼児的依存感情の再燃と性愛的感情」，②「性と連接された身体的変化がもたらす内的空想」，③「母親との関係における，取り入れと排泄の二重性」，④「外傷的分離体験と孤独」。ここからは，この4つの観点と第Ⅰ部において得られた理論的な理解を包括的に捉えなおし，「逡巡期」を立体的に浮かび上がらせるとともに，この発達段階における青年期女性の母親からの分離の困難さへの理解を深め，分離を促進する，あるいは阻害する要因について考察する。

第2節　青年期女性における母親からの分離の困難さ

1．分離への意識がもたらす幼児的依存感情の再燃と性愛的感情

　筆者は，青年期女性が「性器期」へと向かう前に「逡巡期」と呼ぶ心的発達段階を有することを主張したが，そこでは第二次性徴がもたらす身体の変容への怖れや，性的存在となり異性との性愛感情をもつことへの不安，乳幼児期の母親との外傷的分離体験の蘇りがもたらす情動的経験への逡巡が生じることになる。この「逡巡期」に青年期女性が接近する対象は母親であり，乳幼児期の分離体験（内的喪失）によって母親との間に残存していた，依存と攻撃感情のワークスルーがなされた後に，従来言われてきたエディプス的性愛感情が始動し，父親に代わる性的対象として男性への接近がなされるとの考えを提示した。ここでは，これらの点についてより詳細に論じることによって，「逡巡期」のあり様を浮き彫りにする。

⑴ 分離（内的喪失）がもたらす情動的経験と心的世界

　事例Ａは，治療3年目の夏休み明けに，初めてセラピストへの依存感情を口にしたが，Ａにとって依存することは弱さを意味し，惨めで恥ずかしい感情だと体験されていた。分離によって孤独に陥れ，依存感情を喚起させたセラピストへの攻撃欲動の高まりは，Ａに自他の混乱をもたらすほどで

あった。面接室に入ることはＡにとって「子宮」に入って甘えることを意味し，セラピストとの分離は「臍帯を切られる」ことと体験していた。セラピストの体内に入って子宮に回帰する，あるいはセラピストをＡ自身が呑み込んで一体化するという具象空想は，「甘えたい！　殺してやりたい！取り付きたい！　飲み殺したい！　犯し殺したい！」との訴えに結実し，融合的な依存欲動と激しい攻撃・破壊欲動が性愛衝動と連接され，さらなる混乱がもたらされた。セラピストに甘えを表現するや否や激しい怒りとなり，依存と破壊がコインの裏表のように反転し，良い対象や自己を取り入れることは逡巡され続けた。

　事例Ｂは，妹が未熟児で生まれたために叔母に預けられたが，この分離を母親から嫌われ拒絶されたと内的には体験していた。その体験は高校の女友達の発言「嫌いだから一緒に居たくない」や，女友達から殺されそうになったとの迫害不安，きつい女医に泣かされたとの語りに反復・再演された。母親（女性）は自分を拒絶するとのＢの信念は，面接開始６カ月頃，夢の中でＢを助ける女性や，恋人になる約束をしたネットの女性の出現が示すように揺らぎ始めた。そして恋人になる約束をした女性からの拒絶やお茶会に招待されない体験は，男性医師の診察は受けるがセラピストとの面接はキャンセルし続けるという，セラピストへの転移として面接場面に持ちこまれた。Ｂは「妹がいればあなたはいらない（医者がいればあなたはいらない）」という母親であり，セラピストは必要とされないＢ自身になっていた。Ｂの依存や攻撃感情は「思考の問題」という父親と，「規則正しくしたら良くなる」という母親によって受けとめられることはなく，依存感情は拒絶される惨めさと不安によって否認され，満たされない欲求がもたらす攻撃的破壊衝動を行動化として排泄していた。Ｂもまた依存的関係の中で良い対象や自己を自分自身に取り入れることに逡巡していた。

　事例Ｃは，思春期を迎えた頃，母親が自分を堕胎しようとしていたことを聞かされ，精神的混乱を来した。子宮に着床すれば堕ろされる（母親の喪失と自身の破壊）恐怖は，他者との情緒的な接近を回避させることとなり，面接場面においても，依存感情や愛着をもってセラピストに着床（接近）すると，堕ろされる（喪失・破壊）恐怖が生じるため，依存感情をセラピストに向けることができなかった。Ｃの内的世界には，自分を殺そうとした母親

への激しい怒りと憎しみが生起したが，同時に自分が誕生したせいで母親の人生を不幸にしたとの罪悪感も生じ，怒りと罪悪感という情動を心に置けないCは，心的苦痛を解離症状や自傷によって排泄処理していた。Cが冬休み中に解離症状を発現させ面接の休みが続いた時，セラピストはCを抱えるべく環境をマネージメントした。それは，Cが面接空間に生まれるための設定として機能し，Cはセラピストに依存感情や愛着を向けるようになった。そしてセラピストへの愛情・依存感情が強まると，面接をキャンセルして距離を取ることが続いた。Cも愛情・依存関係になることを逡巡し，良い対象の取り入れが困難であった。

　事例Dの，行きずりの男性とのマゾキスティックな性行為は，一人暮らしによる母親からの分離がもたらす依存感情と孤独の否認，セックスへの興味から派生した。しかしそれはDが依存する母親を裏切る行為であり，Dの罪悪感を強めた。また母親が最も嫌悪する名も知らぬ男性を性の対象としたのは，母親への攻撃感情の現れであり，同時に母親に依存しながら攻撃する悪い自分自身への懲罰であった。同様の心的メカニズム（押しつけられた罪悪感の置き換え）は，セラピストとの分離によって生じた依存と怒りの感情を，面接を「利用する」悪い自分，という懲罰的状況に置き換え，セラピストから責められることを回避し，依存と怒りの感情の表出を逡巡する言動にも表れていた。セラピストの依存と攻撃感情への介入によって，Dは甘えや攻撃感情の表出が可能となり，良い対象の取り入れによって，良い自己を感じられるようになった。

　事例EとFは，ともに弟妹の誕生による母親との分離体験が内的対象喪失（愛する対象の喪失）となったために，分離への防衛としてそれぞれ母親同一化，父親同一化が用いられていた。Eは母親への依存や攻撃感情を「お面」の内側に隠蔽し，母親の願望やニードを取り入れることで偽りの同一化による見せかけの適応を保っていた。思春期に入りその防衛の破綻によって心理療法が開始されたが，セラピストとの分離体験は幼児期の母親への同一化の再演となった。Eは良い子として現実適応的に振る舞ったが，その一方でEの依存や攻撃感情は，胃痛・嘔吐，幻聴（偽幻覚）という精神／身体化症状として発散・排泄された。セラピストへの依存と攻撃感情の表出が，幼児期の母親喪失の再演となることを恐れ，感情表出を逡巡するEがいた。

176　第Ⅲ部　対象関係論的心理療法から捉えた青年期女性の分離体験

そのためセラピストへの信頼と安心に基づく依存関係や本来の取り入れ同一化が生じるのに3年を要した。

　事例Fは，母親との分離を否認し，男性同一化によって潜伏期を過ごしていたが，思春期を迎え身体的変容によって男性同一化を保てなくなった時，その防衛は破綻し，乳幼児期の依存欲求と内的喪失体験が蘇ることとなった。セラピストへの依存感情が表出され始めた頃に生じたセラピストとの分離は，母親との分離体験を蘇らせ，Fは激しい怒りと攻撃・破壊的衝動を，自傷，家庭内暴力，偽幻覚，解離症状として排泄したのだった。しかし，セラピストが戻り，Fの孤独と怒り，混乱が受けとめられた時，Fはセラピストを良い対象として心に取り入れ，精神的混乱は一過性のものとして消失した。

　Gは祖母の家から母親が去った時，暴力的な痛みをともなうほどの孤独を感じたが，症状化・身体化・行動化せずに，分離がもたらす心的苦痛をやり過ごしており，乳幼児期の分離体験が事例ほど外傷的ではなかったことが推察された。Gは祖母に対して依存感情を向け，祖母を取り入れ同一化の対象として女性性を取り入れていった。

　上述した事例からは，母親への愛着・依存感情をもつことなく思春期までを過ごしてきた女性達の姿が浮き彫りになった。彼女達が依存感情を意識に上らせなかったのは，分離による愛する母親の喪失体験が激しい怒りと破壊的攻撃感情を発現させたが，心的防衛によって怒りや憎しみの情動を否認し，孤独や寂しさも心から排泄したからであった。そのため，心理療法が始まる中，転移の集結によってセラピストとの間に乳幼児期の依存感情が蘇り，甘えたい気持ちになっても，彼女達はその表出を逡巡したのだった。さらにようやく依存を向け始めた頃にセラピストとの分離が生じると，乳幼児期と同様の激しい破壊的攻撃感情を内的には体験していたにもかかわらず，それをセラピストに向けることを逡巡し，行動化や身体化，精神症状として排泄したのだった。彼女達が表出を逡巡し，症状として排泄するしかなかった依存感情や破壊的攻撃感情といった情動体験を，セラピストとの間で体験し直し，それらの情動を自分自身のものとして味わえるようになることが，「逡巡期」に取り組む課題として重要となる。

(2) エディプス的 3 者関係と性愛感情

Klein（1932b）は，「女児の最も深層の恐怖は，彼女の身体の内部を略奪され破壊されることである」と述べ，早期エディプスについて次のように論じた。母親からの滋養ある乳房の喪失による怒りと憎しみから，女児は満足の対象として父親のペニスを手に入れることを願望すると同時に，母親が父親に乳房を与えペニスを体内に取り込んでいることを空想する。そして赤ん坊の内的世界には，母親への羨望と憎しみから母親の身体内部を攻撃破壊し，体内にある赤ん坊を奪うというサディスティックな空想が生成されるが，その願望と空想は母親から報復される恐怖を喚起し，女児の心の深層に不安が形成される。女児はこの迫害的不安から逃れるために，女性的な態度で父親に向かうことになる。この女性的ポジションにある女児は，男性に対して謙虚で従順な態度を示すが，父親からの拒絶にあうと激しい憎しみから，父親をライバルとして凌ごうとする男性的ポジションを取るようになる。

性欲動の高まる青年期は，このエディプス・コンプレックスが再燃する時期であると言われる。Klein（前出）が，女性の発達の到達点を，エディプス的性愛段階における女性的ポジションに置いたように，思春期から青年期にある女性は父親の代理対象としての異性と出会い，性愛関係に向かう時期にある。

しかし筆者が提示した分離の問題を抱えた青年期女性の事例においては，滋養ある乳房の喪失による怒りと憎しみから，父親のペニスを取り入れようとして男性的ポジションをとるのでも（事例 F は潜伏期には父親への競合的な男性的ポジションを取っていたが，思春期に破綻している），父親の愛を得るために女性的ポジションを取るのでもなく，怒りや憎しみ，孤独や依存感情を様々な心的機制によって否認しながら母親に固着し続けていた。つまり父親をライバルとして，あるいは偽りの母親同一化によって，あるいは母親に迎合して，あるいは母親から距離をとって潜伏期を過ごしており，破壊的攻撃感情と依存感情を棚上げしたまま，プレエディパルな心的世界を生きていたことが示された。

ここからは，事例から明らかになった，「逡巡期」のエディプス的性愛欲動や性的感情のあり様について見ていくことにする。

事例 A にとっての性行為とは，小さい母親が大きな父親に犯される破壊

178　第Ⅲ部　対象関係論的心理療法から捉えた青年期女性の分離体験

的行為であると内的には体験されており，原光景体験を彷彿とさせるもので
あった。初潮が始まった頃，父親からレイプされる夢を頻回に見たのは，初
潮によって性を有する女であることの自覚が母親への同一化を喚起し，父親
への性愛衝動とともに，女はレイプされる弱い存在であるとの強迫思考と混
交したためであると推論する。セラピストとの分離は愛情対象の喪失とな
り，依存感情を自覚させたが，それらはサディスティックな破壊的性衝動と
連結され自他の混乱を招き，さらに性愛との接続によって A の口唇的愛情
欲求（依存欲求）とエディプス的性愛欲求は融合し，精神的混乱状態へと帰
着することとなった。A の幼児期からの強迫症状（小児神経症）は，この
ような混乱した内的世界が精神症状化したものであったと再構成できる。A
の性愛的欲動は，依存感情やサディスティックな攻撃衝動と連接され，それ
らの混同が精神的混乱をもたらしたと考えられる。

　事例 B が面接をリセットせずにいることや，「何でも知っている女性に助
けられた」夢，「女性と恋人になる約束」の話が示すのは，セラピストへの
依存感情の転移的現れである。しかしこの同性の女性と恋人になることが意
味するのは，依存対象と性愛対象の混同であり，口唇的依存感情とエディプ
ス的性愛感情が分化していないという事実を示している。

　事例 C はセラピストに依存感情や愛着を向けるようになった頃，「セック
スは愛情表現，触覚，肌の触れ合いは言葉よりも無条件で信じられる」と語
り，依存感情の性愛的情動との混在が見られた。

　事例 D は，母親への当てつけとして名前も知らない男性と性行為を行っ
たが，その行為は，エディプス的性愛欲求からというよりは，母親との分離
によって生じた依存と攻撃感情がもたらす，迫害的罪悪感への懲罰的意味を
有しており，本質は分離によって D の依存を受けとめない母親への攻撃感
情の置き換えであった。D は性愛感情と依存感情の区別はできているが，未
だエディプス的性愛段階には到達しておらず，母親に対して依存感情を向け
ることに逡巡し，その防衛として症状選択がされていたと言えよう。

　事例 F は，母親との分離（内的喪失）がもたらす心的苦痛を，息子を希
求した父親に同一化することによって防衛し，愛情対象を母親から父親に向
け変えたが，父親が望むのは息子であり女である自分ではないとの気づきか
ら，父親に拒絶されたと受け取り，Klein が描いたように，激しい憎しみか

ら父親をライバルとして敵対視する男性的ポジションを取り，男性同一化によって潜伏期を過ごしていた。しかしそれは思春期の第二次性徴により破綻したのだった。

　事例Gは，祖母の家にやって来た父親の身の回りの世話を甲斐甲斐しくしたが，その姿にはまだ性愛的とは言えないまでもエディプス的3者関係の雰囲気が醸し出されていた。しかしその一方で，Gの性的自己部分はゲンジに投影され，ゲンジへの攻撃的敵対的言動による排泄によって性は否認されていた。そして性への不安は祖母への依存関係に置き換えられたのだった。

　事例から明らかになったことを集約すると，母親との分離体験は，依存と攻撃感情を賦活させるが，そこに性愛が混同することによって，性的侵入や性的搾取，あるいは具象的に呑み込まれる・呑み込むといった空想が生じ，現実と空想の混乱がもたらされる。そしてその恐怖と不安から，安心と信頼をもたらす依存・愛情対象への接近が逡巡されることになる。そして性愛と依存欲求の混同の度合いが強ければ強いほど，良い対象や良い自己の取り入れによる内的世界の安定を図ることができず，「逡巡期」は長期に渡ることとなる。そして母親への固着は維持され続け，エディプス的性愛段階に到達することができない。仮に結婚・出産がなされていても，心的発達が「逡巡期」に留まっている限り，成熟した異性愛関係を発展させることは困難となる。

2. 性と連接された身体的変化がもたらす内的空想

　女性の第二次性徴は，乳房の膨らみと初潮によってもたらされる。母親の乳房は乳児の生存を保障するだけでなく，欲求満足と欲求不満の反復的体験によって，温もりや安心と憎しみと敵意といった相反する情動体験や内的空想を派生させる根源的器官である。そしてその早期の体験は，母親への依存・愛着欲動と破壊的・攻撃欲動を刺激するとともに，対象や世界を摂取し排泄する時の基本的態度にも影響を及ぼすことになる。この滋養の摂取と怒りの排泄対象であった乳房が自分自身のものとなり，さらに異性の性愛的視線に晒される身体部位となる体験は，幼児期・児童期の両親像に変容をもたらす経験へと接続される。ある少女は胸が微かに膨らみ始めた頃，新しい水着を買って欲しくて乳首がはみ出るくらい水着が小さいことを強調した時，

それを見た父親の視線に強い嫌悪感と羞恥心，得も言われぬ不安を感じたと言う。なぜならその時の眼差しに，父親のものではない，性的欲望をもった男の視線を感じたからであった。またその時，父親に水着を見せることを促し，彼女を晒し者にして父親の性的欲望の餌食にした母親に対する怒りと憎しみの感情も生じていたと言う。発達的には少女のエディプス的性愛感情の投影であると考えられるが，投げ込まれた情動に対象が同一化する投影同一化の臨床思考からすれば，父親の視線は少女の投影に影響を受け性的なニュアンスを含んでいた可能性もある。このような体験から思春期女性は，自身の身体的変化が男の性的欲望を刺激することを知り，性への不安や恐れを感じるのである。また，自分自身が性的身体を保有する性的存在になったことへの嫌悪感と不安がない交ぜになり，性の受け入れは逡巡されることになる。Gが語った「厭わしい，肉をもつ身は厭わしい」という性への嫌悪感は，多くの思春期女性が抱く情動体験なのである。青年期女性が，乳房が異性にとって魅惑的器官だと認識し誇示するようになるのは，身体的変化や性愛感情を受け入れた後であり，「性器期」に到達したことを意味する。

　初潮の訪れも女性にとっては，少なからず不安と恐怖の体験となる。初潮による出血は，何の予兆もなく突然であるため衝撃的である。Deutsch, H（1954）は，女児にとって最初の血液の流出は，内的には子どもをもつ可能性を失ったことを意味し，乳幼児期に感じたサディスティックな性交空想を呼び戻すと述べる。Klein（1932a）の論説は第1章第3節において既に取りあげたが，性的な成熟のサインである初潮は，あらゆる不安や葛藤を活性化させるとともに，性的な抑制をもたらし，古い不安状況を復活させると述べており，母親との関係における不安や葛藤が再燃することを示唆している。Klein（前出）は，母親に固着した思春期のイルゼの事例から，母親への過剰な陽性の結びつきは，母親との競争や憎しみ，羨望から生じた母親への激しいサディスティックな攻撃衝動をもったことへの不安と罪悪感への防衛であり，この罪悪感への対処の失敗が発達を歪めることになると論じている。この母親への攻撃衝動によって生じた罪悪感が，母親への依存感情を強めることは事例D・E・Fにも見られた主題である。

　初潮によって，「出血」-「性行為」-「胎内の赤ん坊」が想起され，それが乳幼児期の不安や葛藤を蘇らせることも，青年期女性が母親への依存を強め

る一因と考えられる。その際の内的空想や情動を Klein（前出）は次のように示している。①早期エディプス状況によってもたらされる、父親に授乳しペニスを所有する母親への羨望や憎しみを感じたことへの罪悪感。②初潮による出血は、母親に対する自身の攻撃破壊の衝動への報復として、母親によって身体内部の子どもが破壊される不安。③初潮は性行為を想起させ、両親の性的結合の空想や原光景を蘇らせる。④父親から性的に侵入される空想や父親を性的に誘惑することを空想する。そしてこれらは全て、母親から攻撃される不安や罪悪感と結びつくことになる。

　筆者は、上記の内的空想に加えて、思春期の女性が母親への依存を強める要因として、初潮によってもたらされる身体感覚的体験と、それに基づく空想があると考えている。初潮による出血は、自身の身体内部から壊れていく不安と恐怖を掻き立てると同時に、女としての肉体と性を有する自己を生々しく意識させる体験となる。思春期女性がこの身体的変化を受け入れ、自身の身体を良いものと感じるためには、同じ身体をもつ母親を良いものと体験する必要がある。そのためには、乳幼児期から母親との間に未消化であった心理的問題を解決し、心理的負債を精算する必要があるが、「逡巡期」はそのための時間と空間を提供するのである。

　初潮の始まりは、自分が子どもではいられなくなったことを告げる最後通告となる。子どもとしての自分の喪失や、女の肉体に自分自身が変態する恐怖と嫌悪感、また性的な存在になることへの怖れは、無垢な子どものままでいたい、子どもの身体に戻りたい願望を強くさせるだけでなく、幼子のように母親に守られたい思いが依存欲求を高める。思春期女性は、性的な自分を受け入れるためには母親への依存を諦めねばならないし、母親への依存を取るならば異性への性愛感情を諦めねばならないと感じており、性愛感情と母親への依存感情を共存させることはできないとの信念を持っている。それは、母親への依存感情をもちながら性的行為を行ったＤが、母親への背信行為を行ったことへの罪悪感に苦しんだことによって証明される。この信念は、愛情対象として母親を選択するか父親を選択するかと同義であり、2 者関係から 3 者関係への移行の困難さを示している。しかしそれ以上に思春期女性が母親から離れられないのは、第二次性徴による変化によって自身の身体内部が壊れる恐怖と、その破壊に性的に荷担するかもしれないペニスをもつ父

親への接近が禁忌となることがあげられよう。この段階にある思春期女性は，父親に向かうことは性的に危険なので，母親に向かうか孤独になるかの二者択一しかないのである。そのため多くの女性は孤独を回避し，性的な自己部分を否認して子どもの自己部分を用いて母親へと接近し，依存を向けるのだと言えよう。

　このように思春期を迎えた女性は一時的に母親への依存関係を希求する。そしてそれが母親にほど良く受け入れられ，自分自身の身体的変容を受け入れられるようになると，次の発達段階であるエディプス的性愛段階に向かうというのが筆者の主張である。それは女子中高生と関わった，筆者の19年間のスクールカウンセラー経験からも裏打ちされる臨床的事実である。

　たとえば，思春期を迎えたある少女は，学校から帰宅後しばらく母親の膝の上に座った後，勉強を始めることが半年程度続いた。また別の少女は母親と一緒に寝ることを求め，母親に貼り付くよう抱きついて寝たが，1カ月もすると一人で寝るようになった。しかし，しばらくは母親の代わりに母親の枕を使用した。さらに3歳の時に父親と死別し，母親に甘えることなく過ごしてきた少女が思春期に不登校となった時，母親との添い寝をきっかけに母親との情緒的交流が増し，それが友人関係へと波及して不適応症状が解消するに至った。ある程度の健康さが維持されている思春期女性の場合，このように一時的な退行がコンテインメントされ，子どもの自分でいることが許容される中，母親との絆を再確認することによって，母親との分離を果たしていくケースも多い。

　さらにもっと健康度の高い少女達，すなわち乳幼児期の母親との分離体験が外傷的ではなく，良い母親対象が内在化されている思春期女性のあり様は，母親たちによって次のように語られた。児童期には自立的で，母親など眼中にないかのような態度や振る舞いをしていた娘が，思春期の入口にさしかかった頃，急に母親にまとわりついたり，たわいない話を長々とし続けたり，ベタベタと身体接触を求めるなど幼児返りしたような行動を見せるようになった。母親が戸惑いつつもそれを許容していると，いつのまにか幼児的な言動は収まり，そのうち依存欲求は生意気さや批判的態度，大人びた言動へと移行していったという。

　Beauvoir, S.（1949）は，「人は女に生まれない，女になるのだ」と述べた

が，身体的・精神的実存性を根こそぎ変容させられる初潮体験を心に収め，少女が一人の女としての身体を受け入れるためには，母親との間に口唇的依存関係を確立し，その中で乳幼児期の内的空想がもたらす破壊的攻撃衝動や羨望，迫害不安などの情動的体験を収めていく心的作業が必要となる。そして母親との間に安心と信頼を再構築することが，自身の女としての身体の受け入れを可能にし，母親から分離した一人の女性として，エディプス的性愛関係をもてる段階へと到達し，女性としての性役割を取ることができるのだと言えよう。思春期女性が女としての生々しい肉体を受け入れることは，母親を受け入れることと同義であり，同じ肉体をもつ母親との乳幼児期からこれまでの関係が問われることになるのである。

　身体的変容の受け入れと母親への依存関係の主題は，摂食障害のクライエントに顕現する。下坂（1988）は，母子関係がその病理に影響を与える思春期やせ症のクライエントの心理的特性について，①成熟に対する嫌悪・拒否，②幼年期への憧憬，③男子羨望，④厭世的観念，⑤肥満嫌悪，痩身に対する偏愛と希求，⑥禁欲主義，⑦主知主義を上げている。やせ症患者と思春期女性一般を同列に論じることはできないが，身体的変化への抵抗として生じる成熟拒否や，幼年期への憧憬は，その囚われの程度や期間，病理性は大いに異なるけれども，健康度の高い青年期女性にも共通する部分である。肉体としての身体的変容への怖れが，身体と接続された内的空想（情動的経験や内的対象関係）に影響を与え，身体感覚から生じた不安が，幼児期への心的退行を生じさせ，過去に未消化であった母親への恐怖，怒り，憎しみ，攻撃感情，依存感情，罪悪感などを呼び起こす。乳幼児期の外傷的分離体験が未消化なままにある青年期女性は，攻撃的破壊感情の激しさと，依存することが再度外傷的分離体験をもたらすことの恐れや，依存すること自体が弱くて惨めな自分になることだと感じ，不安や怖れをコンテインメントしてくれる対象に依存感情を向けることができない。そのため外傷的分離体験は修正されることなく，事例AやBのように，心的苦痛は投影同一化や行動化によって排泄され続けることになる。

　下坂が描いた，ほど良い母親に恵まれなかった思春期やせ症のクライエントや，筆者が第3章から第8章に示した内的に愛する母親対象を喪失していたクライエント達は，依存感情も攻撃的破壊感情のどちらも母親との関係に

持ちこむことに逡巡し，心に置けない不安や恐怖を心から排泄し，身体化，行動化，症状化による病理的退行を生じさせることになったのであった。

　これまで述べてきたことを纏めると，初潮によって身体的変貌を遂げる青年期女性の内的世界に生じる空想は，乳幼児期の母親との分離体験がもたらす情動的体験と連接され，空想と現実の狭間で混乱を生じさせる。そして乳幼児期から無意識のうちに取り入れてきた母親対象の排泄と，性徴がもたらす女性性や母性の取り入れという，相反する主題とも取り組まねばならない。母親との関係の修復と新たな関係の構築による良い母親対象の内在化によって，母親からの分離が可能になるが，その心的達成は容易な作業ではない。女性が性を意識しないで過ごせる「潜伏期」から，母親との分離を達成し性的存在としての自分を受容する「性器期」に向かうには，依存することと攻撃することへのためらいや，分離への試行錯誤のために「逡巡」する時間と空間が必要であるということを筆者は主張する。

3. 母親との関係における，取り入れと排泄の二重性

　赤ん坊が，授乳によって栄養だけでなく，母親からの愛情や温もり，安心，信頼などを取り入れていくように，その後の発達においても母親との交流を通して，生きていく上で必要な社会的・心理的・身体的な知識や技術，関係性などを，意識的・無意識的に取り入れることによって自己形成がなされてく。

　しかし，思春期から青年期において，母親からの心理的分離と自己の確立を達成するためには，自分自身の主観と母親のものとが分かちがたく融合し，意識的には自分のものと体験していた物の見方，感じ方，考え方，行動の仕方などが，実は母親からの取り入れであったことに気づき，オリジナルな自己と母親からの借り物とを区別する必要がある。すなわち，自己の確立は，成長・発達する中で意識的・無意識的に取り入れ，自己の一部となっていた母親の自己部分を自分の外に排除し，さらに自身のフィルターを通して再取り入れする心的作業によって達成されるのだと言えよう。

　このプロセスは，男女の別なく青年期の若者が向き合う心的発達課題となるが，男性は性別を意識する男根期頃から身体構造と性の違いをもとに，母親と自分が異なる存在であると認知しながら成長する。もともと異なる性と

身体をもつ男性は，自分と同じ身体構造をもつ父親へと，取り入れ対象を方向転換するため，母親との間に身体的境界を形成することは比較的容易である。

　しかし女性の場合は，同じ身体構造をもつ母と娘の相互の同一化によって身体的境界が不鮮明となり，青年期女性が母親の身体を自分自身の身体であるかのように錯覚したり，逆に母親が青年期女性の身体を自分のものと同一化し，共生的な母娘関係を形成するような現象も起こり得る。それは母親への当てつけとして異性との性行為に及んだ事例Ｄや，筆者が出会った，外的には母親に従属しながら内的には母親を拒絶する拒食症の娘と，その痩せ細った娘の姿を，「モデルのようにスタイルが良いので皆が振り返る」と，我がことのようにうっとりと誇らしげに語った母親の姿にも見てとれる。さらに，分離を否認するために母親への防衛的同一化をしていた事例Ｅが「母のことなのに，自分のことのように腹が立ったり不安になる」と語ったように，情動状態の同一化も生じる。一般に自他の境界の不鮮明さは精神病理と結びつく状態像であるが，まだ母親との分離を達成していない「逡巡期」にある青年期女性においては，情動の融合状態が生じることも稀ではない。

　Klein（1932b）は，「女性が全体としての身体に彼女の自己愛を付着させる事実は，彼女の万能感を，自分のさまざまな身体的機能や分泌過程に関連づけることによる」と述べたが，それは母親の身体と自分自身の身体とを同一化することによって可能になるのである。なぜなら，女性の無意識的空想において，母親は滋養を与える乳房と父親のペニス，体内の赤ん坊の所有者であり，なおかつ欲求のすべてを満たすことのできる存在である。そして母親の身体はそれらすべてを内包した無限の力を有していると体験しているために，女性はその力を得るために，あるいはその力を恐れるために母親への同一化を願望するのだと言えよう。そして，青年期女性が胸の膨らみと初潮によって，自分自身が母親と同様の無限の力，つまり滋養を与える乳房と父親のペニス，体内の赤ん坊の所有者になれることを生々しく実感した時，そこにはさまざまな母娘関係が生まれることになる。

　母親の能力に羨望しライバル視する娘は，すべての欲求を満たすこの力を自分自身にも得ようと母親に接近し，取り入れ，自己愛的万能感によって自身の若さと魅力を誇示し母親を見下すかもしれない。逆に母親の万能の力を

恐れる娘は，初潮など身体変容によって自分も母親と同じ力を手に入れた時，母親からの羨望によって自身の身体内部の赤ん坊や女性としての力を破壊されることを恐れ，成熟に向かうよりも子どもでいることを希求し，母親に依存を向けるかもしれない。あるいは，娘の性的成熟を嫌悪する母親をもつ娘は，自分自身の乳房の膨らみを疎み，性的関係を嫌悪し，赤ん坊は必要とされず，身体的成熟を拒み，拒食等によって性的でない身体を手に入れようとするのかもしれない。甘えを許されなかった娘は，貪欲に母親との融合的一体化を求めるか，逆に一切の依存を拒否して硬いパーソナリティを形成するかもしれない。あるいは，全く逆に母親から得られない依存関係を男性に求め，早い時期の性体験や奔放な性行動として行動化されるかもしれない。

　一方で，良い母親対象を内在化し，母親との間にほど良い関係を築くことができた娘は，滋養を与える乳房と父親のペニス，体内の赤ん坊を母親からのギフトとして身体的・心理的に受け入れることが可能になるのだと言えよう。

　次に，母親の側から娘の性的成熟への受け止めを見た時，娘に理想的母親だと信じ込ませることで，あるいは強圧的に娘を支配してきた母親は，いつまでも娘を自分の支配の及ぶ子どものままに置こうとして，娘の異性関係に干渉し，性的興味を厳しく規制するかもしれない。また，母親の容姿の衰えは，娘によって養分を奪われているからだと感じ，娘に邪険に振る舞う母親もいる。娘の美しさや若さへの羨望や妬みから娘を搾取し破壊しようとする心的世界が働くことは，「白雪姫」や「シンデレラ」などにも描かれているとおりである。先述した拒食症のやせ細った娘を，モデルのようだと褒め称える母親は，一方では理想化した自分自身を娘に見ているとも言えるが，他方，白雪姫の母親の様に，娘の成熟を阻止し破壊しようとする心性の顕れでもある。

　このように女性は，肯定的な意味でも否定的な意味でも母親との身体的・精神的な同一化が強く，そこには強力な磁場が存在するため，乳幼児期から取り入れてきたものを排除し，分化しながら母親と分離し，自己の確立に向かうことに相当な困難さを伴うことになる。それでも，多くの青年期女性たちは，母親からの分離と自己の確立を模索しながら，母親から意識的・無意識的に取り入れ自分自身の内側に分かちがたく存在する心理的・身体的・社

会的・文化的要素を，主体的でオリジナルな自己部分として分化・確立させ
ようと奮闘するのである。しかし，一方で母親との分離と個体化を進行させ
ながら，他方で女性としての身体的な成熟によってもたらされる，新しく立
ち現れた女性性や母性の取り入れや，祖母 - 母 - 娘へと世代を超えて繋がる
女性的文化の継承といった二重性が，青年期女性の母親からの分離を難しく
する要因ともなっている。

　さらに女性は，子育てをする時，一度は排除した子どもの自己部分を，再
度自分の中に呼び戻し，子どもの心を共感的に感受し理解することに用いる
ことが要請される。そして次には，母親として子どもの甘えと依存を受けと
め（取り入れ）ながら，子どもの成長に合わせて徐々に依存関係を撤収（排
除）することが求められる。加えて，その子どもが思春期に達した時，自分
自身の思春期における母親からの分離体験が再燃することになり，母親との
間の分離体験をワークスルーしないままにこの時期を迎えた人は，娘の分離
を阻害し個体化を遅延させるだけでなく，精神病理へと向かわせることにも
なりかねないのである。父親と息子の関係は，エディプス神話に見られるよ
うに，究極の状況に追い込まれると殺し合いになるのかもしれないが，分離
が困難な母親と娘の関係では，殺し合いではなく二人精神病になるのかもし
れない。

　母親との関係において，取り入れと排泄が人生の中に何度も再演されるこ
と，そしてそれが初潮や出産という血のつながりによって次の世代にも受け
継がれていくこと，これが女性の母親からの分離を荊棘なものとしているの
である。青年期女性が女の身体を受け入れることは，心理的・身体的な母親
を受け入れることであり，母親との関係性を受け入れることであり，母親と
関係した自分自身を受け入れることに他ならない。それは母親のもつ身体的，
生理的，情緒的なものを自分自身に取り入れ内包しながら，「私」を確立し
ていくことの困難さであり，分離し切れない面を保持しつつ分離を達成する
という，逆説の中に身を置かねばならない困難さである。さらに人生を通じ
てこの二重性を生き続けなければならない女性の宿命を受け入れることの困
難さなのである。

4. 外傷的分離体験と孤独

外傷とは,「主体の生活中におこる事件で,それが強烈であること,主体がそれに適切に反応することができないこと,心的組織のなかで長く病因となり続けるような混乱やその他の諸効果をひきおこすこと」(Laplanche, J. & Pontalis, J. B, 1967) と定義される現象であり,Freud, S. (1920b) は,刺激保護膜が外部からの刺激によって破綻した時,外傷的体験となると述べている。

事例のクライエントたちは,母親との一時的な分離であったにもかかわらず,内的には愛する母親から見捨てられ,保護を失い,母親対象そのものを喪失する酷い事件であると体験しており,Freud, S. が論じたような心の保護膜を破綻させる外傷的分離体験になっていたと考えられる。それゆえ,母親と再会した後も関係は修復されず,心的機制による防衛は維持されていたが,思春期を迎えた時,発達的に浮上する母親との分離意識が外傷的分離体験を蘇らせ,防衛の破綻によって症状形成に至ったと理解された。

一方で,分離が外傷的体験にならず,母親との間に依存関係を構築することで「逡巡期」を通過していく健康な青年期女性が存在することは,本章の第2節2で述べた通りである。このように同様の事件を体験しているにもかかわらず,分離が外傷的になるか否かの相違が生じる要因はどこにあるのだろうか。また,外傷的分離体験が生じていた7事例においても,精神病水準の混乱を示した事例Aとそれ以外の事例では,外傷の程度に大きな差異が見られたが,この違いは何によってもたらされたのだろうか。

これらの事例について詳細に検討する中,単なる分離を外傷的分離体験に変質させる要因として,「孤独感情」の程度と質が大きく影響すると筆者は考えるに至った。この差異の発生は,良い対象の内在化の度合い,羨望と破壊衝動の強さの程度,さらにそれらによって派生する心的機制の用いられ方に規定されると筆者は捉えている。この観点から筆者の考えを論述する。

まず最初に,分離がそれほど外傷的に作用しない健康な場合について考える。分離体験以前に,母親との間に良い授乳体験に象徴される満ち足りた関係があり,良いものを与える良い母親と,良いものを取り入れる良い自己の体験を,欲求不満がもたらす苦痛よりも多く体験していたならば,突然の分離によって現実の母親対象が失われても,良い内的対象を心に保持できるた

め，悲しみや不安を感じながらもその分離に耐えることが可能となる。なぜなら現実の対象を喪失しても，内在化された良い対象と共にあることを実感できるからである。さらに安心と信頼をもたらした良い対象との経験は，分離による欲求不満から生じる攻撃感情を緩和することにも寄与する。分離が怒りを発動させても，良いものを与えてくれた対象との関係を思い出すことができれば，怒りは感謝の気持ちに覆われることにもなる。また，良い対象を心に持した良い自己の感覚も，悲しみや不安を包み込むように作用するのだと言えよう。このように良い対象が内在化されることで，分離体験をワークスルーした事例は，セラピストとの間に依存関係を構築し，「逡巡期」を終わらせることができた事例 D，E，F に例証され，祖母との間で良い対象の内在化を果たした健康な女性 G にみられた。

　良い対象の内在化は心の健康な自己部分を強化するが，内在化が不十分であったり未達成である場合，あるいは悪い対象の内在化によって対象も自己も安心できないばかりか迫害不安に脅かされる時，孤独感情の高まりは病理的自己部分と連結されることになる。外的な対象の不在による内的喪失体験は，自身の破壊的攻撃衝動により内界に保持されていた良い対象を破壊し，また対象への怒りと憎しみから派生する破壊性は，同じ強さの報復をもたらす迫害不安となって自分自身を脅かすことになる。自分が悪い対象に取り囲まれ攻撃されていると体験されるため，世界が悪い対象で充ち満ちている中，一人放置されていると感じることになる。

　事例 B は，このような孤独感と破壊衝動を万能空想によって防衛し，依存関係を否認していた。また事例 C が，解離によって自身から切り離した，心に置けない自己部分も孤独感と破壊衝動であった。事例 A も，分離によって強い孤独感に苛まれたが，孤独によって生じた彼女の破壊的攻撃衝動とむさぼり尽くすような貪欲さは，事例 B，C の破壊衝動をはるかに超える激しさを伴っていた。A は分離が生じた時，「どうして私はこんなに孤独なの。セラピストの時間を奪いたい！　甘えたい！」「殺してやりたい！　取り付きたい！　飲み殺したい！　犯し殺したい！」と激しく孤独を訴え，混乱状態となった。さらに「孤独だったのにストーブも買ってくれない！　お母さんにもなってくれない！　セックスしてくれない！」と泣き喚き，転換ヒステリー症状を呈した。この頃の A は，家族の接近を許さず主治医とも距離

を置いており，Ａが交流できる対象はセラピストのみであった。Ａの世界に存在する唯一の対象であったセラピストとの分離は，外的にも内的にもセラピストを喪失し，死の恐怖に彩られた迫害的・妄想的不安を派生させ，激しく壮絶な孤独体験となったのだった。さらにＡを孤独にしたのは，激しい破壊的攻撃衝動に加え，「先生の子どもを刺したりしませんから」と，良いもが与えられているセラピストの子どもを破壊し，貪欲に良いものを手に入れようとする，羨望の強さだった。

　羨望とは，「自分以外の人が何か望ましいものを我がものとしていて，それを楽しんでいることへの怒りの感情であり——羨望による衝動は，それを奪い取るか，損なってしまうことである」（Klein, 1957）と定義される感情である。

　セラピストとの分離時にＡが示した「刺し殺す」破壊衝動は，弟の誕生時に生じた母親との分離体験の再演であり，母親から授乳され良いものを得ている弟に対する羨望から，矯激な破壊衝動が生じていたとの仮説が成立する。その過度の羨望と攻撃衝動の結果，幼いＡに耐えられる以上の罪悪感が生じたが，心に置けない罪悪感は投影同一化によって，迫害不安に形を変え，その防衛が弟に対する強迫症状を生じさせていたと考えられる。

　セラピストとの関係に戻ると，分離によってＡを独りぼっちにしたセラピストは，Ａの羨望やサディスティックな破壊衝動の激しさによって，歪曲・拡大され，内的・外的迫害対象と化してしまったため，ＡはＺという内的対象を動員し，「Ｚから現実感を受け取り，自分の一体感と交換している」「Ｚが自分を馬鹿にするの，呪術で支配した」と語るような妄想的交流関係を構築したのだった。それは，Freud, S.（1920b）が「妄想とは，元来外界と関わる自我に表れてきた裂け目に継ぎ当てのように当てられているものである」と論じたように，外傷的分離体験によって生じた心の裂け目に，妄想という継ぎ当てを当てたのだと言えよう。さらに言えば，Klein（1963）が描写した内的対象関係にひきこもる精神病患者のように，「自己の良い部分と悪い部分の区別も，良い対象と悪い対象の区別も，外的現実と内的現実の区別もできない」自他の混乱状態となり，Ｚとの妄想的世界に引き籠もることになったのだった。

　つまり，分離によって良い対象としてのセラピストは消え失せ，セラピス

ト自体が苦痛を与える悪い迫害対象そのものであるとAには体験されたため，妄想的不信と不安，死の恐怖に苛まれるほどの孤独を感じることとなったのである。その孤独への防衛として，Aの病理的自己部分から生みだされた内的対象であるZは，いつでもAと共にいるとの錯覚をもたらし，Aの孤独に倒錯的満足を与えたのだった。さらに羨望から派生した万能感・全知感によって，依存感情をもつことによる自己の脆弱性も，破壊的攻撃衝動から生じる罪悪感も否認され，むしろ破壊性は強さや力の表れとして理想化された。この万能の力を有することも孤独からの偽りの解放に寄与した。Aのこの状態は，自己と内的対象が投影同一化によって過度に融合している，自己愛対象関係（Klein）にあることを示しており，分離や孤独を否認するために生じた羨望への防衛として機能していた。そして，この内的対象への投影同一化による幻覚的・倒錯的充足は，Aが現実の世界で対象関係を作る能力を阻害し，病理的状態への滞留を促進したのである。

　事例Bは，分離がもたらした孤独を，「頭が良い」という他者からの評価を得ることで否認していたが，この防衛が破綻すると衝動的破壊行為による排泄という新たな防衛を用いた。Bは，Aのように羨望から自己愛対象関係を発達させるのではなく，思い通りにならないとリセットして新たなものを取り入れ，排泄も取り入れも自在であるとの万能空想によって孤独を防衛していた。また万能空想により依存感情は否認されていた。事例Cは，孤独がもたらす心的苦痛を自己部分から切り離す解離によって防衛しており，Cが扱えないのは羨望よりも罪悪感と攻撃的自己部分であった。また堕胎される恐怖から対象への依存感情が抑制されていた。事例Dは孤独を性的行為によって穴埋めしようとしたが，その行為が母親への攻撃的意図を持ってなされたため罪悪感を生ぜしめた。そして依存しながら攻撃感情をもつ自分への懲罰的な行為が繰り返されたのだった。事例Eは母親への同一化を，事例Fは父親への同一化を孤独への防衛として使用し，分離によって傷つかないために依存を回避していた。

　事例A以外に，自己愛的万能感と羨望によって孤独を防衛し，自己と内的対象を融合させる自己愛対象関係を構築した事例はなく，このパーソナリティの病理的防衛構造が，外傷的分離体験の質的な違いをもたらす要因であると考える。

192 第Ⅲ部 対象関係論的心理療法から捉えた青年期女性の分離体験

　次に，分離時に混乱を呈した事例Aと事例Fを比較検討し，分離後セラ
ピストと再会した時の反応の違いから，その心的世界を考える。Fは夏休み
による分離が生じた時，「このまま闇に葬られるかと思った」「孤独で地獄み
たいだった」「怒りは自分のことと家のことに使い果たした」と語り，解離
や自傷，幻聴（偽幻覚）を生じるほどの混乱状態となった。しかし，セラピ
ストがFの破壊的攻撃感情，寂しさや孤独を受けとめると，「ここで話すの
が一番」とほっとした表情になり，次のセッションまでの間に症状は消失し
た。ここにはセラピストとの分離を良い対象の永遠の喪失だと体験し，孤独
に置かれたために混乱が生じたが，再会し，苦痛な情動が受けとめられ良い
関係が復活すると，安心と信頼を取り戻すことができたFがいる。すなわ
ち孤独に置かれたことへの怒り，攻撃衝動や迫害不安による一時的混乱は，
自分に愛と栄養（温もりと理解）を与える良い対象（セラピスト）の取り入
れによって修復され，対象関係を作る能力や安心や安全を獲得する能力が
再生されたことを示している。セラピストを良い対象として摂取した後，F
が「修羅場になると鈍くさく，惨めったらしくなれる人が好き」と語ったよ
うに，この混乱と修復によって否定的側面を肯定的に捉えることが可能とな
り，理想化されていたセラピストは等身大のセラピストへと再編された。良
い対象と繋がっている感覚は孤独感を緩和し，内界と現実を繋ぐセラピスト
の機能の取り入れによって，自分自身について内省し考えることが可能とな
り，面接の終結という分離体験を，自らの意志で主体的に達成することがで
きたのだった。

　事例Aは，既に述べたように羨望による依存の否認や万能感の保持，攻
撃的破壊性を理想化する世界に生きており，Zという内的対象との関係に引
き籠り，自己愛対象関係によって孤独を回避していた。自分自身が万能的
な良い対象そのものになっているため，セラピストへの依存は不用であり，
依存関係によってもたらされる良い対象の取り入れがなされず，健康な心的
状態への到達は困難であった。すなわち，分離によって良い対象を失い孤独
になり，援助や保護を求める無力な自分に直面させられた時，羨望によって
惨めな自分を否認し自分自身が万能の良い対象であると感じることで，分離
と孤独を防衛したのだった。そして，セラピストに依存している感覚や孤独，
羨望を二度と味わわなくてすむように，Zという内的対象を自己と融合させ，

自己愛対象関係を常態化する人格構造を組織化（自己愛構造体 narcissistic organization, Rosenfeld, H. A., 1971）したのだった。換言すると，羨望によってもたらされた自己愛対象関係によって，孤独から逃れられたかのように A には体験されていたが，自己愛的万能的優越感によってセラピストの援助は必要とされないため，依存関係を通して得られる良い対象の取り入れは適わず，病理的状態が存置されることとなり，治療は難航することになったと言うことができる。

　分離体験が強い孤独感によって，外傷的分離体験に変質したとしても，事例 D〜F のように戻ってきた対象との良い体験を取り入れ，分離以前にあった良い体験を想起する中，2 人の間に生じる情動体験や関係性について考えることができれば内界に保持されていた良い対象を蘇らせることが可能となる。そしてそれは孤独感を弱めるだけでなく，幼児的依存欲求を緩和し，分離 - 個体化を進める原動力となる。さらにそれは孤独に耐える能力，すなわち分離を分離として受けとめることのできる能力を付与するのである。

　しかし，逆説的ではあるが母親との分離がもたらす孤独が心的外傷として作用するのは，それに先立つ母子関係が子どもにとって安心と保護を供給するものであったことを忘れてはならない。母親との間に愛着と依存関係が成立し良い体験がなされていたが，それが突然失われたか，あるいは子どもの心に持ち堪えられないために惨劇となり，見捨てられ体験から生じた孤独感情は，分離を外傷的体験と変質させ，それが精神病理と連結されるのだと言えよう。さらに母親との間に安心と信頼に基づく関係が十全ではなく，加えて子どもに生来的な羨望の強さがある時，対象との分離や依存の否認によって，良い対象は破壊され，自己と内的対象からなる自己愛対象関係によって，病理的防衛が組織化されることになるのだと言うことができる。

　集約すると，一時的な母親との分離が外傷的分離体験へと変形するのは，孤独感の強さの程度によるが，それは分離以前の母親との良い対象関係の取り入れの度合いや，生まれもっての羨望の強さに規定されることが示された。そして，外傷的分離体験がより病理性を高めるのは，孤独の実感が良い対象への依存を自覚させた時，羨望によって依存感情が否認され，自分自身を理想化し，良い対象を所有しているという自己愛対象関係が形成されるためであると理解された。この自己愛対象関係によって，健康な人格部分の形成に

関わる依存的自己部分が否認されるだけでなく，万能感や攻撃的破壊性の理想化という病理的状態が現状を維持する防衛的目的で使用されるため，治療の行き詰まりがもたらされることになる。

　すなわち，分離によって孤独が体験され，孤独が羨望をもたらし，羨望が取り入れを可能にする依存関係を破壊し，良い対象関係の形成を阻害する。そしてそれが健康な人格部分の働きを妨げ病理的状態を存続させるのだと筆者は考える。

第3節　結　語

　本章で筆者は，第Ⅰ部で述べた歴史的・理論的背景を礎石としつつ，第Ⅱ部の事例から見出された，青年期女性の母親からの分離の困難さをもたらす要因について論考した。青年期女性は，第二次性徴によって母親と同じ女の身体へと変化する時，乳幼児期に未消化なまま母親との間に留保されていた，愛と憎しみの情動的関係に決着をつけなければ，次の発達段階であるエディプス的性愛に到達できないとの筆者の考えを示し，「潜伏期」から「性器期」の間に「逡巡期」を置くことを提言した。そしてこの「逡巡期」において青年期女性が体験する内的空想や，情動，対象関係が，母親との分離を妨げる要因となっていることを主張した。その要因とは，①分離意識によってもたらされる乳幼児的依存感情と破壊的な攻撃感情の再燃とその逡巡。②性愛感情と依存感情の混同による良い対象の取り入れ不全。③性的身体を所有することへの恐怖や嫌悪感がもたらす乳幼児的依存関係への回帰願望と，母親への罪悪感がもたらす依存の回避への葛藤。④母親への依存感情と異性愛感情の二者択一的思考，あるいは依存か孤独かの二者択一的思考。⑤乳幼児期からの意識的・無意識的取り入れによって自己の一部となっていた母親の部分の排泄と，オリジナルな自己の確立に向けての再取り入れの困難さ。⑥母娘の身体的・情動的相互同一化による共生的関係の形成。⑦分離によって生じる孤独体験と，その防衛として生じる羨望，羨望がもたらす自己愛対象関係にあるとの筆者の見解を示した。

　第2章で示した Mahler, M. S.（以下 Mahler）の再接近期や，Bowlby,

J.（以下 Bowlby）の喪失反応，第9章で取りあげた Winnicott, D. W.（以下 Winnicott）の「ためらいの時」も，母親からの分離や主体的自己の確立を論じている。しかし Mahler，Bowlby ともに，「現実の母親対象」に注目し，自我領域から捉えた自己表象と対象表象の境界の確立や自律性の獲得に主眼がおかれており，筆者の捉えた内的世界からの観点とは大きく異なっている。換言すれば，筆者は母親からの分離‐個体化が行われる時の，青年期女性の内的空想や対象関係など，その主観的世界をより詳細に解明し「逡巡期」として敷衍したと言えよう。

　また Winnicott は，幼児が外界に刺激され，衝動やニードが生じた時，内的母親対象によってもたらされる不安や葛藤から身動きが取れなくなる状態を，「ためらいの時」と捉え，外的対象と内的世界の交流様式を示した。筆者は第9章において，健康な青年期女性が不安と葛藤しながら親からの分離と自己の確立をしていく「時と場」を移行空間と捉え，Winnicott の「ためらいの時」を引用した。筆者の提案した「逡巡期」は，内界と外界の間で「ためらう」という意味において，Winnicott の「ためらいの時」を内包するが，青年期女性が体験する「逡巡」は，身体的成熟と性の主題が基軸となっており，さらにそれが精神病理と接続される点において，「ためらいの時」とは異なる概念である。

　集約すると，分離体験がもたらす内的世界を熟視し，そこで展開する空想や対象関係から，依存感情や攻撃欲動，身体的変容，性愛感情などに逡巡する青年期女性のあり様を描き出し，概念化した点に「逡巡期」の独自性があると考える。

　この「逡巡期」の心的作業によってもたらされる，良い対象としての母親の内在化は，安定した異性との性愛関係や愛情関係を築くための基盤となるだけでなく，赤ん坊の母親として，また赤ん坊の激しい依存感情や破壊的攻撃感情にも持ちこたえられる精神的成熟と忍耐力を付与するのだと言えよう。

　エディプス的性愛段階に向かう前の，母親との関係を清算するための期間としての「逡巡期」の重要性について筆者は強調する。

第11章 セラピストの機能と技法，
そしてそのワークスルー

　第10章において筆者は，青年期女性の対象関係論的心理療法事例を通して，青年期女性が「性器期」におけるエディプス的異性愛へと到達する前に，母親との間に未消化なまま置かれていた，乳幼児期の分離体験を心に収める心的作業が必要であり，発達のその段階を「逡巡期」と呼ぶことを提言した。女性が性を意識しない「潜伏期」から，性的存在となる「性器期」へと移行するには，第二次性徴がもたらす身体的変容を受け入れる必要があるが，女性にとって自身の身体の受容は，母親対象を受容することに他ならない。「逡巡期」において，乳幼児期の母親との分離体験を精算し，乳幼児的依存関係を解消した後に，青年女性としての新たな関係を母親との間に構築することによって心的発達は進展する。この母親との間に形成した安心と信頼を基盤とした内的対象，つまり内在化された良い対象に守られながら，性的自己を受容し，成熟した女性として異性愛へと到達することが可能となるとの見解を示した。

　さて本章では，第10章の内容を踏まえ，青年期女性の対象関係論的心理療法におけるセラピストの機能と技法について筆者の考えを示す。そしてまだ発達途上にある青年期女性が面接の中で行う心的作業の到達点はどこにあるのか，何をどこまでワークスルーすることが可能なのかについて筆者の見解を述べる。それは青年期女性における面接終結のクライテリアを定式化する試みとなる。

第 11 章　セラピストの機能と技法，そしてそのワークスルー　　*197*

第1節　「逡巡期」におけるセラピストの機能と技法

　対象関係論的心理療法は，クライエントの早期乳幼児期の重要な対象との情動的体験が面接空間に持ちこまれ，セラピストとの間に蘇り，転移・逆転移を通してクライエント‐セラピスト関係の中で体験され，その情動体験をコンテインするセラピストの関わりを通して，クライエントが現実的に考える力を得ていくという方法論に基づいた臨床実践である。この臨床実践は，子どもであろうと成人であろうと，基本的な機能や技法に大きな違いがあるわけではない。

　しかし，本論考が明らかにしてきたように，青年期女性の心的発達には「逡巡期」というこの年代特有の段階がある。未消化な母親との分離の主題がセラピストとの転移関係として繰り返し再演され，依存欲求を受け入れることへの逡巡や，性的色彩をもつ身体への変容や異性愛への逡巡が，心理療法の進展に影響を与えることになる。

　本節では，事例から得られた臨床的事実や，第 10 章で述べた筆者の主張も踏まえて，「逡巡期」に見られる治療関係の進展や面接過程の展開に寄与するセラピストの機能と技法について考察する。^(註)

1. 導入期におけるセラピストの機能と技法

　Meltzer, D.（1967）（以下，Meltzer）は，成人の導入期には，面接状況への転移として「偽協力」「偽転移」が生じやすいが，子どもや思春期のクライエントは導入期から内的対象や自己部分を転移としてセラピストに押しつけるとして，次のように描写している。

　　　セッティングや分析家という人物のよくわからない性質に直面して，子どもの転移的ニーズや傾向がその状況を「それとなく探り [feel-out]」始め」観測気

（註）対象関係論的心理療法では，「介入」や「解釈」はセラピストの技法を表わし，実際の臨床場面では，機能と技法は不可分に結びついているため，個別に論じるのではなく連結したものとして論じる。

198 第Ⅲ部 対象関係論的心理療法から捉えた青年期女性の分離体験

　球が最初はおそらくゆっくりだが次第に矢継ぎ早に次々打ち上げられる。すなわちそれらはプレイ，態度，ふるまい，発言に表れはじめる。この探りは，分析家を相互行動化に巻き込もうと意図したものだが，それが解釈によって迎えられたとき，子どもは当初かなり衝撃を受ける。……転移の行動化に荷担する代わりに私たちが解釈するとなれば，……より深い不安が和らげられるということを知る。……この機能を全うするために分析家は，投影同一化とそれに伴う苦痛を，圧倒されることなく，またそれによって行動に駆り立てられることなく，しっかりと受け取らねばならないのである。

Meltzer, 松木監訳・飛谷訳, 1967, p.43.

　Meltzer が示したこの関わりは，事例 E の初回面接に如実に表れている。E は笑顔のままセラピストから目を逸らさず，値踏みするようにセラピストの目をじっと見つめ続け，友人や教師から裏切られた話をした。まさにセラピストを探る観測気球は打ち上げられ，彼女が内的に感じていた不安と不信は投影同一化によって，セラピストに息苦しさと緊張をもたらした。セラピストが投影同一化を受けとめ，〈私にも裏切られることを心配している E がいる〉と，今ここで生じている情動体験を解釈（介入技法）によって伝えると，E は「両親にも心を開けない」と彼女の内的対象関係を語った。またセラピストの息苦しさや緊張は E が投げ込んだものとの理解に基づくセラピストの解釈によって，E の不安は幾分緩んだ。このように，不安や苦痛な自己部分がセラピストの解釈によって受け止められる体験は，安心と安堵をもたらすだけでなく，自分を理解する対象がいるかもしれないとの期待感をクライエントに付与する。

　思春期のクライエントとの関わりについて，「不信感を抱かれないことが大切であり，精神療法でただ深く切り込めばよいのではない」（中井，1978），「問うな，語るな，沈黙するな，おまけに的はずれなことを言うのもいけないが，的を射すぎてもいけない」（菅，1988）と言語的介入を戒める発言がなされることも多い。この観点からすると，言葉では表現されなかった E の不信や不安という陰性感情を，セラピストが投影同一化を通して感知し伝えたことは，「深く切り込む」行為であり，「的を射すぎる」介入になるのだろうか。

　またクライエントとの関係は，「距離感が大事である」「次に繋がる面接が

大事である」と抽象的に語られることも多い。この言葉には筆者も同意するが，しかし実際にはどのような関わりが良い距離感となり，どのような介入が次に繋がる面接になるのだろうか。筆者が知る限り，思春期・青年期のクライエントへの具体的な介入技法が論じられることはほとんどなく，ましてや青年期の女性クライエントへの介入技法についての論考は目にしたことがない。

　さらに事例検討会などでは，思春期の子どもは気持ちをうまく語れないので言語的介入が難しいと言う治療者も多々みられるが，本当にそうなのだろうか。筆者が19年間スクールカウンセラーとして中学・高校生女子の心理面接を行った経験から言えば，言葉によるやりとりが難しいと感じたことはほとんどなかった。

　確かに，思春期のクライエントの語りの内容を客観的情報として聞いているだけでは，あるいは意識水準で共感しているだけでは，本当の気持ちに触れることは難しい。Klein, M.（1932）（以下，Klein）も，思春期のクライエントが，不安を興味や活動によって防衛し，自分自身からも他者からも隠そうとするため，セラピストが彼らの情緒に素早く接近できないなら治療が中断されると危惧している。

　例えば事例Fも，「自分が無くなりかけてるみたい」と変化する自分への心細さや寄る辺無さを実感した時，次のセッションまでの1週間の間に，習いごとを始め，予備校の見学，祖父の見舞い，家事全般をこなし，アルバイトの面接に行くという行動によって，抑うつ不安を躁的に防衛した。筆者のこの防衛への介入によって，Fは「今までは虚しさを感じないように抹殺して，しっかり！と思うことで嫌な記憶を消してきた」と自身のあり様について洞察し，不安な気持ちを語るようになった。Fの，行動によって隠蔽された防衛的側面に気づかず，健康的側面だけに注目して適応が良くなったと判断するならば，心的成熟を妨げるだけでなく，「健康への逃避」（Freud, S.）を助長することになりかねない。

　菅（前出）が述べた「問うな，語るな」は，自分で考える力をもった健康度の高いクライエントやカウンセリングで行う意識水準での関わりにおいては有効かもしれないが，早期乳幼児期の言語をもつ以前の不安や恐怖を抱えたクライエントや，行動化などによって考える機能を働かせていないクライ

エント，混乱して精神病理状態にあるクライエントの病理的自己部分を理解
し，パーソナリティの変容を目指すことは困難であろう。思春期のクライエ
ントが，自分自身からも他者からも隠そうとする不安や病理的パーソナリテ
ィ部分を理解するには，言葉にならない無意識的世界を感知するセラピスト
の機能と介入技法が重要となる。

　健康な水準にいる思春期の子どもであっても，言葉にできないのではなく，
心的世界にあって未だ言葉にならない，分節化できない感情を抱えているた
めに語れないのかもしれない。あるいは言葉にすると陰性感情や攻撃性が露
呈するため，その発露を恐れて語らないのかもしれない。また語っても大人
は誰も理解するわけがないと諦めているのかもしれないのであり，そのこと
への理解と介入が求められるのである。このような言葉で表現されないクラ
イエントの内的世界への理解がなされないままに，漫然と思春期のクライエ
ントは難しいと言われている面が否めないように筆者には思われる。

　繰り返しになるが，事例Eにおいて彼女の心に触れることが可能となっ
たのは，Eが言葉にできずにいた情動を，セラピストが投影同一化を通して
感知し，受け取ったEの情動をEの心に受け止められるであろう言葉を選
び，解釈という介入技法を用いて関わったことによる。青年期のクライエン
トの内的世界に語る内容がないのではなく，言葉にできないだけであるなら，
その内的世界にある思いをどのようにして受けとめていくかについて考える
機能と技法が必要となる。この機能と技法の１つに，投影同一化の感知によ
る無意識の世界との交流様式がある。事例Eとの心的交流にセラピストが
用いた機能であるが，この交流様式の基盤は，第２章第２節で述べたBion
の早期乳幼児期の母子関係にある。未だ言葉を持たない赤ん坊の心を受けと
める母親の機能は，言葉で表現しない（できない）クライエントの心的世界
を理解しようとするセラピストに１つのモデルを提供する。

　投影同一化を感知するためには，感受性を研ぎ澄まし，クライエントの声
のトーンや口調の変化，眼差しや表情，空気感などセラピストの五感を使っ
て非言語的情報を感受し，クライエントの投影によるセラピスト自身の内的
変化を感知することが求められる。この無意識的交流である投影同一化を通
してクライエントの言葉にならない思いや情動を受けとめ，それらについて
‘もの思い’し，考え，それをクライエントに伝わる言葉に置き換えて理解

を伝えることが肝要となる。この心的作業は，子どもが自分自身では考えられない考えや，内なる思いについて考えることの手助けとなり，面接を継続していく動機づけになるだけでなく，その後の面接過程においても理解によって受容される体験となり，面接を進展させる大きな要因となる。さらにセラピストの考える機能の，クライエントへの取り入れを可能にする。

　導入期の注意点についてさらに論述する。子どもの自己と大人の自己が混在し，その2つが流動的で転位しやすい青年期のクライエントの心に向き合いながら，今何が起きているのか，何がセラピストに転移されているのかについて考える時，クライエントの語る1センテンスの中に，また1セッションの中に，数回のセッションの文脈の中に現れる心的変化に注目することが求められる。そして今ここで，クライエントの心が乳幼児的自己部分として機能しているのか，成長した成人の自己部分が作動しているのかを注視することも重要となる。

　同時に，筆者が取りあげた事例AからFによって示されたように，病態水準の相違によってセラピストの機能と技法も変える必要がある。そのためには，クライエントの心的状態が妄想‐分裂ポジションにあるのか，抑うつポジションにあるのかについて見立てる視点をもつことや，心に生じている不安が迫害不安なのか，抑うつ不安なのかについて査定することもセラピストには求められる。

　さらに，女性セラピストと青年期の女性クライエントという関係では，面接の初期段階から母親転移が生じやすい。青年期という親との分離の主題を抱えた年代であることや，乳幼児期の再編をともなう自己の確立の途上にあることも影響し，クライエントの乳幼児期の母子関係が早い段階から面接空間に持ちこまれ，女性セラピストに投げ込まれやすいことは，筆者の事例が示す通りである。

　また第10章第2節でも述べたように，性徴にともなう身体的変容の受け入れが内的母親対象の受け入れを意味することから，同性であるセラピストへの転移はその影響が色濃く表れることになる。面接過程が進展すればセラピストの性別には関係なく，重要な愛情対象との関係が転移として浮かび上がってくるが，Eがそうであったように，初回面接から母親転移が生じることがあることを認知しておく必要がある。そして，投影同一化を感知するセ

ンサーをセラピスト自身の中に高め，それを用いた交流によって言葉にできないクライエントの心的世界と交流することは，かつて母親には感知されず忘れ去られたままになっていたクライエントの自己部分を，受けとめてくれる対象がいるかもしれないという期待につながり，面接継続への大きな原動力となる。

2. 分離がもたらす孤独と交流するための機能と技法

　第3章の事例Aは，セラピストへの依存感情を表出し始めた頃から孤独を訴え始めたが，一酸化炭素中毒で倒れた時の死の恐怖と不安が，さらに激しい孤独をAにもたらした。孤独はセラピストへの融合的依存欲求をAに生じさせ，その自覚は逆にセラピストとの分離をより強くAに意識させることになった。「どうして私はこんなに孤独なん！　先生の時間を奪いたい！　甘えたい！」「殺してやりたい！　取り付いてやりたい！　呑み込んでやりたい！」との訴えは，単に孤独で寂しいという次元を超越した心的世界を表しており，セラピストの持つ良いものを全て奪い取りたい欲望，得られないなら破壊してしまいたいという羨望，付着的に張り付いて一体となる願望，張り付くだけでは収まらず呑み込んで体内に閉じ込める内的空想の現れであった。

　Klein（1963）が「彼らにとって自己の悪い部分であるものとともに一人でいることのために，孤独だ，見捨てられたという言葉で表現する」と述べたように，Aが孤独を強めたのは，外界に排泄された怒りが迫害的に自分に戻ってくることに加え，セラピストに激しい怒りを感じ，殺し，飲み込む空想がA自身の内部から湧き起こってくるため逃れようがなく，攻撃衝動によって素直に依存できないためであった。その一方で孤独の苦しみから逃れたいAは「孤独だったのにストーブも買ってくれない！　お母さんにもなってくれない！　セックスしてくれない！」と愛着と性愛が入り交じった混乱した内的世界をセラピストに向けたのだった。

　さらに，Aが「自己の悪い部分とともに一人でいること」になったのは，愛情を向け変える代理の対象としての現実の父親の不在――高圧的で怖い存在であったため接近できなかった――ことも影響していると考えられる。Aは父親に対して女性的ポジションも男性的ポジションも取ることはできず，

Ａの内的空想の父親はＡのサディズムと相まって，性と暴力的イメージが肥大化した存在であったため，上述した口唇的・エディプス的混乱が生じたのだった。

この段階での筆者の仕事は，Meltzer（1967）が，「解釈が心の痛みを変容modification できる時期が来るまでは，痛みの投影を受け取ることがその痛みを調節する modulating 因子として働く」と述べたように，Ａの心的苦痛からの排泄物を受け止めるコンテイナーとして機能することであった。セラピストは，母親が赤ん坊の排泄物を受け取り処理して不快を和らげるように，Ａが排泄してくる苦痛な感情を受け取る器（container）として自分を提供し続けた。

それはトイレ‐乳房（toilet-breast）（Meltzer，前出）の提供である。トイレ‐乳房とは，苦痛の排泄のコンテインと，理解を与える乳房機能を指すが，この混乱状態ではセラピストはただ苦痛の排泄に必要な存在であった。排泄を受けとめコンテインする対象としてのセラピストを経験することで，Ａの孤独や乳幼児的な破壊的攻撃性や迫害的不安は少しずつ和らげられ，混乱状態が収束する頃，分裂排除していた依存欲求が蘇り，「休みがあるから甘えを貯めておこう」と甘えるセッションと，「何で面接してくれなかったの！」と怒りをむけるセッションが交互に表れるようになり，依存と怒りは分化しはじめた。現実と内的空想の世界を行きつ戻りつしながら，「イメージの先生はいつも側にいてくれる。イメージが遠のくと先生が知らない人になった気がする。独りぼっちで寄る辺ない」と語れるようになり，現実と空想，自己と対象が区別された。イメージのセラピストやＺをもつことで孤独を感じずにすんだＡがいたことを解釈として伝えてＡの情緒をコンテインすると，「Ｚへの執着心は異常。現実を取り戻したら一人でも大丈夫なんやろか」と現実を語れるように変化したのだった。

セラピストが toilet-breast 機能と，介入技法としての解釈によってＡをコンテインしながら，今ここでの技法を用いて現実とＡの内的世界を繋ぐ関わりは，Ａの内的対象としてのセラピストと，今ここにいる現実のセラピストの分化をもたらした。それがＡの心に自己と対象の区別をもたらし，投影同一化の多用によって混乱したＡの内的世界を収束させることに寄与したのである。投影同一化の多用によって精神病水準に近いパーソナリティ

204　第Ⅲ部　対象関係論的心理療法から捉えた青年期女性の分離体験

の病理を示すクライエントに対しては，上述したような機能と技法が有用となる。

　分離の体験が耐えがたい孤独を生み，激しい怒りや破壊的攻撃衝動は，依存欲求も破壊する。そして投影同一化の多用や，行動化，身体化による心的苦痛の排泄が行われる。この排泄された心の痛みを丹念に受け止める器（container）としてのセラピストの機能が求められる。

3. 攻撃性への理解と取り扱いに関する機能と技法

　筆者の事例において示されたように，クライエントの多くは乳幼児期の母親との分離によって生じた激しい怒りと攻撃衝動を体験しており，その時の感情体験は面接が始まりセラピストへの依存欲求の高まりとともに，セラピストとの面接の休み等による分離体験時に再演され，転移として面接空間に持ちこまれる。

　しかし，30年以上にわたる青年期女性との臨床実践の中で，筆者に直接破壊的攻撃を向けてきたのは，境界水準以上の病理を抱え，迫害-妄想性の不安に混乱した事例Aと人格障害の成人女性クライエントのみで，それ以外の青年期の女性クライエントが直接破壊的攻撃性を向けてくることはなかった。たとえば，事例Fは夏休みによるセラピストとの分離期間に，自傷や家庭内暴力，解離症状や一過性の幻聴を引き起こし，「このまま闇に葬られるかと思った」と語るほどの混乱状態となったが，セラピストがその時に感じた恐怖や怒りを取りあげても，「夏休みなので仕方ない」「怒りは自分のことと家のことに使い果たした」と，怒りを内実肯定しながらもセラピストに向けようとはしなかった。また，事例Eも治療5年目になり面接の終結が近づいた時に生じたセラピストの休みに自傷で反応した。セラピストとの分離がもたらした怒りや悲しみを結びつけたセラピストの介入に同意し怒りは認めたが，Eもセラピストに直接的な怒りを表出することはなかった。同様の傾向は学会や研究会などで発表される事例においても散見された。例えば日本精神分析学会第61回大会（2015）の一般演題「思春期青年期」・「思春期」の，6発表中2例にもみられ，セラピストへの不満や怒りは面接の中で取りあげられているが，「セラピストとの間で攻撃性を十分扱えなかった」と，セラピスト側の分析的理解不足として結論づけられた。他の2例はセラ

ピストは理想化されたまま攻撃性は取り扱われておらず，残り2例は攻撃性の表出の転移的理解が十分とは言えない内容であると筆者には受け取れた。

Klein（1950）は，「迫害不安と抑うつ不安が分析中に体験され根本的に軽減され」「憎しみが愛によって和らげられ，迫害者と理想像との間の強い分裂が軽減される」ことの重要性について論じているが，攻撃感情がセラピストとの間に転移として扱われ，クライエントにその感情が肯定されたとしても，セラピストが迫害対象として激しい攻撃を向けられ，その取り扱いがワークスルーされなければ，根本的解決とは認められず，分析的理解不足やセラピストの逆転移の問題に帰されるのだろうか。

もちろん，セラピストがクライエントの攻撃的衝動や陰性感情に触れず，その感情の否認に共謀し，セラピストへの過剰な理想化が生じているにも関わらず，それへの介入がされないまま攻撃性が扱われなかったならば，吟味不足であることは明白である。また過去の再演，すなわち転移状況にセラピストが気づいておらず，クライエントの乳幼児的自己から生じる攻撃性を取り扱えなかったならば，さらにセラピストが意識的・無意識的に良い対象であろうとする逆転移によって吟味が回避されたのだとしたら，心理療法は未達成であり，非難されることも否めない。ここで筆者が提議しているのは，これらのように面接過程において攻撃性が扱われていない事例のことではない。セラピスト−クライエント関係の中に生じた攻撃性が転移的に理解され，解釈によって2人の間に共有され，クライエントが自身の内にある攻撃感情を自覚したとしても，事例Aのような生々しく直接的な迫害不安がセラピストとの間に展開しないと，攻撃性を取り扱ったことにはならないのだろうかとの問いなのである。

例えば，事例Eや事例Fは，「面接に来るのが億劫だった」「面接に縛られる気がしていた」「怒りは別のことに使い果たした」など否定的感情を表明しており，またセラピストの不在時に感じた怒りや攻撃的感情は，行動化の理解と連接したセラピストの解釈によって2人の間に共有されている。否定的感情の否認によって過度にセラピストを理想化しているわけでもない。この面接状況をMeltzer（1967）の精神分析過程から捉えると，「母親の乳房への乳幼児的な摂取的依存が内的に確立」し，「パーソナリティのもっとも成熟した部分が摂取同一化を通して，内省，分析的思考，そして責任の能

206 第Ⅲ部 対象関係論的心理療法から捉えた青年期女性の分離体験

力を発展させはじめ，レベルの分化が確立される」という，「離乳過程」の入口までは進展しており，内的な良い対象としてセラピストの取り入れや考える機能，抑うつポジションに留まる心的状況に到達してると言えよう。それでも，EもFもセラピストとの分離がもたらす怒りや悲しみを，激しい直接的破壊的攻撃としてセラピストに向けることはなかった。この状況をどのように考えればよいのだろうか。

　この問題について，セラピスト側の分析的理解不足やセラピストの逆転移の問題だと片付け，勘考せずに終わるのではなく，この攻撃性の問題について臨床的な事実を踏まえて考察を続ける。

　Klein（1937）は「破壊的衝動と，愛の衝動を一緒にし，対象の良い面と悪い面を一緒にすることは，破壊的感情が愛の感情を圧倒し，良い対象を危険に陥れるという不安を引き起こす」と述べている。この観点は，青年期女性がセラピストに攻撃を向けない理由の1つとして，良い対象であるセラピストを破壊衝動から守り，保持しようとする心的機能の働きが攻撃性の抑制をもたらすとの仮説を導き出す。たとえば事例C，D，E，Fのように，一時的に破壊的攻撃性が高まったとしても，それ以前の良い対象としてのセラピストとの関係を想起できるだけでなく，思考の連結が切断されずに保たれており，破壊的・攻撃的自己について考える事ができたので，破壊的攻撃欲動の高まりに持ち堪えることが可能となったと言えよう。さらに事例C，D，E，Fは攻撃衝動とともに罪悪感を有していたことが面接過程から見てとれる。罪悪感は良い対象に破壊衝動を向けたことから派生する感情であり，良い対象との良い体験がそれ以前にあったことを示している。

　すなわち，この良い対象の取り入れが，破壊的攻撃衝動表出の抑制に寄与したと筆者は考える。つまり，良い対象との良い体験を想起し実感するがゆえに，その対象に攻撃を向けたことへの罪悪感が生じる。愛する人を攻撃したことから派生した罪悪感-抑うつ感情が，破壊的攻撃衝動を抑制させるのである。

　しかし，その一方で事例Aのように激しい破壊的攻撃感情をセラピストに向けてくるクライエントもいる。Aの攻撃性の表出は，羨望がもたらす自己愛対象関係によって，自分自身が万能な良いものと認識されているため，摂取的依存関係は必要とされず，万能な力を有する破壊的攻撃欲動の理想化

が生じていたためであると考えられる。依存関係の否認と破壊的攻撃欲動の理想化が，セラピストへの直接的な激しい攻撃をもたらす要因であると筆者は主張する。このような病理的自己愛状態にあるクライエントには，優勢な自己の破壊的部分によって失われた依存的部分の回復が治療的関わりには重要となるが，そのためには破壊的攻撃衝動のワークスルーが徹底される必要がある。

　青年期女性がセラピストに直接攻撃を向けない2つ目の理由として，「逡巡期」の影響があると筆者は考えている。第10章第2節で論じたように，青年期女性は，同じ性をもつ母親への同一化と分離といった二重性を抱えており，これが攻撃感情と依存感情の表出を複雑なものにする。つまり青年期女性が依存感情をもつことによって母親（セラピスト）を取り入れようとする面と，攻撃欲動によって乳幼児的内的母親対象を排泄しようとして逡巡することの影響である。

　乳幼児が口唇的欲求不満がもたらす破壊的攻撃衝動を，どれほど激しく内的に体験し，授乳する母親の乳房を噛んだとしても殺人を犯すことはできないし，現実の母親を破壊するだけの力は持たないが，現実的に殺人を行える身体的能力を手にした思春期の子どもにとって，そのコントロールできない破壊的攻撃衝動を，母親やセラピストに直接向けることは，現実の依存対象を破壊してしまうことにもなりかねず危険なことである。また現実的な二次思考が働く青年期のクライエントの場合，思考が攻撃衝動を包み込む面もあるのではないだろうか。さらに青年期のクライエントは，心理的，経済的，社会的にも親への依存状況にあるという現実がある。さらに乳幼児期から十分な授乳乳房との依存関係を得られなかったことが症状や病理と結びついていたクライエントにとって，ようやく手にしたセラピストからもたらされる滋養的乳房を保持したい心が働いたとしても不思議ではない。

　Meltzer（1967）は，もっとも強く分裂排除された羨望的で破壊的な自己部分は，心の健康さと性格の強さが確立されないかぎり，安全な統合は起こりえないと述べた。換言すれば，心の健康さが確立されれば破壊的自己部分は安全な状態に収まることが示唆されたことになる。Aの場合は羨望による破壊的攻撃的自己部分が未統合であるがゆえに，セラピストとの間にその表出がなされたが，他のクライエントたちは，羨望や攻撃衝動の強さがそれ

ほどではなく，攻撃欲動と依存欲動の両方を心に置くことが可能となったために，怒りの表出の抑制がもたらされたと考えられる。

　また，Bion, W.（1967）は，我々の心的世界が妄想的で迫害的な精神病的パーソナリティ部分と非精神病的パーソナリティ部分によって成立していることを論じている。その臨床思考は，迫害不安と抑うつ不安が完全にワークスルーされることも，統合されることもなく，両方が私たちの心に存在することを示している。つまり精神的安定がある程度保たれている心的状態とは，パーソナリティの精神病部分が縮小され，心の内的空間が非精神病部分に占められている状態にあると言うことができる。

　この観点から考えると，青年期女性が破壊的攻撃衝動をセラピストに向けないのは，精神病的自己部分である破壊的攻撃の自己部分が，非精神病的自己部分である愛情と依存感情という，良い対象や良い自己部分によって包み込まれているからに他ならないとの理解が成立する。

　Klein（前出）は「憎しみが愛によって和らげられる」ことが治療の1つの達成であると述べたが，心理療法の進展は，愛する人への攻撃衝動の自覚と罪悪感を芽生えさせる。そしてクライエントが自らの攻撃性について考える心的機能を促進し，罪悪感によってもたらされる愛と思いやりによって攻撃欲動が和らげられ，心に置けるものとなる。心に置けるようになった攻撃欲動は，激しい行動化や怒りの表出ではなく，意識的言語化による欲求不満の表明や攻撃感情の表出へと変形される。この変形こそが，青年期女性がセラピストへの直接的攻撃衝動を表出しない要因であると筆者は考える。

　このように，攻撃性には羨望がもたらす破壊的で無思考な水準と，攻撃欲動が罪悪感と接続され思考できる水準があり，この病理水準の相違がセラピストへの直接攻撃になるか，言語的表出になるかの違いを生むことになる。セラピストは，この水準の違いを見立て，一方ではトイレ‐乳房的機能を働かせ，他方では攻撃欲動と依存欲動の両方をコンテインメントしながら，解釈によるその両方を繋ぐ介入が求められる。それがクライエントの非精神病部分（健康な心）の機能を高め，攻撃性の行動による表出を意識的言語的表出へと変形させることに寄与し，青年期女性の心的発達を促進させることになるのである。

4.「考える滋養ある乳房」としてのセラピストの機能と技法

Klein（1957）は，「良い対象が少なくともある程度は自我の一部になっていなければ，そもそも生命は存続できないであろう」と述べている。すなわち，飢餓状態によって，乳幼児の心的世界が妄想的な怖れと憎しみから派生した悪い対象に満ち溢れ，破壊的攻撃衝動によって荒れ狂い混乱した状態にあり，言いようのない恐怖（nameless dread）の体験をしていたとしても，生存してきたからには滋養ある乳房との哺乳関係が存在しており，幾ばくかは良い対象が保持されているはずだとの考えが示された。

「良い対象」とは，滋養ある母親の乳房であり，口唇的依存欲求に満足を与える性的でない母親であり，要求が満たされた感覚を表す対象を意味する。栄養を与える良い乳房は，生命保持への力となり自我の核を形成するとともに，希望，信頼，信念の基礎を提供することになる。そしてこの良い対象としての乳房の取り入れが自我の安定に寄与するのだと言えよう。つまり，愛する良い対象は乳幼児が機能するためには不可欠であり，心の安定は安心できる授乳体験をもたらす乳房と結合した良い内的対象に，同一化できるかどうかにかかっているといっても過言ではない。

一方，良い対象と悪い対象を分裂させることで，良い対象を悪い対象から守るために必要な防衛機制として，「理想化された対象」がある。良い対象を守る反面，理想化は非現実的な完璧な対象を希求するため，それが得られない時には破壊的な失望感へと転じる。失望によって生じた破壊衝動は外界に投影され，悪意ある恐ろしい迫害対象を生み出す。この迫害不安が過剰になると対象に依存することができなくなり，良い対象を取り入れることができなくなる。

さてここで，「良い対象」と「理想化対象」の違いを明確にするために，2つの事例を取りあげる。事例Aは，面接開始から3年目頃まで，家庭内暴力によって両親への破壊的攻撃衝動を排泄する一方で，セラピストを理想化して心理療法に熱心に取り組む従順な良い子であった。しかし夏休みによるセラピストとの分離が生じた後，セラピストは理想化対象から迫害的対象へと反転し，セラピストへの妬みや羨望の表出によって面接空間は緊迫し，依存感情と破壊的攻撃衝動がもたらす迫害不安によって，Aはセラピストから安心や温もりを取り入れることが困難となった。

第9章で取りあげたGと祖母の関係では，もう少し健常水準での理想化された関係が描かれている。祖母への理想化がゲンジという悪い迫害対象を生み出したが，Gよりもゲンジを庇う祖母に怒りと幻滅を感じ，理想化していた祖母への脱錯覚が生じ，Gは乳幼児的な愛の対象を失った悲しみと怒りを迫害・妄想性の不安として体験していた。しかし祖母との物理的・心理的距離ができる中，考える能力を取り戻したGは祖母との良い体験を思い出し，祖母への思いやりを感じられる抑うつ不安へと移行した。この良い対象を想起し保持できる能力は，Gの心の健康さを示している。その頃に生じた祖母の死は，喪失の悲哀とともに強い後悔をもたらしたが，対立が生じた後も，祖母が変わらぬ愛を示していたことを知ったGは，祖母の死を受け入れ悼み悲しむ心に留まることができた。そして祖母は理想化された対象ではなく，良い対象としてGの心に内在化されていったのである。

Meltzer（1973）は，良い対象の取り入れが困難になるケースを次のように示した。①破壊的衝動が強すぎたとき。②良い対象が十分機能しなかったとき。③赤ん坊にとって対象が良いものと認識されなかったとき。④赤ん坊の心の傷になる外傷体験が生じて良い対象への依存に失敗したとき。⑤依存できる外的良い対象や内的良い対象が不在であったとき。このような状態に置かれると，悪い部分への依存関係が作られ，これが倒錯というパーソナリティの病理と結びつくと論じている。

事例A以外にも，良い対象の内在化が難しかった事例として，万能空想によって依存を否認し多量服薬や自傷を繰り返した事例Bや，理想化された子宮に留まり続けようとした事例Cがあげられる。いずれも迫害的な妄想・分裂ポジションの世界から抑うつポジションへの移行が難しく，自己や対象の「悪い」部分が良い対象に統合されていくことが困難であった。

Rosenfeld, H.（1960）（以下，Rosenfeld）は，クライエントとセラピストの間に生じる情動体験が，転移関係を通じて愛による憎しみの征服をもたらし，良い対象の内在化が自他への信頼に寄与することについて以下のように記した。

　　　分析家は，愛と抑うつと罪悪感とを体験する患者の能力を起動するよう努めねばならず，そうすることで，抑うつが転移状況に現れることになり，行動化

第 11 章 セラピストの機能と技法，そしてそのワークスルー　*211*

に関する問題全体が減少してくることになる。

　　自分自身に対する信頼は，他の人たちの良さへの信頼とともに強められ，ア
ンビバレンスと内的破壊に対する急性の恐怖が減少するのと同時に，「良い」
対象と自我が救われ保護されるという希望が増大するのである。

　　良さの原型を取り入れ，自我のすべての機能を特徴づけるような形でそれに
同一化するということがなくして，良い体験をする能力が持続することはない。

Rosenfeld, 1960, pp.512-513.

　事例 F は，母親とセラピストを比べて，「先生みたいに支えるように言っ
てくれると助かるのに」とセラピストを理想化し心理学を学びたいと同一化
した。しかしセラピストとの分離体験は F の心に怒りと攻撃感情をもたら
し，乳幼児期の分離体験も再演される中，理想化は幻滅によって脱錯覚され
た。面接が再開し，F の分離不安とセラピストへの破壊的攻撃感情と症状を
繋ぐセラピストの介入は，F の破壊衝動に意味を付与するとともに攻撃的破
壊的自己への怖れを減少させることに寄与した。攻撃的衝動の弱まりは，自
身の言動を内省する力と，安心できる良い対象としてのセラピストを F の
心に内在化させ，同時に信頼できる自己を F の心的世界にもたらした。

　分離によって生じた愛と憎しみのアンビバレンスや，破壊的攻撃衝動の表
れとしての行動化，精神病理の背後にある心的空想について考えることを通
してクライエントの心的苦痛をコンテインメントする機能が，考える滋養あ
る乳房としてクライエントに取り入れられていく。良い対象の取り入れとは，
愛と憎しみ，依存感情と攻撃感情について「共に考える対象」「考えること
を授乳する対象」の取り入れであると筆者は考える。セラピストとの関わり
を通して，自身の体験を内省し考える機能を取り入れることが，安心と信頼
をもたらす対象関係の形成に寄与するとともに，青年の自己の確立を促進す
るのである。

5. 面接の終結におけるセラピストの機能と技法

⑴ 終結に向けて

　青年期の心理療法の難しさは，治療の終結をどのように迎えるかという点
にある。現実適応がある程度改善されると，パーソナリティの変容が十分に
達成される前に面接の終結が持ちこまれたり，進路選択等人生の岐路の訪れ

212 第Ⅲ部 対象関係論的心理療法から捉えた青年期女性の分離体験

による環境の変化が面接を中断に追い込むこともある。さらに，発達という概念には前進することが内包されているため，立ち止まって考える心理療法の継続が，現実への停滞や前進を阻むもののように受け取られ，人生の次のステップに進むことが優先されることもある。対象関係論的心理療法の進展によって心理的には親からの分離を果たしたとしても，経済的・社会的に親に依存している青年期のクライエントの場合，親の意向によって面接が終了に追い込まれるなど，クライエント個人の考えだけで面接の継続ができないという現実がある。

　すなわち Freud, S. が「不完全な分析」と呼んだ，外的困難による面接の中断が起こりやすく，ワークスルーが最後まで行き着かない状況の中で，終結の作業をしていかなければならないことも多く，それが青年期の心理療法を困難なものにしている。

　迫害不安と抑うつ不安を十分に扱えていない事例は論外として，外的困難によって面接が終結する時，それは全て「不完全な分析」となり，それまで2人が行った治療は意味を失うことになるのだろうか。外的困難が生じたとしても，意味ある終結にするためにセラピスト‐クライエント関係の中で達成できる心的作業はないのだろうか。このような思いで臨床実践を行っている時，事例Eとの終結に向けての7カ月にわたる心的作業を経験した。この事例から学んだ，終結時のセラピストの機能と技法について筆者の見解を述べる。

　事例Eとの分析的心理療法過程が「離乳期」の入口にさしかかり，セラピストへの依存関係による口唇的哺乳の関係がEの意識に認識されはじめた頃，受験のために面接の継続が危ぶまれることとなった。この頃には，乳幼児期に否認していた分離の痛みを感じられるようになっていたEは，セラピストの都合による面接の休みの間に自傷した。分離の怖れと悲しみ，怒りの情動と行動化を繋ぐセラピストの介入に，Eは抑うつ的な情動をともなって同意したが，しばらくすると分離の痛みはセラピストが逆ギレするのではないかとの迫害的不安に置き換えられた。セラピストとの幼児的依存や愛情関係に留まりたいEと，受験のためという自分の都合で面接を離れるにもかかわらずセラピストから見捨てられると体験して怒りと憎しみを感じ，その破壊的攻撃感情ゆえにセラピストから報復される怖れと，さらには受験

を優先してセラピストを見捨てると, セラピストから仕返しされるのではないかとの不安がEの心的世界に現れていた。このEの心的状況は, 幼児期の弟の出産による母親との分離体験の蘇りであり, セラピストとの分離による再演であり, セラピストとの面接を通して, 幼児期には扱えなかった怒りや孤独, 悲しみや不安を現実化（actualization）したのだった。

さらにクライエントの2つの情動, すなわち愛と憎しみ, 依存と攻撃, 排泄と取り入れといった, 分離不安がもたらす情動の振幅をコンテインメントするセラピストの介入は, Eの中に取り入れられ, 乳幼児的依存関係に留まりたい思いと, 新しい世界へと踏み出す不安と期待といった2つの心の間での揺れを体験し始めた。そこには乳幼児レベルでの乳房との哺乳関係に留まりたいEと, 主体的に離乳の決断をしようとする心の動きがあり, 面接の終結に向けての心的作業が始動したのだった。この頃のEは, 面接空間で自身の内面と向き合うことが常態化しており, また面接によって自らの心的現実の認識が進むことを理解していた。そして, セラピストのわずかな介入によってEの洞察が進んでいく手応えを2人ともが感じていた。

Eとの面接は, Meltzer（1967）が抑うつポジションにおいて統合が発展した時に現れる状態として述べた, 「母親の乳房への摂取的依存の内的確立」と「摂取同一化を通して, 内省, 分析的思考, 責任の能力の発展, レベルの分化」の達成に至っていたと筆者は考えている。このEの内省し自分で考える能力は, 「完璧な自分ではないけど海の上で修理して行ったり来たりできそう」と, セラピストからの離乳を主体的に決定することを可能にした。

Meltzerが述べたように, セラピストとの摂取的依存関係の確立によって, クライエントは自分自身がコンテインニングされていることを実感し, 取り入れや否認していた情動を現実化することが可能となり, それが内省や考える力の獲得に寄与し, 分離独立へと向かう原動力となったのである。

(2) 最後のセッション

こうして, Eの離乳への準備段階は整ったが, 実際に離乳を実行する最後のセッションをどのように体験し終わりを迎えるかは, 乳幼児期の分離体験のワークスルーになるか, 反復強迫で終わるかの大きな分岐点となる。

また, セラピストとの心理療法の終結は, 青年期のクライエントが, 面接

214 第Ⅲ部 対象関係論的心理療法から捉えた青年期女性の分離体験

終了後の人生においても出会うことになる様々な分離や喪失体験とどのように向き合うのかの1つの体験モデルとなる。このような観点から，面接終結の最後のセッションについて考える。

松木（2005）は，離乳の最後の時間を有意義に過ごすためには，セッションの最後の1秒までクライエントの内面を探索することが肝要で，そこにはクライエントの過去の分離体験が再演される可能性が高いと述べている。

面接の終結はセラピストからの滋養ある授乳の喪失として，乳幼児期の乳房との分離による内的喪失体験を蘇らせ，分離にともなう内的喪失体験が面接空間に再演されることになる。分析的進展が生じていたとしても，最後のセッションでは，躁的防衛や万能空想によって分離を否認する古いシステムに引き戻そうとする心が働くことは事例Eでも見られた現象である。

Eは友人とのトラブルにうまく対応できた自分について話すことで，面接を完璧な良いものとして終わらせようとした。良い自分と良い母親という万能感によって喪失を否認する古い防衛システムを作動させかけたが，セラピストの介入によって，Eは残された課題と不安な思いを語り，防衛は取り除かれた。

2人の間に悲しみの空気が流れ長い沈黙が続いたが，しばらくするとEは沈黙を埋める言葉を探しはじめた。セラピストが，心の中に起きていることを味わえないEがいることを伝えると，Eは，幼児期に怒られて沈黙が続いたことを連想し，沈黙が怖いので話すことで不安を回避する自分がいることを洞察した。セラピストの〈沈黙すると寂しさや悲しさを感じてしまうので，それはあなたをとても不安にさせるので味わわないようにしているのかもしれない〉との介入は，「今まで気持ちを味わうというのがよくわからなかったが，これだとわかった感じ，スタート地点，課題がわかった」と，自身の情動を現実化（actualization）するとともに，自分が取り組むべき残された課題を実感したのだった。

最後の最後までクライエントの心を探索するセラピストの機能は，クライエントが自分自身の内的世界と向き合うことを促すことになり，Eは乳幼児期の母親との沈黙による分離体験を想起し，それがセラピストとの分離体験と重なり，今ここでのセラピストとの分離がもたらす悲しみを現実化することができたのである。さらに，悲しみや孤独を心で味わうことを回避するた

めに，話し続けようとする自身の防衛のありようについて，情動体験を伴って洞察し，自身の課題が「味わえない」ことだとの認識に至った。

このようにセラピストは，離乳体験がもたらす心の動きの全体状況に注意深く関わり，クライエントの心が躁的防衛などによって，離乳体験から逸れることなく，抑うつ的状態に留まるよう介入し続ける必要がある。

集約すると，外的困難によって終結が持ちこまれる時，治療を意味あるものと位置づけ，分析的進展の達成を審判するのは，転移プロセスの展開によるが，それを促進するのは，クライエントの内的離乳体験をともに体験し，クライエントの乳幼児的離乳体験への反復や躁的防衛を感知し，抑うつポジションに留まり続けるよう働きかけるセラピストの関わりにあると筆者は考える。

最後の面接を意味あるものとするためには，乳房の喪失の再演であるとの理解をセラピストが心に留め置き，過去と現在の離乳体験を 2 人で味わう関係に留まり続けることができるよう，転移プロセスに介入するセラピストの機能と技法が肝要となる。

第2節　青年期における面接終結のためのクライテリア

対象関係論的心理療法は，転移と逆転移の理解に基づいて展開する。セラピストは自分自身に投げ込まれた情緒や不安を受け取り，コンテイナー - コンテインド関係を通してクライエントの内的空想について考え，その考えをクライエントに受け取れる言葉に翻訳して伝えることを通して，クライエントの内的世界と交流する。このクライエント - セラピスト関係の中で反復される情動的接触（emotional contact）や分析的交わり（analytic intercourse）によって，クライエントは自身の内的世界にありながらも，言語的に捉えることのできない苦痛な情緒体験や対象関係について考えることが可能となる。その達成はクライエントが自分自身であるという感覚や，自分で考える能力を獲得し，自分で自分を支え維持しているという感覚を持つことに寄与するが，その進展は Meltzer（1967）が論じた「転移の集結」，「地理的混乱の仕分け」，「領域の混乱の仕分け」，「抑うつポジションの入口」，「離乳過程」といった面接過程を通して展開していくことになる。

216 第Ⅲ部 対象関係論的心理療法から捉えた青年期女性の分離体験

しかし青年期という発達段階にあっては，クライエントとの間で転移関係が現実化（actualization）され面接過程がある程度進展したとしても，Meltzer（1967）が「子どもの分析においては外的な理由での中断は普通の結末である」と述べたように，その途中で卒業・進学・就職などライフイベントなど外的な困難によって，中断や早期の終結へと向かう事例も少なくない。実際に，日本精神分析学会第61回大会（2015）の一般演題「思春期青年期」や「思春期」において終結を迎えた4事例のうち3例は，「転居による終結」「遠方の大学への進学による終結」「発達課題を乗りこえつつあるところでの終結」であり，離乳過程のワークスルーは達成されていなかった。日本精神分析学会第62回大会（2016）の一般演題「思春期」においても同様で，終結となった2事例のうち1事例は「母親からの終結の申し出」であり，もう1例は「セラピストの抱え損ないによる中断」であった。

本書の事例においても，現実適応は良くなったがパーソナリティの変容には至らないところで終了した事例Bや事例C，「抑うつポジションの入口」までは到達したが，その段階で卒業と就職によって面接の継続がかなわなかった事例Dがある。事例E・Fは，「離乳過程」までは到達したが，離乳過程のワークスルーには至っていない。

Meltzerは，思春期の子どもには本質的な治療の終結はないとの考えを示し，次のように述べている。

　　未だ生物学的あるいは社会的に直面すべき大きな思春期の動乱を控えている子どもにこの概念（離乳過程）を当てはめることは決してできない。……それは彼らがまだ一次的な喪の状態に直面していないからである。これらの大きな変動を経ずして，内在化という方法によって転移を十分に解消することは実質上不可能である。というのは，外的存在としての両親への何らかの依存が未だ活動的に残っているからである。

Meltzer, 松木監訳・飛谷訳, 1967, p.121.

つまり，思春期の子どもは未だ両親への社会的・経済的依存状態にあり，心理的・身体的離乳が達成されたとしても，社会的・経済的離乳が困難であるため，離乳過程，つまり実質的な終結のためのワークスルーはできないとの考えが示されている。

このような離乳過程のワークスルーの難しさを抱えた中で，青年期事例に多く見られる，外的困難によって面接の中断がもたらされる時，あるいは現実適応が幾分可能となった段階で面接の終了が求められる時，「未完成な分析」（Freud, S., 1937）で終わらせないために，またその面接を意味あるものにするために，さらには発達途上にある青年期のクライエントのその後の人生に寄与するためにセラピストにできることは何なのだろうか。またセラピスト・クライエント関係の中で何をどこまで達成すれば良いのだろうか。そして青年期の内的喪失体験（離乳過程）はどこまでワークスルーすることが可能なのだろうか。

ワークスルーは「徹底操作」「反芻処理」との訳語があるが，セラピストの治療技法であると誤解されやすい側面をもっているため，本論文ではワークスルーと標記する。下坂（2002）は，治療的相互作用を念頭に置いて，「一貫して取り組むこと」との訳語を提起しており，筆者もその意味でこの用語を用いる。

青年期の心理療法において，分離体験について「一貫して取り組む」時，何をどこまで取り組めば良いのかが不明確であることは既に述べたが，この点を明確にするために，青年期のクライエントが心理療法において到達すべき到達点を，青年期特有の終結のクライテリアと捉えなおして論考する。

すなわちそこでは，青年期の心理療法において，外的困難や現実適応の達成などによって面接が終結を迎え，離乳過程を一貫して取り組めなかったとしても，クライエントが自分自身と向き合い，内省やモニタリングをするサイコロジカルマインドの獲得と，自己分析的思考の達成を目指す，面接終結のクライテリアが提言されることになる。

筆者の見解を述べる前に，まずは代表的な先行研究として，Freud, S., Klein の終結のクライテリアについて提示する。

　　　　第一に，患者が自分の症状にもはや苦しめられることなく，もろもろの不安や制止を克服したとき，第二に，問題となっている病的過程の反復をもはや恐れずともよい程度にまで，患者のなかで，抑圧されたものの意識化，不可解なものの解明，内的抵抗の克服がなされたと，分析家が判断するとき。

Freud, S., 1937, 渡邊訳, pp.247-248.

218 第Ⅲ部 対象関係論的心理療法から捉えた青年期女性の分離体験

　　迫害的不安と抑うつ不安が分析中に体験され根本的に軽減されるにつれて，
　分析医のさまざまな側面がさらに大きく合成される……最も初期の恐ろしい人
　物像が患者の心の中で根本的な変革を受けるのだ……攻撃衝動とリビドー衝動
　とが近づきあって，憎しみが愛によって和らげられ，迫害者と理想像との間の
　強い分裂が軽減されてはじめて，良い対象——理想化されたものとは区別され
　るべきもの——が心の中に安全に確立されるのである。統合する能力のこのよ
　うな進歩は，乳幼児期の初期に起源をもつと考えられる分裂過程が弱まって，
　根底からの統合がおこったことの証明である。このような確固たる特徴が十分
　に認められるのなら，急性の不安を再現させることはあるかもしれないが，分
　析の終結は早すぎるものではないと考えてよいのである。

Klein，北山訳，1950，p.60.

　Freud, S. は意識化による症状や反復強迫の消失を主な終結の基準とし，
Klein は迫害不安と抑うつ不安の軽減，良い対象と理想化対象の区別，分裂
した自己対象の統合をあげている。ここには精神分析一般の終結のクライテ
リアが述べられており，青年期女性の特殊性を考慮したクライテリアではな
い。

　青年期や青年期女性の対象関係論的心理療法において，これまで終結のク
ライテリアや最後のセッションのあり方について，まとまって論じられたも
のは筆者が知る限り見当たらない。

　ここからは，先行研究や筆者の事例に基づく臨床的事実，第 10 章に纏め
た青年期女性の特徴なども踏まえて，クライエントとセラピストの 2 人が情
緒体験を共有し，共に考えることで到達する到達点や，取り扱うべき課題に
ついて明らかにするとともに，対象関係論的心理療法の終結のクライテリア
を描き出す。それは，結果的に内的喪失とその空想が病理と連結した青年期
女性の心理療法において，何がなされるべきかといった視点を逆照射するこ
とになる。

1. 自分自身について考える能力の獲得

　対象関係論的心理療法はクライエントが自分自身を知ることを一義として
いる。それはクライエントの「考えられない考え」を，投影同一化を通して

受け取り考えるセラピストの機能によってもたらされ，その進展によって抱えていた問題や症状の解決が図られることになる。第1節でも述べたように，思春期の子どもは言語化が難しいので言語的な心理療法が困難であると言われることがあるが，表面的に語られた内容だけに意識を向けていたのでは分析過程は進展しない。クライエントの心の何処に耳を傾け，どのように言葉を届けるかにかかっている。

　対象関係論的心理療法は，クライエントからセラピストに投げ込まれたものについて感受し，言葉にならない情緒について考え，それをクライエントに伝わる言葉に置き換えて返していく，この心的作業の繰り返しがクライエントに自分自身の心的空間，内的世界を自覚させ，自身の内なる情動や不安，対象関係について考えることを可能にする臨床実践である。クライエントの心の内奥にあって未だクライエント自身にも意識されていない情動や衝迫の理解は，転移と逆転移によって顕わになる，過去の反復・再演を読み取ることによってもたらされる。そして，クライエントの心に触れるセラピストの解釈は母親からの授乳と同意義であり，クライエントはセラピストとの間の情動体験を通して考える力を自らに取り入れていくことになる。

　第7章の事例Eが「相手がどう思うか」だけを考えていたので〈どう感じる？〉というセラピストの問いは恐怖だったと語ったように，多くのクライエントは自身の内界を見ようとせず自分について考えることを恐れていることが多い。しかし，クライエントが考えることを怖れている，その考えられない考えを，セラピストが投影同一化によって受け取り，考え，コンテインし，クライエントに受け取れる言葉にして返していくことの繰りかえしは，クライエントの心に取り入れられ，自分の心について考えることを可能にする。クライエントが意識化できず身体化や行動化，症状化するしかない無意識におかれた情動について，その内的空想を理解し，投影された感情を読み取りながら「共に考える関係を築き」「共に考える心的作業をすること」がセラピストに求められる。クライエントはその関係の中で，情動を体験し，体験から考えを発展させていくのである。

　「いろいろ考えられるようになったので，人の嫌な面がわかって嫌にもなるが，これからも考えて動けるようになりたい」と事例Fが語ったように，面接過程の中で，それまで考えていなかったことについて考えることができ

るようになるが，それはクライエントの不安や心の痛みを抱えつつ，心の内側への視点を向け続けるセラピストの関わりや心の使い方を，面接過程の中でクライエントが取り入れていくことによる。セラピストからのクライエントの心に触れる解釈は滋養ある授乳を意味し，心の栄養の摂取がクライエントの考える能力を育てるのである。

　セラピストのコンテインメントと滋養的授乳としての解釈がもたらす考える機能の取り入れは，青年期のクライエントが自分自身について考え，内省し，自己の確立へと向かう心的機能を促進する。また自己への信頼や他者と関係する能力を高める。この自分自身について考える能力の獲得は，青年期の心理療法において達成されるべき到達点の１つであり，終結のクライテリアになると考える。

2. 内的破壊性・攻撃性を緩和する良い対象の取り入れ

　臨床場面だけでなく外的現実社会においても，青年の衝動的な行動や言語的表出はよく耳にする。Winnicott, D. W.（1965b）が「新たなイドの進攻を自我機能はどのように迎えるのか。……青春時代の男子や女子は破壊のための新しい力や殺すことさえもできる力をどのように取り扱うのだろうか。この力は乳幼児期では憎しみの感情を込み入ったものにはしなかったのだ」と述べ，「早期の成長期の空想に死が含まれているならば，青年期には殺人が含まれる」（1971）と示したように，思春期はイドからの内的衝迫に突き動かされる時期である。イド衝動からくる破壊的な攻撃性に持ち堪えるだけの自我機能が育っていないことが，その要因として考えられる。面接空間においても，暴力的行動化や激しい敵意と憎しみが際限なくセラピストに向けられることがあるが，それは万能的な自己愛構造をもつパーソナリティ障害や精神病に近い病理を抱えたクライエントである場合が多い。これについては，第1節「攻撃性への理解と取り扱いに関する機能と技法」において論じたので，詳細はそちらに譲るとして，ここでは攻撃性の緩和がどのようにしてなされるのかについて，筆者の見解を述べる。

　事例 A は，セラピストとの分離による孤独を体験した時，「殺してやりたい！　取り付いてやりたい！　飲み込んでやりたい！」とセラピストを責め，自殺を仄めかし，鼻血を顔に塗り尿や下痢便を舐めるといった精神病的

な混乱を示した。このような口唇，肛門，尿道サディズム衝動が混在した原初的で激しい怒りと破壊的攻撃性は，イド衝動の増強だけでは説明がつかない。良い物があるのに手に入らない時，羨望がもたらす破壊的衝動によって，良い内的対象を破壊し，攻撃衝動を理想化する万能的自己愛構造の病理をもつAのようなクライエントは，攻撃的破壊衝動を面接空間の内外に持ち込む。このような病理構造をもつクライエントは，分離などの喪失や欲求不満への耐性がないだけでなく，良い対象との良い体験があっても，それを心から分裂排除するか，内的に破壊してしまうため，心に良いものを取り入れられなくなるだけでなく，セラピストへの破壊的攻撃衝動を抑制できない。

　事例EやFのように思考の連結が切断されない，反思考にならないクライエントの場合，破壊的・攻撃的自己について考えることが可能であり，また良い対象としてのセラピストとの関係を想起できるため，一時的に破壊的攻撃性が高まったとしても持ち堪えることが可能である。また，EやFがセラピストとの分離から生じた怒りを自傷によって行動化したのは，クライエントをコンテインメントし，理解という心の栄養を授乳する良い対象としてのセラピストを，突き上げてくるコントロール不能な破壊衝動によって破壊してしまう衝動から守り，保持しようとする心的機能が働くためだと考えられる。

　Rosenfeld（1987）は，「良さの原型を取り入れ，自我のすべての機能を特徴づけるような形でそれに同一化するということがなくして，良い体験をする能力が持続することはない」と述べている。乳幼児の自己が健康に育つには，良い体験が悪い体験より優勢であることが求められ，それが対象や自己の良さへの確信となっていくのと同様に，古い自己から新しい自己への再編途上にある思春期の発達段階においても，良い体験による良い対象の内在化が心の安定には欠かせないのである。良い対象を内在化しリビドーに満たされた自己は，自分自身の攻撃性やそれが引き起こす不安への耐性を高め，無理な防衛機制に頼らずとも不安に対する処理能力を増すことになる。

　セラピストはクライエントの中の愛と憎しみ，迫害対象と理想化対象の両方に心を巡らせ，クライエントの内的空想としての破壊的攻撃性を面接空間で取りあげる必要があり，攻撃性や陰性感情が2人の間で共有されなければならない。このように，依存感情と攻撃感情の両方が取り扱われた上で，良

い対象としてのセラピストの取り入れによって健康な抑制機能が働き，攻撃的欲動のワークスルーの徹底がなされなかったとしても，それまでの治療的進展が損なわれるものではないと筆者は考える。「憎しみが愛によって和らげられる」ことが治療の1つの達成であるように，「攻撃がセラピストへの思いやりによって和らげられる」ことも，治療の1つの達成となる。それは妄想‐分裂ポジションから抑うつポジションへの移行を示すものであり，心の健康な部分（非精神病部分）の働きを示す指標となるのである。

　良い対象の内在化は，イドの進攻がもたらす攻撃的破壊衝動を和らげるだけでなく，情動の意識化を助け，抑うつポジションに留まることを可能にする。さらに面接終了後の人生においてさまざまな不安や葛藤，喪失を体験したとき，良い対象としてのセラピストとの内的対話によって現実的に対処する能力を付与する。良い対象の内在化は，終結の重要なクライテリアとして挙げられよう。

3．分離にともなう内的喪失体験を心に置けること

　思春期から青年期にかけては，進学，就職，受験などの外的理由によって終結がもたらされる事例が散見される。それらを新しい世界への旅立ち，自立として現実的達成と考えることもできよう。しかし自立に見える人生の転機が，セラピストに向けられる陰性感情の回避や，内的世界への潜行を恐れる「現実への逃避」である可能性を勘考する必要がある。セラピストが「現実への逃避」に共謀していないか，そこに生じている転移・逆転移についてじっくり検討することが望まれる。

　事例Eとセラピストの分析的心理療法過程は，転移関係によって始まった。そして投影同一化による自他の混乱の緩和と分化が生じ，良いものの自己への取り入れや依存の受け入れが可能となり，セラピストが内的良い対象として確立するところまで進展した。しかしその段階で受験という外的困難によって終結がもたらされ，Meltzer（前出）が述べる離乳過程をワークスルーするには至らなかった。

　しかし，Eとセラピストが7カ月かけて離乳期を過ごしたように，離乳への反応として生じた怒りや攻撃，不安，孤独な感情が二人の間で共有され，迫害不安や罪悪感，孤独や寂しさ，抑うつ感情の間を揺れ動きながら，セラ

ピストの喪失を悼み悲しむ心を保てたなら，すなわち抑うつポジションを体験しそこに留まることができたなら，それは1つのワークスルーの達成だと言えるのではないだろうか。

　この離乳のプロセスが進行すると，クライエントが乳幼児期から無意識に抱えていた空想や心的防衛が姿を見せる。Eに受験による面接の終結が意識された時，受験を優先するEと面接を続けたいEの心は教師とセラピストに投影された。乳幼児期の対立した両親像がセラピストと教師に向けられ，対立に心を砕くことで終結によるセラピストとの喪失が否認されたように，喪失の悲しみを心に置くことは容易ではない。このような心的防衛に対しては，セラピストの介入（技法）が重要となる。Eの内界へのセラピストの介入によって，「大切なことがわかった。ここをなくすのが怖いと思った」と終結が面接の喪失であり，内的対象としてのセラピストの喪失でもあることをEに実感させた。介入がなかったならば，Eは自身の内側にある喪失の悲しみ（本当の自己）に気づくことなく，心は乳幼児期のままに置かれ変容に向かうことはなかったと言えよう。喪失の痛みを感じる心を取り戻したEは，セラピストの休みによる分離が生じた時，自傷としてその痛みを排泄した。おそらくそれは乳幼児期の弟の出産時の母親との分離体験時にもEが感じていた心の痛みであるとセラピストには感じられた。乳幼児期のEは分離の痛みを「良い子」を演じる偽りの自己を作動して防衛したが，ここでは，Eを一人孤独に置いたセラピストへの怒りと，その怒りをセラピストに向けると良い関係が壊れることを恐れて自傷したのだった。そのことを伝えるセラピストの解釈は涙とともに肯定され，行動化によって排泄された怒りや悲しみの感情をEは心に取り戻すことができた。しかし，しばらくすると「逆ギレされる気がする」と，Eの怒りに対するセラピストからの反撃，つまり迫害不安となり，この時のEは自身の攻撃感情を心に留めることができなかった。このように今まで否認してきた情動を感じられるようになったとしても，その情動を心に保持し続けることは難しく，セラピストは怒りと悲しみへの介入を根気よく続ける必要がある。

　Eとの間では繰り返し依存感情と喪失の悲しみと怒りが取りあげられ，最後のセッションでは喪失を悲しむEとして面接を終えることができたが，分離をめぐる不安や怒り，悲しみ，孤独をクライエントが自覚するためには，

224　第Ⅲ部　対象関係論的心理療法から捉えた青年期女性の分離体験

これまでも述べてきたように，その心の動きを丁寧に感知し受け止め，クライエントの内的世界に生じているであろう，言葉にならない思いをしっかりと受け止めるセラピストの機能と技法が重要となる。このセラピストの関わりを通して，クライエントは乳幼児期の分離体験をワークスルーすることが可能となり，分離の悲しみを心に置けるようになるのである。

　分離体験のワークスルーは1度体験すれば終わりといったものではなく，クライエントたちが人生を生きる中で繰りかえし出会う喪失体験を心に置くための作業である。母親の乳房を喪失した時の悲しみや心の痛みは，私たちが何かを失うたびに蘇ってくる。しかし離乳（分離）を通して体験された悼み悲しむ情緒状態は，その後の人生において喪失を体験した時，悲しみに持ち堪えた面接空間での記憶を蘇らせ，内在化されたセラピストとの対話を通して自身の悲しみと向き合い，そのことについて考えることを可能にする。そうやって私たちの心は悲劇を普通の悲しみとして抱えられるようになっていくのである。

　終結に際して抑うつポジションを体験し，良い対象としてのセラピストの喪失を悼み，悲しみを悲しむ心に留まることができることは，青年期における終結の1つのクライテリアとなる。

4. 面接過程における未達成部分が課題として自覚されること

　離乳過程に到達していた事例Eが，最後のセッションにおいて完璧な終わりを希求し，分離不安を否認する心の動きや，面接を良いものとして終わりたい気持ちを語ったように，面接の最後のセッションは，分離がもたらす心的苦痛を防衛するための万能空想や，不安を隠蔽するために理想的カップルのまま面接を終わろうとする願望が生じる。それは躁的防衛によって母親との分離の悲しみを否認した乳幼児期の分離体験の反復であり，その心的世界の磁場に引き寄せられる心の働きによる。この時，かつて母親を喜ばせるために妹の面倒を見たように，セラピストを喜ばせ，一体感を維持して分離を否認しようとするEの心の動きをセラピストが読み取り解釈として伝えたことが，クライエントの心を悲しみに留まらせ，自身について考えることを可能にしたのだった。

　このように最後のセッションでは，いくら分析的進展がなされていても，

第 11 章　セラピストの機能と技法，そしてそのワークスルー　*225*

分離の痛みはクライエントを古いシステムに（心的防衛）に引き戻そうとする。この防衛を見分けるには，Joseph, B.（1988）が述べるように「患者の瞬間瞬間の変化を見出し，患者が自分の不安と諸関係を処理する彼独自の方法（防衛システム）として認識し分析する」必要があり，そのためには患者が持ち込む無意識的思考や感情（無意識的空想），期待，不安，防衛などに注意深く関わることが重要となる。

　Eとの間では，セラピストの介入によって沈黙が生まれ，その沈黙からさらに幼児期の母親との体験が想起された。沈黙を言葉で埋めようとする自己への気づきとともに，言葉で埋めるのは感情を味わわないためであり，感情を味わえないことが自分の課題だと気づくに至った。最後の最後まで分析を続けたことによって，沈黙による母親の喪失と終結によるセラピストの喪失が結合し，今ここでの悲しみとして再演され，悲しみを悲しみとして味わい，喪失を悼む心に居続けることが可能となっただけでなく，クライエントがこれからの人生で取り組んでいくことなる課題の自覚をもたらしたのである。

　Eが最後に語った「スタート地点，課題がわかった」という言葉は，成長過程にある思春期の子どもにとって，無意識の中にあってE自身にも何が生じているのかわからないままに格闘していたものが，課題として意識化されるに至ったことを示している。この最後のセッションがもたらしたように，面接での未達成部分が課題として自覚され，そこに行き着くことで終わりを迎えることは，ひとつの達成だと言えよう。このようにして，喪失を心の内に保持できるなら，これまでの面接での内的体験を基盤として，そこから新たな経験を積み上げていくことが可能となる。残された課題は，内在化されたセラピストやクライエントの内的対象との内なる対話を通して続けられていくことになる。

　セラピストとの分析プロセスがクライエントの心に内包され，その関係の中で培われた良いものが心の中に保持され，強さの源泉として内的に生き続けることになる。そして面接が終わった後に続くクライエントの人生において未達成な課題と向き合う時，心に取り入れられたセラピストとの分析プロセスの思考方法や，サイコロジカルマインドを使うことを通して内省し，思考し，責任能力を行使できるようになっていくのである。

　この未来に向けて開かれた連続性をもたらす分析過程や終結のあり方が，

青年期の心理療法には必要であり，この達成も一つの終結のクライテリアになると考える。

第3節　結　語

　本章では，「逡巡期」にあり，外的困難によって面接の終結が生じやすい青年期女性の対象関係論的心理療法において，離乳のワークスルーが十全に達成できなかったとしても，心理療法過程において「自分自身について考える能力の獲得」「内的破壊性・攻撃性を緩和する良い対象の取り入れ」「分離にともなう内的喪失体験を心に置けること」「面接過程における未達成部分が課題として自覚されること」が達成されるならば，2人でなされた心的作業の価値を損なうものではないとの筆者の見解を示した。そして，その達成されるべきことが，青年期女性の対象関係論的心理療法終結のクライテリアになることについて主張した。

おわりに　達成されたものと未達成に置かれたもの

　本書は，青年期女性への対象関係論的心理療法を実践していく中で捉えられた，クライエントの内的世界と病理について明らかにするとともに，その臨床的事実を踏まえて，分離を困難にする要因の解明を目指して論考したものである。また，分離の主題を抱え「逡巡」する青年期女性の心理療法におけるセラピストの機能と技法について，筆者の見解を述べるとともに，面接終結のクライテリアについての提言を行った。

　近年，青年期を主題とした論考が減っており，ましてや青年期女性について纏まって論じられたものは元々少ない傾向にあったため，歴史的に概観することから本論考を始めた。身体的・心理的・家族的・社会的観点から，子どもから大人へと移行する青年期の全体像を概観し，青年男性や青年女性の置かれている現状を再確認するための概括を行った。また青年期女性の第二次性徴がもたらす身体的変容を，内的世界から捉え直した。

　本書で論じた対象関係論的心理療法の実践や，分析過程の臨床的理解には，Freud, S.‐Klein‐Bion‐Meltzer の系譜に基づく臨床モデル・臨床思考が用いられているため，本論考自体が彼らの理論の概説と，それを事例によって例証したに過ぎないとの誹りを受けるかもしれない。けれども本書は，対象関係論的心理療法そのものを研究対象としているのではない。本書の目的は，対象関係論的心理療法という枠組みから捉えた「青年期女性の分離体験」にあるため，その理論的基盤は対象関係論に置かれることになる。

　対象関係論的思考の根幹をなす転移・逆転移を通して見えてきた，青年期女性の心的世界では，乳幼児期の現実の母親との分離体験が，内的には愛する対象の喪失として受け止められ，その苦痛な情緒体験は言葉にならないまま感覚印象として彼女たちの心に留まり続けていた。そしてその情緒体験は彼女たちに安心できる良い対象の内在化を阻み，そこから生じる不安や怒り，孤独が彼女たちの病理やパーソナリティと連結されていた。

彼女たちの分節化されないままの情動は，対象関係論的心理療法の面接過程を通して，セラピストとの分離体験の中に再演され，セラピストの‘もの思い’とコンテイニング機能によって考えられ，クライエントの心に触れる言葉に結実され戻された。この相互交流によって，クライエントは「滋養ある考える乳房」（セラピストのコンテイニング機能）を取り入れ，セラピストを良い対象として内在化し，考える能力を自らのものとして「逡巡期」を脱し，新しいライフステージに入っていくことが可能になることが明らかになった。

しかしながら，青年期のクライエントの場合，外的理由によって面接が中断されることも多く，また離乳過程をワークスルーすることが難しいことも事例によって示された。発達途上にある青年期のクライエントの心理療法において，面接が彼女たちのその後の人生に役立つものとなるために，何をどこまで達成することが求められるのかとの観点から，終結のクライテリアについて提言した。これまで，青年期の終結のクライテリアについて論じられたものはなく，青年期の心理療法の到達点として一つの基準を示せたのではないかと考える。

先行研究から捉えられた青年期という時代的・発達的側面，対象関係論的臨床思考や臨床モデル，事例から浮かび上がってきた青年期女性の情動，不安，欲動，空想，対象関係，心的機制など臨床的事実の集積から，青年期女性の分離体験について理解を深め，母親からの分離の困難さが生じる要因を解明したという点において，本稿の試みはある程度成功していると言えよう。

これらの集積内容は，第10章において詳らかに論じた。繰り返しになるが，青年期女性の分離を困難にしているのは，乳幼児期の母親との分離体験にあり，一時的分離を主観的には，母親が象徴する世界，つまり愛情や依存など情緒的体験そのものを内包する世界の喪失だと体験されていたことにある。この未解決なまま持ちこされてきた喪失体験が，青年期に無意識的不安として蘇るがゆえに，青年期女性は母親に依存することも分離することもできず「逡巡」することになる。さらに母親との心的課題を抱えているがゆえに異性愛へと向かうことにも「逡巡」するのである。そこには，乳房と初潮という身体的変容がもたらす内的空想も大きく影響することが明らかになった。この臨床的事実から，筆者は「潜伏期」と「性器期」の間に「逡巡

期」を置くことを提言した。「逡巡期」において青年期女性が直面する主題
は、「幼児的依存感情の再燃と性愛的感情」「身体的変化がもたらす内的空
想」「取り入れと排泄の二重性」「外傷的分離体験と孤独」であることを見出
し詳述した。

　「成熟するとは、何かを獲得することではなくて、喪失を確認することで
ある」（江藤、1993）と言われるように、女性が大人へと成長して行く時、
母親との間で失ってきたものや失っていくものについて再考することが必要
であり、その体験を通して母親との間に新たな関係を築くことが可能となる。
そして、その関係の中で女性性や母性を自身の内に取り入れ、成熟へと向か
う道が開かれるのである。

　本書で筆者が論じてきたのは、対象関係論的心理療法という枠組み、すな
わち早期乳幼児期の母親の乳房との関係を中心とした、内的母子関係から捉
えた青年期女性の心的世界であり、青年期女性の内的世界とその病理のつな
がりについての論考も、筆者の臨床実践から見えてきたごく一部を扱ってい
るに過ぎないといえるかもしれない。しかし、Bion が、私的経験を公的経
験へと変形する営みによって精神分析的臨床仮説や臨床思考は成立してきた
と述べるように、一事例の経験を深く探究することは、普遍へとつながる道
であると信じる。本書において、どこまで公的経験へと変形できたのか、普
遍へと連結できたのかは心許ないが、「逡巡期」についてはかなり探究する
ことができたし、「逡巡期」の提言は、Freud, S. の既存の臨床モデルに筆者
の新しい観点を加えることに成功したと言えよう。しかし、「逡巡期」以降
の、エディプス・コンプレックスや異性愛への移行に関する問題については
ここでは取りあげられていない。母親の乳房との関係は検討されたが、父親
との関係についてはほとんど検討されていない。また、青年期女性の分離
体験の質的違いや、依存感情と攻撃感情についてはある程度探究できたが、
罪悪感については未消化な部分を残している。また「逡巡期」を、Klein -
Bion の系譜から捉えなおす視点も十分な検討がされたとは言いがたい。

　また、本書で取りあげた事例は全て日本人であり、逡巡する青年期女性の
主題が、日本において特徴的な問題なのか、海外においても同様の傾向がみ
られるのかといった文化的な視点は検討されていない。しかし、Bergman,
I. 監督の映画、秋のソナタ（Autumn Sonata, 1978）のエヴァとシャルロッ

テの母娘関係や，Bassoff, E. S. の「母は娘がわからない」(1996)「娘が母を拒む時」(1996) に述べられているように，娘が母親から，母親が娘と分離していくことの困難さは，普遍的な主題であると思われ，今後解明されるべき重要な探究課題だと言えよう。

第 1 章において，Musgrove, F. の「青年期は時代の産物である」との考えを示したが，「青年期女性の逡巡期」も時代の産物なのだろうか。日本において，第二次大戦前の家父長制度下では，多くの女性は親の決めた人と結婚して妻となり母親になることが一般的であり，「逡巡」する自由は与えられていなかった。戦後の民主化政策や高度経済成長，女性の解放・社会進出，高学歴化が，青年期女性に仕事・結婚・出産の自由を与え，それが逡巡できる状況をもたらしたと言えるし，それによって苦悩が顕在化したとも言えよう。核家族と父親の長時間労働がもたらした母子の密着，バブル崩壊後の経済の低迷による家族生活や家族形態の変化も，「逡巡期」の苦悩に影響を与えていると考えられる。病理は社会次元の問題を浮き上がらせると笠原 (2011) が述べているように，外的現実が内的世界に影響を与え，また内的世界が外的現実を歪めて体験させるという意味において，現代という時代が内包する歴史，経済，社会，文化と切り離して考えることはできない。しかし，本書では内的世界から青年期女性を捉えることを主眼に置いたため，これら社会心理的な観点からの検討はほとんどされていない。これらの未達成部分については，今後の課題としてさらに探究を続けていきたいと考えている。

筆者は，青年期の終結のクライテリアの 1 つに，面接の終結を迎える時，面接過程を通して未達成であった新たな課題を発見することも達成であるとの観点を示したが，それは論考終結のクライテリアとしても言えることではないだろうか。本稿を終えるにあたり未消化であった新たな課題を発見できたことは，達成があったからこそ未達成を見いだせたという意味において，逆説的ではあるが，1 つの達成なのだと考えたい。

これらの課題は，今後の臨床実践において，クライエントとの臨床体験から学び，さらなる探究と臨床思考を続けることによって解明していきたい。

本書が，青年期女性の分離体験への理解を深め，心的世界への探究や心理療法実践に幾ばくかでも寄与できれば筆者の喜びとするところである。

初出一覧

第 3 章

強迫症状を伴う思春期境界例女性との精神療法過程. 日本精神分析学会第 47 回大会抄録集. 2001.

強迫症状を伴う思春期境界例女性との心理療法過程. 精神分析研究. 第 47 巻第 3 号. 123-128. 2003.

孤独を回避するために使用された投影同一化. 日本精神分析学会第 51 回大会抄録集. 発表事例. 2005.

無意識から生成される空想にみる孤独感に関する一考察——心理臨床実践の素材から. 京都大学教育学研究科紀要. 第 54 号. 491-503. 2008.

精神病的な思考の混乱への介入について. 日本精神分析学会第 56 回大会抄録集. 2010.

第 4 章

過食・多量服薬・自傷・キャンセルを繰り返す青年期女性との面接過程. 京都大学大学院教育学研究科・心理教育相談室紀要. 第 33 号. 114-126. 2006.

第 5 章

解離性障害と診断された青年期女子の精神療法. 日本精神分析学会第 51 回大会抄録集. 2002.

第 6 章

クライエントからの贈り物——異性との acting out を繰り返した青年期女子の一症例. 日本心理臨床学会第 11 回大会抄録集. 1992.

青年期女性における母親からの分離に関する一考察——食と性, 身体の問題を通して. 大阪樟蔭女子大学人間科学研究紀要. 第 9 号. 99-113. 2010.

第 7 章

仮面のもとに生きてきた思春期女性とのひとつの終わりをめぐって. 日本精神分析学会第 59 回大会抄録集. 2013.

思春期・青年期のおける「不完全な分析」の終結——最後の面接から生まれるもの. 松木邦裕監修. 岡野憲一郎・高橋靖恵・松下姫歌編. 京大心理臨床シリーズ第 11 巻. 心理療法における終結と中断. 128-148. 創元社. 2016.

第 8 章

思春期女子のモーニングプロセス——対象喪失と孤独. 日本心理臨床学会第 25 回大会抄録集. 2007.

思春期における内的喪失と無意識の空想. 心理臨床学研究. 第 32 巻第 1 号. 85-95.

2014.

第 9 章

「西の魔女が死んだ」に見る不登校を呈する思春期女子の心理――精神分析・対象関
　係論の観点から．大阪樟蔭女子大学人間科学研究紀要．第 4 巻．23-32．2014.

　本論文は，上記の論文および口頭発表をもとにしているが，執筆するにあ
たって，いずれも大幅な加筆・修正が施されている。

文献一覧

馬場謙一（1976）自我同一性の形成と危機——E. H. エリクソンの青年期論をめぐって. 笠原嘉・清水将之・伊藤克彦編. 青年の精神病理 1. 弘文堂.

Barash, D. P. & Lipton, J. E.（2009）How Women Got Their Curves. Columbia University Press. 越智典子訳（2013）女性の曲線美はなぜ生まれたか. 白揚社.

Bassoff, E.（1988）Mothers and Daughters : Loving and letting go. Penguin Books. New York. 村本邦子・山口知子訳（1996）母は娘がわからない. 創元社.

Bassoff, E.（1992）Mothering ourselves: Help and healing for adult daughters. Plume Books. New York. 村本邦子・山口知子訳（1996）娘が母を拒むとき. 創元社.

Beauvoir, S.（1949）Le Deuxième Sexe I Les faits et les mythes. Édition Gallimard, Paris.『第二の性』を原文で読み直す会訳（2001）第二の性——I 事実と神話. 新潮社.

Bion, W.（1959）Attacks on linking. Second Thoughts.（1967）William Heinemann Medical Books, London. 中川慎一郎訳（2007）連結することへの攻撃. 松木邦裕監訳. 再考：精神病の精神分析論. 金剛出版.

Bion, W.（1962a）A theory of thinking. Second Thoughts.（1967）William Heinemann Medical Books, London. 中川慎一郎訳（2007）考えることに関する理論. 松木邦裕監訳. 再考：精神病の精神分析論. 金剛出版.

Bion, W.（1962b）Learning from Experience. Seven Servants（1977）William Heinemann Medical Books, London. 福本修訳（1999）経験から学ぶこと. 精神分析の方法 I. 法政大学出版局.

Bion, W. （1963）Elements of Psycho-Analysis. Seven Servants（1977）William Heinemann Medical Books, London. 福本修訳（1999）精神分析の要素. 精神分析の方法 I. 法政大学出版局.

Bion, W.（1967）Second Thoughts. William Heinemann Medical Books, London. 中川慎一郎訳（2007）松木邦裕監訳. 再考：精神病の精神分析理論. 金剛出版.

Bion, W. R.（1979）Making the Best of a Bad Job. Clinical Seminars and other Works（1994）Karnac Books, London. 祖父江典人訳（1998）思わしくない仕事に最善を尽くすこと. ビオンとの対話——そして, 最後の四つの論文. 金剛出版.

Bion, W. R.（1965）Transformations. Seven Servants. Jason Aronson（1977）William Heinemann Medical Books, London. 福本修・平井正三訳（2002）変形. 精神分析の方法 II〈セヴン・サーヴァンツ〉. 法政大学出版局.

Bion, W.（1992）Cogitations. Karnac Books, London.

Blos, P.（1962）On Adolescence: A Psychoanalytic Interpretation. Free Press, New York. 野沢栄司訳（1971）青年期の精神医学. 誠信書房.（1971）青年期の精神医学. 誠信書房.

Blos. P.（1967）The Second Individuation Process of Adolescence. Psychoanalytic Study of the Child. 22.

Bowlby, J.（1969）Attachment and Loss. Vol.1. Attachment. The Hogarth Press Ltd, London. 黒田実郎・大羽蓁・岡田洋子・黒田聖一訳（1976）母子関係の理論Ⅰ. 愛着行動. 岩崎学術出版社.

Bowlby, J.（1973）Attachment and Loss, Vol.2. Separation. The Hogarth Press Ltd, London. 黒田実郎・岡田洋子・吉田恒子訳（1977）母子関係の理論Ⅱ. 分離不安. 岩崎学術出版社.

Bowlby, J.（1980）Attachment and Loss, Vol.3. Sadness and Depression. The Hogarth Press Ltd, London. 黒田実郎・吉田恒子・横浜恵三子訳（1981）母子関係の理論Ⅲ. 対象喪失. 岩崎学術出版社.

Deutsch, H.（1954）The Psychology of Women: Girlhood. Vol. 1. Grune & Stratton, New York. 縣田克躬・塙英夫訳（1964）若い女性の心理2――女らしさの発生. 日本教文社.

Eliade, M.（1958）Birth and Rebirth. Harper & Brothers Publishers, NewYork. 堀一郎訳（1971）生と再生――イニシエーションの宗教的意義. 東京大学出版会.

Erikson, E. H.（1950）Childhood and Society. W. W. Norton, NewYork. 仁科弥生訳（1977）幼児期と社会. みすず書房.

江藤淳（1993）成熟と喪失"母"の崩壊. 講談社文庫.

Freud, A.（1936）Das Ich und Abwehrmechanismen. Internationaler Psychoanalytischer Verlag, Leipzig. 外林大作訳（1958）自我と防衛. 誠信書房.

Freud, S.（1905）Drei Abhandlungen zur Sexualtheorie. G.W.V. 渡邊俊之（2009）性理論のための3篇. フロイト全集6. 岩波書店.

Freud, S.（1914）Erinnern, Wiederholen und Durcharbeiten. G.W.X. 道旗泰三訳（2010）想起, 反復, 反芻処理. フロイト全集13. 岩波書店.

Freud, S.（1916）Vorlesungen zur Einfuhrung in die Psychoanalyse. G.W.XI. 新宮一成・鷲田清一責任編集（2012）精神分析入門講義. フロイト全集15. 岩波書店.

Freud, S.（1920a）Über die Psychogenese eines Falles von weiblicher Homosexualität. G.W. XII. 須藤訓任・藤野寛訳（2006）女性同性愛の一事例の心的成因について. フロイト全集17. 岩波書店.

Freud, S.（1920b）Jenseits des Lustprinzips. G.W.XIII. 須藤訓任訳（2006）快原理の彼岸. フロイト全集17. 岩波書店.

Freud, S.（1923）Psycho-Analysis. Collected Papers, 5. The Hogarth Press, London. 107.

Freud, S.（1925）Einige psychische Folgen das anatomischen Geschlechtsunterschieds.

G.W.XIV. 加藤敏・石田雄一・大宮勘一郎（2010）解剖学的な性差の若干の心的帰結. フロイト全集 19. 岩波書店.

Freud, S.（1931）Über die Weibliche Sexualität. G.W.XIV. 高田珠樹・嶺秀樹訳（2011）女性の性について. フロイト全集 20. 岩波書店.

Freud, S.（1933）Neue Folge der Vorlesungen zur Einführung in die Psychoanalyse. G.W.XV. 道旗泰三・福田覚・渡邊俊之（2011）女性性. 続・精神分析入門講義. フロイト全集 21. 岩波書店.

Freud, S.（1937）Die Endliche und die Unendliche Analyse. G.W.XVI. 渡辺俊之訳（2011）終わりのある分析と終わりのない分析. フロイト全集 21. 岩波書店.

藤森旭人（2012）倒錯的色彩を帯びたヒステリー女性との心理療法過程. 精神分析研究. 第 56 巻第 3 号.

福本修（2005）ひきこもりの現在. 村尾泰弘編. ひきこもる若者たち. 現代のエスプリ別冊. うつの時代シリーズ. 至文堂. 15-43.

Gennep, A.（1909）Les Rites de Passage. Librairie Critique, paris. 綾部恒雄・綾部裕子訳（2012）通過儀礼. 岩波書店.

Grinberg, L.（1992）Guilt and Depression. Karnac Books, London.

Hall, G. S.（1904）Adolescence: Its Psychology and Its Relations to Physiology, Anthropology, Sociology, Sex, Crime, Religion, and Education. D. Appleton, New York. 元良勇次郎・中島力造・速水滉・青木宗太郎訳（1910）青年期の研究. 同文館.

Harding, M. E.（1970）The Way of All Women. Putnam, New York.

Harding, M. E.（1971）Woman's Misteries: Ancient & Modern. Putnam, New York. 樋口和彦・武田憲道訳（1985）女性の神秘. 創元社.

Heimann, P.（1950）On Counter-Transference. International Journal of Psycho-Analysis. 31. 81-84. 原田剛志訳（2003）逆転移について. 松木邦裕監訳. 対象関係論の基礎. 新曜社.

Hinshelwood, R. D.（1989）A Dictionary of Kleinian Thought. Free Association Books, London. 衣笠隆幸総監訳（2014）福本修, 奥寺崇, 木部則雄, 小川豊昭, 小野泉監訳. クライン派用語辞典. 誠信書房.

Hollingworth, L. S.（1928）The Psychology of The adolescent. D. Appleton, New York.

Isaacs, S.（1948）The Nature and Function of Phantasy. International Journal of Psycho-Analysis, 29. 73-97. 一木仁美訳（2003）空想の性質と機能. 松木邦裕監訳. 対象関係論の基礎. 新曜社.

石川栄吉・大林太良・佐々木高明・梅棹忠夫・蒲生正男・祖父江孝男編集（1994）文化人類学事典. 弘文堂.

Joseph, B.（1985）Transference. The Total Situation. Spillius, E. B.（Ed.）（1988）Melanie Klein Today, Vol.2. Routledge, London. 古賀靖彦訳（2000）転移：全体状況.

松木邦裕監訳. メラニー・クライン トゥデイ③. 岩崎学術出版社.

Joseph, B.（1988）Psychic Equilibrium and Psychic Change. Feldman, M & Spillius, E. B.（Eds.）Tavistock/Routledge, London. 小川豊昭訳（2005）心的平衡と心的変化. 岩崎学術出版社.

笠原嘉（1976）今日の青年期精神病理像. 笠原嘉・清水将之・伊藤克彦編. 青年の精神病理 1. 弘文堂.

笠原嘉（1984）アパシーシンドローム. 岩波書店.

笠原嘉（2011）再び「青年期」について. みすず書房.

Klein, M.（1932）The Psycho-analysis of Children. The Writings of Melanie Klein Vol. 2. Hogarth Press, London. 衣笠隆幸訳（1996）児童の精神分析. 小此木啓吾・岩崎徹也責任編訳. メラニー・クライン著作集 2. 誠信書房.

Klein, M.（1932a）The Technique of Analysis in Puberty. The Writing of Melanie Klein Vol. 2. Hogarth Press, London. 衣笠隆幸訳（1996）思春期における分析の技法. 小此木啓吾・岩崎徹也責任編訳. メラニー・クライン著作集 2. 誠信書房.

Klein, M.（1932b）The Effects of Early Anxieity-Situations on the Sexual Development of the Girl. The Writing of Melanie Klein Vol. 2. Hogarth Press, London. 衣笠隆幸訳（1996）女の子の性的発達に対する早期の不安状況の影響. 小此木啓吾・岩崎徹也責任編訳. メラニー・クライン著作集 2. 誠信書房.

Klein, M.（1935）A Contribution to The Psychogenesis of Manicdepressive States. The Writings of Melanie Klein Vol. 3. Hogarth Press, London. 安岡誉訳（1983）躁うつ状態の心因論に関する寄与. 西園昌久・牛島定信責任編集. メラニー・クライン著作集 3. 誠信書房.

Klein, M.（1936）Weaning. The Writings of Melanie Klein Vol. 3. Hogarth Press, London. 三月田洋一訳（1983）離乳. 西園昌久・牛島定信責任編集. メラニー・クライン著作集 3. 誠信書房.

Klein, M.（1937）Love, Guilt and Reparation. The Writings of Melanie Klen Vol. 3. Hogarth Press, London. 奥村幸夫（1983）愛，罪そして償い. 西園昌久・牛島定信責任編集. メラニー・クライン著作集 3. 誠信書房.

Klein, M.（1940）Mourning and Its Relation to Manic-depressive States. The Writings of Melanie Klein Vol. 3. Hogarth Press, London. 森山研介訳（1983）喪とその躁うつ状態との関係. 西園昌久・牛島定信責任編集. メラニー・クライン著作集 3. 誠信書房.

Klein, M.（1946）Notes on Some Schizoid Mechanisms. The Writing of Melanie Klein Vol. 3. Hogarth Press, London. 狩野力八郎・渡辺久子・相田信男訳（1985）分裂機制についての覚書. 小此木啓吾・岩崎徹也責任編訳. メラニー・クライン著作集 4. 誠信書房.

Klein, M.（1948）On The Theory of Anxity and Guilt. The Writings of Melanie Klein Vol. 3. Hogarth Press, London. 杉博訳（1985）不安と罪悪感の理論について. 小此

木啓吾・岩崎徹也責任編訳. メラニー・クライン著作集 4. 誠信書房.

Klein, M.（1950）On The Criteria for The Termination of psychoanalysis. The Writings of Malanie Klein, Vol. 3. Hogarth Press, London. 北山修訳（1985）精神分析の終結のための基準について. 小此木啓吾・岩崎徹也責任編訳. メラニー・クライン著作集 4. 誠信書房.

Klein, M.（1952a）Some Theoretical Conclusions Regarding The Emotional Life of The Infant. The Writings of Melanie Klein Vol. 3. Hogarth Press, London. 佐藤五十男訳（1985）幼児の情緒生活についての二, 三の理論的結論. 小此木啓吾・岩崎徹也責任編集. メラニー・クライン著作集 4. 誠信書房.

Klein, M.（1952b）The Origins of Transference. The Writings of Melanie Klein Vol. 3. Hogarth Press, London. 舘哲朗訳（1985）転移の起源. 小此木啓吾・岩崎徹也責任編訳. メラニー・クライン著作集 4.

Klein, M.（1957）Envy and Gratitude. The Writings of Melanie Klein, Vol. 5. Hogarth Press, London. 松本善男訳（1996）羨望と感謝. 小此木啓吾・岩崎徹也責任編訳. メラニー・クライン著作集 5. 誠信書房.

Klein, M.（1960）A Note on Depression in The Schizoprenic. The Writings of Melanie Klein Vol. 5. Hogarth Press, London. 皆川邦直訳（1996）分裂病者における抑うつに関する覚書. 小此木啓吾・岩崎徹也責任編訳. メラニー・クライン著作集 5. 誠信書房.

Klein, M.（1963）On The Sense of Loneliness. The Writings of Melanie Klein Vol. 3. 橋本雅雄訳（1996）孤独感について. 小此木啓吾・岩崎徹也責任編訳. メラニー・クライン著作集 5. 誠信書房.

Leuzinger-Bohleber, M. & Target, M.（2002）Outcomes of Psychoanalytic Treatment: Perspectives for Therapists and Researchers. Whurr Publishers, London.

Mahler, M. S.（1963）Thoughts about Development and Individuation. In The Psychoanalytic Study of the Child, Vol. 18. International Universities Press, New York.

Mahler, M. S.,Pine, F. & Bergman, A.（1975）The Psychological Birth of Human Infant. Basic Books, New York. 高橋雅士他訳（1981）乳幼児の心理的誕生. 黎明書房.

Masterson, J. F.（1980）From Borderline Adolescent to Functioning Adult: The Test of Time. Mazel, New York. 作田勉・惠智彦・大野裕・前田陽子訳（1982）青年期境界例の精神療法――その治療効果と時間的経過. 星和書店.

松木邦裕（1997）意識されていない罪悪感, その後. 精神分析研究. 41(3).

松木邦裕・鈴木智美（2006）摂食障害の精神分析的アプローチ. 金剛出版.

松木邦裕（2009）精神分析体験ビオンの宇宙 - 対象関係論を学ぶ. 岩崎学術出版社.

松木邦裕（2011）不在論――根源的苦痛の精神分析. 創元社.

松木邦裕（2016）京都大学 Post-Graduate 精神分析セミナー（11 月 27 日）における

講演内容より.

Meltzer, D.（1967）The Psychoanalytical Process. Roland Harris Trust Library, London. 松木邦裕監訳. 飛谷渉訳（2010）精神分析過程. 金剛出版.

Meltzer, D.（1973）Sexual States of Mind. Clunie Press, Perthshire, Scotland. 古賀靖彦・松木邦裕監訳（2012）こころの性愛状態. 金剛出版.

皆川邦直（1980）青春期・青年期の精神分析的発達論——ピーター・ブロスの研究をめぐって. 小此木啓吾編（1980）青年の精神病理 2. 弘文堂.

三浦雅士（2001）青春の終焉. 講談社.

Musgrove, F.（1964）Youth and the Social Order. The Humanities Press, New York.

村瀬孝雄（1972）青年期のパーソナリティ形成の理論的問題——アメリカ青年心理学の一動向. 教育心理学研究. 第 20 巻. 第 4 号.

中井久夫（1978）思春期の精神病理と治療. 岩崎学術出版社.

梨木香歩（2001）西の魔女が死んだ. 新潮文庫.

日本精神分析学会第 61 回大会抄録集（2015）161-168/207-214.

日本精神分析学会第 62 回大会抄録集（2016）173-180.

西平直喜（1973）青年心理学の現代的課題. 依田新編. 現代青年心理学講座第 1 巻. 青年心理学の課題と方法. 金子書房.

西平直喜（1990）成人になること——生育史心理学から. 東京大学出版会.

岡本吉生（2005）ひきこもる若者たちの歴史. 村尾泰弘編. ひきこもる若者たち. 現代のエスプリ別冊. うつの時代シリーズ. 至文堂. 116-126.

岡野憲一郎（2002）解離. 小此木啓吾編集代表. 精神分析辞典. 岩崎学術出版社.

岡野憲一郎（2007）解離性障害——多重人格の理解と治療. 岩崎学術出版社.

小此木啓吾（1976）青年期精神療法の基本問題. 笠原嘉・清水将之・伊藤克彦編. 青年の精神病理 1. 弘文堂.

小此木啓吾（1979）モラトリアム人間の心理構造. 中央公論社.

小此木啓吾（1998）思春期モーニング. 小此木啓吾・深津千賀子・大野裕編（1998）精神医学ハンドブック. 創元社.

小此木啓吾（2002）現実感. 小此木啓吾編集代表. 精神分析辞典. 岩崎学術出版社.

Raphael-Leff, J.（2003）Cannibalism and Succor. Parent-Infant Psycho-Dynamics. Whurr Publishers, London. 長尾牧子訳（2011）カニバニズムと救いとなるもの. 木部則雄監訳. 母子臨床の精神力動——精神分析・発達心理学から子育て支援へ. 岩崎学術出版社.

Rosenfeld, H.（1960）A Note on The Precipitating Facter in Depressive Illness. Int. J. Psycho-Anal. 41. 512-513.

Rosenfeld, H.（1971）A Clinical Approach to the Psychoanalytical theory of the Life and Death Instincts: An Investigation into the Aggressive Aspects of Narcissism. International Journal of psycho-Analysis, 52: 169-78. 松木邦裕訳（1993）生と死の本能についての精神分析理論への臨床からの接近. 松木邦裕監訳. メラニー・クラ

イントゥディ②. 岩崎学術出版社.

Rosenfeld, H. (1987) Impasse and Interpretation. Tavistock Publications, London. 神田橋條治監訳 (2001) 治療の行き詰まりと解釈. 誠信書房.

Segal, H. (1973) Introduction to The Work of Melanie Klein. The Hogarth Press, London. 岩崎徹也訳 (1977) メラニー・クライン入門. 岩崎学術出版社.

Segal, H. (1981) The Work of Hanna Segal: A Kleinian Approach to Clinical Practice. Jason Aronson. New York. 松木邦裕訳 (1988) クライン派の臨床. 岩崎学術出版社.

清水将之 (1976) 精神病理学からみた青年の危機. 笠原嘉・清水将之・伊藤克彦編. 青年の精神病理 1. 弘文堂.

下坂幸三 (1988) アノレクシア・ネルヴォーザ論考. 金剛出版.

下坂幸三 (2002) フロイト再読——技法論を中心に (1). 精神療法. 28 巻 1 号. 誠信書房.

Spranger, E. (1924) Psychologie des Jugendalters. Quelle und Meyer, Heidelberg. 土井竹治訳 (1937) 青年の心理. 刀江書院.

Steinberg, L. D. et al. (1982) Effects of Working on Adolescent Development. Developmental Psychology, 18(3), 385-395.

菅佐和子 (1988) 思春期女性の心理療法：揺れ動く心の危機. 創元社.

Sullivan, H. S. (1953a) The Interpersonal Theory of Psychiatry. W.W. Norton, New York. 中井久夫・宮崎隆吉・高木敬三・鑢幹八郎訳 (1990) 精神医学は対人関係論である. みすず書房.

Winnicott, D. W. (1941) The Observation of Infants in a Set Situation. Tavistock Publications Ltd, London. 北山修監訳 (1989) 小児医学から児童分析へ——ウィニコット臨床論文集 I. 岩崎学術出版社.

Winnicott, D. W. (1964) Deductions Drawn from a Psychotherapeutic Interview with an Adolescent. Psycho-Analytic Explorations. Karnac books, London. 牛島定信監訳, 倉ひろ子訳 (1998) ある青年期女子の精神療法的面接から得られた推論. 精神分析的探求 3. 子どもと青年期の治療相談. ウィニコット著作集 8. 岩崎学術出版社.

Winnicott, D. W. (1965a) Maturational Processes and The Facilitating Environment. The Hogarth Press Ltd, London. 牛島定信訳 (1977) 情緒発達の精神分析理論. 岩崎学術出版社.

Winnicott, D. W. (1965b) Adolescence. The Family and Individual Development. Tavistock Publications, London. 牛島定信監訳 (1984) 青年期. 子どもと家庭——その発達と病理. 誠信書房.

Winnicott, D. W. (1968) Physical and Emotuonal Disturbances in an Adolescent Girl. Psycho-Analytic Explorations. Winnicott,C., Shepherd, R., Davis, M. (Eds.) Karnac Books, London. 牛島定信監訳・倉ひろ子訳 (1998) ある青年期女子における身体的, 情緒的混乱. 精神分析的探求 3. 子どもと青年期の治療相談. ウィニコット著作集

8. 岩崎学術出版社.

Winnicott, D. W.（1970）On the Basis for Self in Body. Psycho-analytic Explorations. Winnicott, C., Shepherd, R., Davis, M.（Eds.）Karnac Books, London. 牛島定信監訳・倉ひろ子訳（1998）身体における自己の基盤について．精神分析的探求 3. ウィニコット著作集 8. 岩崎学術出版社.

Winnicott, D. W.（1971a）Playing and Reality. Tavistock Publications, London. 橋本雅雄訳（1979）遊ぶことと現実．岩崎学術出版社.

Winnicott, D. W.（1971b）Transitional Objects and Transitional Phenomena. Playing and Reality. Tavistock Publications, London. 橋本雅雄・大矢泰士訳（2015）移行対象と移行現象．改訳遊ぶことと現実．岩崎学術出版社 .

Winnicott, D. W.（1987）Babies and Their Mother. Winnicott, C., Shepherd, R., Davis, M.（Eds.）Free Association Books, London. 成田善弘・根本真弓訳（1993）赤ん坊と母親．岩崎学術出版社.

Yalom, M.（1997）A History of the Breast. Ballantine Books, New York. 平石律子（2005）乳房論．ちくま芸術文庫.

山中康裕（1978）思春期内閉 Juvenile Seclusion——治療実践よりみた内閉神経症（いわゆる学校恐怖症）の精神病理．中井久夫・山中康裕編．思春期の精神病理と治療．岩崎学術出版社.

あとがき

　本書は，私の30年以上にわたる臨床実践をもとに，事例から青年期女性の内的世界について論考したものであり，京都大学大学院教育学研究科で授与された博士の学位論文を一部加筆修正したものです。事例と考察部分である第Ⅱ部・第Ⅲ部はほぼ全文を掲載しています。

　臨床の仕事を始めた頃，私はユング心理学に親和性を感じその観点から心理療法を行っていましたが，10年目が過ぎた頃，週40ケースの心理面接をこなす日々が3年以上続き，クライエントの心の痛みや哀しみ，怒りを抱えることにエネルギーを消耗する毎日に私は疲弊しきっていました。前世によほど悪いことをした罰として，人の苦しみを受ける仕事をすることになったのではないかと迫害的に感じるほどでした。ちょうどその頃，精神科医とサイコロジストのグループがダライラマに会いにインドに行く話を耳にし，チベット仏教に関心をもっていたこともあり，疲弊した自分を立て直す何かを求めて同行することにしました。ダラムサラで出会ったチベット仏教の高僧リンポチェに，自分の現状を伝え助言を請うたところ，「あなたがどうしてこの仕事を選んだのかもう一度考えてごらんなさい。エネルギーは何処にでもあります」との答えが返ってきました。その言葉は私の心に深く染み入りました。

　「なぜこの仕事を選んだのか」との問いは，クライエントにエネルギーを付与しているとの自分の思い上がりに気づかせてくれました。また，心の真実を知ることや，心の真実との触れ合いを求めてこの仕事を選んだことを私に思い起こさせました。またクライエントの心の内奥と触れあっている感覚をもつ時，私自身が生きていること，他者とともにあることを実感する体験となっていたことにも思い至ったのです。私もエネルギーをもらっていたのです。クライエント - セラピスト関係は赤ん坊と母親の関係に準えられますが，その交流が母親から赤ん坊への一方的な滋養の供給でないことは自明のことなのに，私はその事実を見失っていたようです。

リンポチェの言葉は，私の臨床への向き合い方やクライエントへの関わり
を質的に変える契機になりました。関心はより心の深奥に向かい，徐々に無
意識的空想を通して内的対象世界と交流する，対象関係論的臨床思考へと焦
点づけられていったのです。さらに陰性治療反応によって治療の行き詰まり
を感じていたクライエントの内的世界を知りたいとの，切なる思いもそれを
後押ししたのでした。

　なぜ私は，青年期女性の内的世界を分離体験から捉えようとしたのかと改
めて問い直した時，臨床実践の対象の多くが青年期女性であったことやリン
ポチェとの出会いに加え，第Ⅱ部の事例で取りあげた心理療法におけるクラ
イエントとの分離体験，そして私自身の母親との分離体験や，転勤の多い父
親の元，幼少期から分離と喪失を繰り返してきた原体験が番い，このテーマ
が私の意識に浮上したのだと思い至りました。この主題については本書によ
って明らかになった点もありますが，未達成に置かれたものもあり，今後も
熟考を重ねて行きたいと思っています。

　私自身の臨床における来歴を振り返ると，河合隼雄先生のユング心理学を
知ることによって心理臨床の世界に導かれ，境界例女性との出会いが精神分
析への扉を開かせ，境界精神病のクライエントの心的世界を理解したいとの
思いが対象関係論へと誘ったのでした。クライエントとの出会いが今の私の
臨床スタイルを形作り，臨床思考の形成に大きく寄与したのだと言えそうで
す。そこには私を支え，私のクライエント理解を助け，道標となり臨床の道
を照らしてくれた恩師との出会いも大きく関わっています。

　長きにわたってスーパービジョンで御指導をいただいた成田善弘先生から
は，クライエントを抱えること，またケースの文脈を読むことについて教え
ていただきました。松木邦裕先生には，クライエントの内的世界に耳を傾け，
転移・逆転移関係を通してクライエントをコンテインする視点について修練
させていただいています。さらに両先生からは，臨床家としての姿勢や人と
なり，生き方だけでなく，その振る舞いや背中から臨床家を育てる指導者と
してどうあるべきかといった点についても多くを学ばせていただいています。
深く感謝申し上げます。

　これからもクライエントとの出会いを大切にしながら，クライエントの内
的世界に生まれる無意識的空想の世界と交わりながら，クライエントから学

び，自分自身について考える作業を通して臨床を豊かなものにしていきたいと考えています。

　最後に，本書の出版を快く引き受けてくださっただけでなく，適切なご助言を頂いた岩崎学術出版社の編集者，長谷川純氏に心より感謝申し上げます。

　2019 年 9 月

根本 眞弓

索　引

あ行

Isaacs, S.　20
愛する対象の喪失　45. 52. 58. 137. 227
　　——体験　129
愛する能力　22
愛着・依存対象　146. 148
愛着理論　45
アイデンティティ論　9
愛と憎しみのアンビバレンス　211
アクティング・イン（再演）　84
味わうこと　135
アズイフパーソナリティ　130
与える乳房　34. 35
圧倒　85
新たな意味を付与する分離体験の現実化
　137
アルファ機能　56
アルファ要素　56
言いようのない恐怖（nameless dread）
　54. 55. 72. 209
怒りの排泄　179
移行期　26
移行空間　164
移行現象　26
移行対象　26. 164
異性愛　40
　　——的欲動　172
異性関係　62
依存　24. 27. 65. 105
　　——・愛着対象の喪失　81
　　——か孤独かの二者択一的思考　194
　　——・攻撃感情の否認　131
　　——状態への回帰　29
　　——する良い対象の取り入れ同一化
　　134

　　——・性愛感情　93. 97
　　——と怒りの打ち消しと置き換え
　　110
　　——と攻撃感情のワークスルー　173
　　——と攻撃の葛藤　117
　　——の回避　194
　　——の否認　94
依存感情　65. 93. 98. 110. 115. 124. 133.
　135. 136. 137. 146. 153. 168. 174. 176. 195.
　207. 221. 223
　　——と異性愛感情の二者択一的思考
　　194
　　——に基づくセラピストの取り入れ
　　135
　　——の取り入れ　134
　　——の否認　133. 158
依存対象　146
　　——と性愛対象の混同　178
　　——（母親）からの外的・内的な分離
　　60
依存的自己部分　194
依存的母親対象の喪失　159
依存欲求　28. 29. 70. 71. 117. 181
1次過程の思考状態　146
一時的な退行　182
一時的な対象の不在　152
一時的な分離　188
胃痛, 不眠, 嘔吐, 幻聴（偽幻覚）
　124. 133. 175
偽りの自己　130
イニシエーション　37
　　——プロセス　39
今ここでの悲しみ　137
Winnicott, D. W.　13. 24. 34. 118. 130.
　160. 167. 195. 220
　　——の発達論　24
受け取り手のない投影同一化　88

器 container としてのセラピストの機能
　204
エディプス
　──的異性愛欲求　170
　──的性愛欲求　178
　──的性愛関係　183
　──的性愛段階　178, 179, 182, 195
　──的性愛欲動　177
エディプス・コンプレックス　17, 29,
　162, 168, 171, 177
Eliade, M.　36
Erikson, E. H.　9, 11
エロス的な悪い乳房　32
岡野憲一郎　99
岡本吉生　12
置き換え　114, 116, 129, 148, 179
小此木啓吾　12
押しつけられた罪悪感　175
　──の置き換え　116
思いやりを持つ能力　22

か行

外界の良い対象の喪失　50
解釈　198, 203, 205, 208, 219, 220
　──という介入技法　200
外傷　188
　──体験　98
外傷的分離体験　183, 188, 191, 193
外的
　──現実　230
　──困難による終結　222
　──困難による面接の中断　212
　──世界　130
　──対象喪失　1
　──対象と内的世界の交流　161
　──な対象の不在　150, 152
介入技法　199
概念　57
回避　85
解離　2, 91, 98, 99, 102, 142, 146
　──による防衛　100
　──・離人化による心的苦痛の隔離と投

影　98
　──・離人化による分離の否認　89
解離現象　98
解離症状　92, 96, 100, 175, 176
　──の分裂　101
解離性障害　89
解離性の幻聴　100
隔離　99
笠原嘉　8, 11, 230
過剰な投影同一化　99
過食　62, 103, 104, 105, 113
カタストロフィックな解離体験　95
家庭内暴力　2, 147, 176
　──として排泄　146
過度に理想化された対象（原始的理想化対
　象）　69
哀しみ味わうこと　134
考えられない考え　218
考える
　──滋養ある乳房　209, 211
　──ための装置　57
　──内的空間と時間の概念　85
　──能力　23, 213, 219
考える機能　147, 206, 211
　──の取り入れ　220
考えること　57, 58, 148
　──を授乳する対象　211
感覚データ　56, 86, 88
環境としての母親　26
環境の失敗　149
偽幻覚　146, 176
　──と解離症状　147
偽転移　197
逆転移　95, 197, 205, 219, 222
共生的な母娘関係　185
強迫症状　64
去勢コンプレックス　18, 168
去勢不安　30
空想　33, 146, 148, 168, 169, 179, 181, 223
　──乳房　33
具象思考　23, 72
具象的空想　69, 72, 74, 174

具象的な水準　84
Klein, M.　2, 13, 19, 31, 48, 70, 87, 102, 112, 132, 134, 167, 168, 177, 180, 185, 199, 202, 209, 217
　　──の乳房との分離体験　48
　　──の発達論　19
Grinberg, L.　112
下剤の使用　62, 103, 104
原光景　181
健康な抑制機能　222
健康への逃避　199
現実
　　──思考（2次過程）　146
　　──と空想の混乱　179
　　──のセラピスト　203
　　──の対象　42
　　──の母親との分離　38, 158
　　──への逃避　222
現実化（actualization）　4, 137, 148, 153, 172, 213, 214
　　新たな意味を有する分離体験の──　153
原始的な防衛機制　19, 23
　　──としての投影同一化　87
原初的空想　61
原初の母性的没頭　25
幻聴（偽幻覚）　2, 142, 192
行為として置き換え　117
行為として排泄　148
攻撃感情　114, 115, 118, 133, 135, 136, 137, 153, 221
　　──の排泄　134
攻撃衝動　113, 135
攻撃性　28, 161, 206, 208
　　──の緩和　220
　　──の抑制　206
攻撃的自己部分　191
攻撃的破壊性　28, 147, 174, 221
　　──の理想化　192
攻撃的欲動のワークスルー　222
攻撃破壊的衝動への報復　181
攻撃欲動　65, 117, 195, 207

口唇, 肛門, 尿道サディズム衝動　221
口唇的
　　──愛情欲求　178
　　──依存関係　183
　　──依存欲求　209
　　──・エディプス的混乱　203
　　──攻撃衝動　129
　　──サディズム　33, 169
　　──欲求不満　168
交代人格　98, 100
行動化　75, 82, 83, 115, 134, 183, 211, 221
　　治癒の可能性のある──　85
　　──として排泄　151, 174
　　──によって排泄した苦痛　86
　　──による思考の排泄　85
　　──による心的苦痛の排泄　62, 75
肛門サディズム　33
肛門的・尿道的衝動　129
孤独　64, 66, 67, 71, 74, 97, 98, 100, 129, 131, 133, 134, 145, 146, 152, 158, 170, 176, 191, 192, 202
　　──と絶望　101
　　──の苦しみ　71
　　──への防衛　191
　　──を回避するために多用された投影同一化　73
孤独感　158, 159, 188, 189, 193
子どもから大人への移行　163, 164
子どもの自己部分　182, 187
コミュニケーションの性質　89
コンテイナー　56, 203
コンテイナー／コンテインド　55, 215
コンテイニング機能　228
コンテイン　84, 88
　　──の不全　88
コンテインメント　133, 136, 149, 153, 182, 208, 211, 213, 220

さ行

罪悪感　21, 22, 28, 50, 52, 96, 97, 98, 101, 114, 115, 116, 117, 129, 148, 150, 152, 161, 163, 168, 175, 181, 190, 191, 194, 206, 208

——と償いの感情　130
——の置き換え　115
——（迫害的罪悪感）　112
——への防衛　180
再演　111. 133. 135. 137. 138. 146. 147.
　167. 172. 175. 204. 213. 214. 228
　　内的喪失体験の——　169
　　乳幼児期が思春期に——　169
最後のセッション　127. 213. 224
錯覚　26. 161. 162. 163
錯覚‐脱錯覚　162
サディスティックな空想　53. 177
サディスティックな性交空想　180
サディスティックな破壊的性衝動　178
Sullivan, H. S.　8
自我同一性の拡散状態　9
自己
　　——喪失の不安　27
　　——懲罰　18
　　——と対象の分裂　135
　　——や対象の喪失　23
自己愛構造体　193
自己愛対象関係　191. 193. 194. 206
自己愛的万能感　81. 97. 149. 162. 185.
　191
思考　57. 147. 148. 207
　　——できる水準　208
　　——の機能水準　61
　　——の発達　53. 56. 88
　　——の連結　206. 221
　　——へと変形　58
思春期のとば口　158
自傷　2. 97. 98. 101. 146. 147. 175. 176.
　192. 221
疾風怒濤の時代　9
終結　125. 215
　　——時のセラピストの機能と技法
　　212
　　——のクライテリア　218. 220. 222.
　　224. 226. 228
修正　85
主観的世界　195

授乳乳房　134
Spranger, E.　9
逡巡　172. 174. 175. 176. 184. 228
逡巡期　168. 172. 173. 176. 177. 179. 181.
　185. 188. 189. 194. 195. 196. 197. 207. 228.
　229
滋養ある考える乳房　228
滋養ある乳房　207. 209. 220
滋養的授乳としての解釈　220
情動　194
　　——体験　197. 219
　　——的接触（emotional contact）　5.
　　215
　　——の融合状態　185
　　——を現実化　214
衝動的行為／行動化　76. 82
衝動的破壊的行為　82. 85. 87
　　——による苦痛の排泄　82
滋養の摂取　179
初期段階に生じた転移　110
女性性　35. 38. 149. 172. 176
　　——段階　35
　　——の段階　36
　　——や母性の取り入れ　184
女性的ポジション　170. 177. 202
女性のイニシエーション　36
女性の第二次性徴　179
女性版のエディプス・コンプレックス
　18
Joseph, B.　225
初潮　30. 31. 36. 39. 170. 179. 180
　　——が女児にもたらす内的空想　40
　　——の始まり　23
身体
　　——が自分のものになる　117
　　——感覚水準での交流　131
　　——症状として排泄　145
　　——を内包した自分自身　118
身体化　82. 84
身体的
　　——感覚的水準　132
　　——境界　185

――成熟　186
――変容　172. 195
　――と内的体験　31
心的
――外傷　45. 193
――機制　61. 62. 101. 137
――空間　219
――空想　211
――苦痛のコンテイナーとしてのセラピ
　スト　102
――苦痛の排泄　82. 88. 147. 203. 204
――交流　200
――作業　196. 201
――成熟　199
――世界　173. 211
――退行　183
――退避　12
――防衛　81. 138. 223
心理的離乳　9
心理療法の進展　208
Segal, H.　3. 20
性愛関係　177
性愛感情　168. 173. 177. 181. 195
――と依存感情の混同　194
性愛衝動　174
性愛と依存欲求の混同　179
性器期　171. 172. 173. 180. 184. 196
性器的結合を伴う異性愛　36
性行動　116
成功を収めた離乳　51
成熟した性愛関係　41. 172. 179
成女式　36. 38
精神が身体に住み着く　29. 119
精神／身体化症状　175
精神・性的発達論　13. 171
成人の自己部分　201
精神病水準　188. 203
精神病的自己部分　208
精神病的パーソナリティ部分　208
精神病理　10
精神分析過程　205
性的

――外傷体験　109. 117. 118
――感情　177
――搾取　179
――自己　179. 196
――侵入　179
――成熟　186
――でない母親　209
――な自己部分　182
――問題行動　103
青年期
――の心理療法　196. 212. 217
――の精神病理　10
――の内的喪失体験　217
――の発達段階　8
――への移行　150
青年期女性
――の意識的無意識的空想　61
――の内的世界　28. 34. 229
――の分離体験　227. 228
青年の自己の確立　211
青年の精神病理　13
性欲動の高まり　29
世代間伝達　28
摂取的依存関係　206
摂取同一化　213
摂食障害　183
絶対的依存　25
セラピストとの分離体験　70. 133. 135.
　138. 147. 148. 153. 175
セラピストの機能　56. 85. 192
――と介入技法　200
――と技法　196. 197
前エディプス期　162
前概念　57
全体状況　215
全体対象　136
――としての乳房　35
――としての母親　45
潜伏期　171. 172. 184. 196
羨望　24. 71. 183. 185. 186. 190. 191. 192.
　193. 194. 206. 207. 208
――への防衛　191

早期エディプス・コンプレックス　　30
早期エディプス状況　　171
早期乳幼児期の母子関係　　200
喪失　　22. 137. 223
　　——する悲しみ　　135
　　——体験　　5. 45. 52. 137. 160. 224. 228
　　——の悲しみ　　136
　　——の悲しみと怒り　　223
　　——の悲哀　　210
相対的依存　　25
躁的防衛　　106. 136. 144. 150. 152. 214.
　　215. 224

た行

対象関係　　19. 130. 194. 195
対象関係論的心理療法　　4. 197. 212. 215.
　　218. 219. 227
対象関係論的発達論　　13
対象喪失　　1. 23. 48. 134. 135. 136. 137.
　　163. 164
対象とコミュニケートする手段としての投
　　影同一化　　87
対象としての母親　　26
対象の不在　　58. 148
第二次性徴　　31. 170
代理対象　　160
脱錯覚　　26. 162. 163. 164. 210. 211
食べ直し　　115
ためらいの時　　154. 160. 161. 163. 164.
　　195
多量服薬　　80
男性コンプレックス　　17. 19
男性的ポジション　　35. 169. 177. 179. 202
男性同一化　　145. 168. 169. 176. 179
父親同一化　　24. 29. 138. 149. 151. 175
乳房　　19. 32. 33. 179. 180
　　——との関係　　30. 31
　　——との分離　　48. 54. 55
　　——との分離による欲求不満への不耐性
　　　　57
　　——の「在」「不在」と内的世界　　54
　　——の喪失　　50. 53

——の喪失と抑うつ感情　　51
——の喪失の再演　　215
——の膨らみ　　31. 179
——の不在　　147
部分対象としての——　　35. 50
満足を与える——　　19
理想的な——　　21
中間領域　　26
懲罰　　96. 111. 112. 114. 116. 175. 178
懲罰的な行為　　111. 117. 191
地理上の混乱（混同）　　72
地理的混乱の仕分け　　215
治療の終結　　211. 216
治療の行き詰まり　　194
償い　　22. 23
DID（解離性同一性障害）　　99
手首自傷　　126. 134
転移　　110. 132. 134. 146. 150. 176. 178.
　　197. 201. 204. 205. 219. 222
　　——関係　　94. 210
　　——状況　　94. 210
　　——の集結　　215
転移神経症　　85
転移のプロセス　　135. 215
Deutsch, H.　　39. 130. 180
トイレ・乳房　　134. 203
　　——的機能　　208
同一化　　62. 111. 130. 146. 209. 211
同一化対象の喪失　　145
投影　　70. 102. 111. 161. 179. 209
投影同一化　　4. 21. 52. 62. 64. 68. 69. 70.
　　71. 72. 74. 87. 170. 180. 183. 190. 191. 198.
　　200. 201. 203. 218
　　——が肥大　　57
　　正常な——　　56
　　——によって展開する内的世界　　53
　　——による排泄　　147
　　——の感知　　200
倒錯　　210
導入期　　197. 201
獰猛な破壊的攻撃欲動　　97
独立意識の高まり　　158

独立への方向　25
共に考える対象　211
取り入れ　130. 136. 161. 174. 187. 207.
　211
　　——と排泄の二重性　184
取り入れ同一化　131. 149. 152. 176
　セラピストの——　149
貪欲な攻撃的破壊的衝動　148

な行

内在化　210
　　——された良い対象　189
　　——されていた愛する良い対象　136
無い乳房　58. 147
　　——（分離体験）がもたらす欲求不満
　53
内的空間　131
内的空想　1. 3. 30. 58. 62. 69. 74. 89. 95.
　96. 97. 98. 99. 169. 181. 183. 194. 195. 202.
　203. 215. 221. 228
内的世界　2. 3. 5. 100. 114. 130. 147. 160.
　167. 174. 195. 200. 202. 203. 214. 215. 219.
　224. 230
内的喪失　3. 145. 148. 150. 152
内的喪失体験　134. 135. 137. 150. 189.
　214
内的対象　42. 118
　　——関係　198
　　——喪失　1. 120. 131. 147. 171. 175
　　——としてのセラピスト　203
　　——との内なる対話　225
内的な良い対象　163
　　——としてセラピストの取り入れ
　206
　　——を再確立　152
梨木香歩　154
二次思考　207
二重拘束の中での自己の確立　61
二重性　187. 207
二相説　15. 16. 18. 167. 168
乳幼児期
　　——の依存欲求　145

　　——の外傷的な分離体験　167
　　——の内的空想　183
　　——の分離体験　171
　　　　——の反復　224
乳幼児的
　　——依存関係　39. 196
　　　　——への回帰願望　194
　　——依存対象　20
　　——自己部分　201
　　——な転移関係　96
尿道サディズム　33
尿道的・肛門的サディズム　169
年齢区分　8

は行

パーソナリティ構造　130
パーソナリティの病理　210
パーソナリティの変容　200
Harding, M. E.　37
排泄　85. 88. 99. 102. 114. 129. 146. 148.
　170. 175. 176. 179. 183. 187. 191. 194. 203.
　207. 223
　　——としての投影同一化　69
　　——による心的防衛　117
　　——優位のトイレ機能　69
排泄物を通したコミュニケーション
　102
破壊的攻撃感情　28. 168. 176. 192
　　——の再燃　194
破壊的攻撃衝動　70. 71. 74. 129. 146. 183.
　189
　　——の理想化　206
破壊的攻撃衝動のワークスルー　207
破壊的攻撃性　22. 51. 52. 152. 204. 220
破壊的・攻撃的空想　140
破壊的攻撃的自己部分　207. 208
破壊的衝動的行為　83
迫害対象　19. 21. 23. 129. 131. 135. 209.
　221
　　——と理想化対象の分裂の軽減　135
迫害的罪悪感　111. 112. 113. 117. 178
迫害的な乳房　19

迫害不安　24. 33. 50. 52. 132. 134. 152.
　161. 177. 183. 189. 190. 201. 209
迫害‐妄想性の不安　190. 210
橋渡しをする対象　164
母親
　——拘束　29. 39
　——喪失への恐怖　21
　——対象の再摂取　172
　——対象の喪失　152
　——対象の排泄　184
　——転移　140. 146. 201
　——同一化　175
　——との一体感　29. 43
　——との分離体験　52. 118. 129. 159.
　　167. 172. 173. 175. 178
　　——の再演　150
　　——の蘇り　213
　——のコンテイナー機能　57
　——の失敗　30
　——の代理対象　148
　——の‘もの思い’（reverie）する能力
　　　87
　——への愛着・依存感情　176
　——への怖れや罪悪感　24
　——への競争　24
　——への攻撃　29. 116. 118
　——への固着　179
　——への羨望　181
　——への同一化　129. 145. 146
　——への取り入れ同一化　120. 137
　——への幼児的固着　171
母娘関係　185
破滅‐解体の恐怖　54. 72
破滅‐解体不安　74
万能感　164
　——や攻撃的破壊性の理想化　194
万能空想　57. 82. 88. 147. 189. 191. 210.
　214. 224
　——である投影同一化　85
万能的自己愛構造の病理　221
悲哀の悲しみ　52
悲哀の感情　137

悲哀を味わう　137
Piaget, J.　9
BPD（ボーダーラインパーソナリティ）
　　99
Bion, W.　53. 71. 85. 99. 131. 147. 208. 229
　——の乳房との分離体験　53
ひきこもり　11. 12. 164
非精神病的パーソナリティ部分　208
人となる　29
病理水準の相違　208
病理的
　——自己愛状態　207
　——自己部分　189. 200
　——退行　184
　——な行動化による排泄　85
　——防衛構造　191
不安の性質　61
不完全な分析　212
福本修　12
不在の乳房　53
不信　132
二人精神病　187
不登校　161
　——事例　62
プレエディパルな心的世界　177
Freud, A.　19
Freud, S.　2. 13. 83. 98. 162. 167. 168. 188.
　212. 217. 229
　——の発達論　13
Blos, P.　8. 9
分析的交わり（analytic intercourse）　5.
　215
分節化できない感情　200
分離　1. 2. 3. 5. 29. 37. 65. 97. 110. 134.
　137. 138. 146. 148. 150. 152. 170. 204. 211.
　212. 214
　——がもたらす愛着対象への喪失反応
　　46
　——と喪失　47
　——・内的喪失体験　82. 173
　——によって生じる攻撃性　48
　——による内的喪失体験　150

――の痛みを回避するために多用された
　投影同一化　64
――の否認　138
――の保留　154. 164
――を否認するための融合的な依存欲求
　68
分離 - 個体化理論　42
分離体験　3. 45. 62. 74. 115. 120. 128. 134.
　146. 147. 154. 168. 193. 211. 214
――と内的喪失　48
――の蘇り　146
――のワークスルー　224
分離不安の打ち消し・置き換え　103
分裂　21. 129. 130. 135. 136
分裂した世界　164
ベータ要素　56
ペニス羨望　17. 18. 24. 30. 168
変形　208
防衛　137. 146. 225
――としての取り入れ同一化　128.
　131. 133. 135. 136. 152
Bowlby, J.　9. 45. 194
Hall, G. S.　9
母子の交流モデル　53. 55
母性　35. 38. 149. 172
母性と結びついた良い乳房　32
ほど良い環境　161
哺乳によって取り入れる乳房機能　69
Hollingworth, L. S.　9
本来の取り入れ同一化　137. 153
――の不全　132

ま行

Mahler, M. S.　8. 42. 108. 130. 194
Masterson, J. F.　45
マゾキスティックな性行為　116
松木邦裕　58. 112. 113. 147. 214
見捨てられ体験　193
未達成な課題　225
皆川邦直　8
無意識的
――交流　200

――思考　225
――なコミュニケーションを含意する行
　動化による排泄　88
無意識的な空想〔unconscious phantasy〕
　4. 5. 19. 20. 26. 33
無思考な水準　208
村瀬孝雄　10
Meltzer, D.　8. 72. 95. 134. 167. 197. 203.
　213. 215
面接空間　204
面接終結のクライテリア　196. 215
面接の終結　134. 214
妄想　190
妄想的交流　190
妄想的な世界　73
妄想 - 分裂ポジション　21. 70. 151. 152.
　163. 201. 210
――から抑うつポジションへの移行
　222
――における乳房と乳児の交流　53
もの思い　55. 56. 88. 132. 200. 228
喪の苦しみ　23
喪の仕事　52. 136
喪の悲哀反応　45
モラトリアム　11. 164
――人間　12

や行

Yalom, M.　32
融合的一体化　186
――空想　61
融合的な依存欲求　69. 74. 174. 202
良い自己　45. 129. 175
良い授乳体験　149
良い対象　21. 22. 29. 50. 51. 131. 136. 137.
　148. 149. 209. 210
――としてのセラピスト　221
――の再確立　150
――の喪失　152
――の取り入れ　175. 206. 210. 211
――の取り入れ同一化　138
――の内在化　135. 150. 210. 221. 222.

227
　　──への依存感情　132
幼児期
　　──の内的対象関係　138
　　──の母親喪失体験　146
　　──の分離体験　137
　　──の母子分離の未達成　113
幼児的
　　──依存関係　29
　　──依存感情　112
　　　──の再燃　173
　　──自己愛的万能感　74
抑うつ
　　──感情　22. 144. 149
　　──状態　51. 215
　　──的な心の痛み　112
　　──的な罪悪感　112
抑うつ不安　71. 112. 134. 150. 151. 201.
　210
　　──への防衛　152
抑うつポジション　22. 50. 152. 163. 201.
　206. 210. 213
　　──の入口　215
抑制　148
欲求不満　53. 85
　　──耐性　85
　　──に耐える能力　57
　　──の回避　58. 147
　　──への不耐性　58
　　──を修正　147

ら行

Raphael-Leff, J.　34
理解を与える乳房機能　203
離人化　96. 98

離人感　98
離人症　89
リストカット　80
理想化　146. 162. 164. 205. 210
　　──された幻想の乳房　58
　　──された対象　209
　　──された母親対象　52. 82
理想化対象　23. 131. 135. 136. 162. 209.
　221
理想的
　　──カップル　136. 224
　　──幻想の乳房　58
　　──内的対象　19
　　──な良い母親対象　131
離乳　50. 51. 52. 146. 162
　　──によって生成される内的空想　49
　　──の決断　213
離乳過程　206. 215. 222
　　──のワークスルー　216. 217
離乳期　212
離乳体験　48. 169
離別　45
領域の混乱（混同）　72
　　──の仕分け　215
両親の性的結合の空想　181
Rosenfeld, H.　210. 221

わ行

ワークスルー　212
悪い自己部分　111. 129
悪い対象の出現　58
悪い乳房　21. 53. 57. 58
悪い迫害的対象
　　──としての母親　131

著者略歴

根本 眞弓（ねもと　まゆみ）

1958年　広島県呉市に生まれる

1983年　武庫川女子大学学生相談室，武庫川女子大学附属高等学校・中学校カ
ウンセリングルーム，渡辺カウンセリングルーム（神経科クリニック
に併設），武庫川女子大学非常勤講師を経て

2008年　京都大学大学院教育学研究科博士後期課程臨床実践指導学講座　単位
取得満期退学

2009年　大阪樟蔭女子大学心理学部臨床心理学科，大阪樟蔭女子大学大学院人
間科学研究科臨床心理学専攻准教授

現　在　大阪樟蔭女子大学学芸学部心理学科，大阪樟蔭女子大学大学院人間科
学研究科臨床心理学専攻教授，金城学院大学大学院非常勤講師，京都
先端科学大学大学院非常勤講師
博士（教育学），日本精神分析学会認定心理療法士，臨床心理士
日本精神分析学会会員
日本心理臨床学会会員
日本青年期精神療法学会会員

著書・論文　京大心理臨床シリーズ6「心理臨床における臨床イメージ体験」
（共著）創元社，京大心理臨床シリーズ11「心理臨床における終結
と中断」（共著）創元社，「無意識から生成される空想にみる孤独感に
関する一考察——心理臨床実践の素材から」京都大学大学院教育学研
究科紀要第54号，「強迫症状を伴う思春期境界例女性との心理療法過
程」精神分析研究第47巻第3号，「思春期における内的喪失と無意識
の空想」心理臨床学研究第32巻第1号　その他

訳　書　Winnicott, D. W.「赤ん坊と母親」（共訳）岩崎学術出版社．

青年期女性の内的世界
──事例にみる分離と喪失──

ISBN 978－4－7533－1158－3

著　者
根本 眞弓

2019 年 10 月 19 日　初版第 1 刷発行
2023 年　4 月 22 日　初版第 2 刷発行

印刷 ㈱新協　／　製本 ㈱若林製本工場
発行 ㈱岩崎学術出版社　〒 101-0062 東京都千代田区神田駿河台 3-6-1
発行者　杉田　啓三
電話 03（5577）6817　FAX 03（5577）6837
©2019　岩崎学術出版社
乱丁・落丁本はお取替えいたします　検印省略

耳の傾け方——こころの臨床家を目指す人たちへ
松木邦裕著
「こころの臨床家」のための専門的な聴き方の基礎技術　　●本体 2,700 円

対象関係論を学ぶ——クライン派精神分析入門
松木邦裕著
徹底して臨床的に自己と対象が住む内的世界を解く　　●本体 3,000 円

改訳 遊ぶことと現実
D.W. ウィニコット著　橋本雅雄，大矢泰士訳
生前に編集されたものとしては最後の論文集　　●本体 4,000 円

精神分析と昇華——天才論から喪の作業へ
堀川聡司著
高みへ至るこころの特質「昇華」をふたたび臨床の場へ　　●本体 3,700 円

精神分析が生まれるところ——間主観性理論が導く出会いの原点
富樫公一著
「人が人と出会うところにすべてが生まれる」という視座　　●本体 3,200 円

精神分析的アプローチの理解と実践——アセスメントから介入の技術まで
吾妻壮著
精神分析に魅力を感じている臨床家の実践の助けに　　●本体 3,000 円

精神分析新時代——トラウマ・解離・脳と「新無意識」から問い直す
岡野憲一郎著
精神分析の前提に一石を投じる　　●本体 3,200 円

連続講義 精神分析家の生涯と理論
大阪精神分析セミナー運営委員会編
分析家の生涯と思想を日本の研究者が語る　　●本体 3,800 円

精神科医の思春期子育て講義
皆川邦直著
思春期精神医学の草分けによる母親への連続講義集　　●本体 2,000 円

この本体価格に消費税が加算されます。定価は変わることがあります。